Guttentagsche Sammlung von Textausgaben

Deutsches Strafgesetzbuch

mit Nebengesetzen

Textausgabe

mit Erläuterung der Änderungen

von

Dr. Eduard Kohlrausch
ord. Professor der Rechte an der Universität Berlin

Berlin 1947

Walter de Gruyter & Co.
vorm. G. J. Göschen'sche Verlagshandlung — J. Guttentag, Verlagsbuchhandlung — Georg Reimer — Karl J. Trübner — Veit & Comp.

Archiv-Nr. 21 40 07
5. 46. Druck: Otto Walter, Berlin SW 29.
Gen.-Nr. 4584

Inhalt.

Seite

Vorwort 6

Abkürzungen 8

Kontrollratsbeschlüsse

A. Gesetz Nr. 1 v. 20. 9. 1945 betr. Aufhebung faschistischer Gesetze 9

B. Proklamation Nr. 3 v. 20. 10. 1945, Grundsätze für die Umgestaltung der deutschen Rechtspflege 11

C. Gesetz Nr. 10 v. 20. 12. 1945, Bestrafung von Personen, die sich Kriegsverbrechen, Verbrechen gegen Frieden oder gegen Menschlichkeit schuldig gemacht haben 13

D. Gesetz Nr. 11 v. 30. 1. 1946, Aufhebung einzelner Bestimmungen des deutschen Strafrechts 16

Das Strafgesetzbuch für das Deutsche Reich vom 15. Mai 1871 . 19

Strafgesetzbuch.

Erster Teil

Von der Bestrafung der Verbrechen, Vergehen und Uebertretungen im allgemeinen.

Erster Abschnitt. Strafen §§ 13—42 24

1 a Abschnitt. Maßregeln der Sicherung und Besserung §§ 42 a—n 37

Zweiter Abschnitt Versuch §§ 43—46 42

Dritter Abschnitt. Teilnahme §§ 47—50 44

Vierter Abschnitt. Gründe, welche die Strafe ausschließen oder mildern §§ 51—72 47

Fünfter Abschnitt. Zusammentreffen mehrerer strafbarer Handlungen §§ 73—79 53

Zweiter Teil

Von den einzelnen Verbrechen, Vergehen und Uebertretungen und deren Bestrafung.

[Die Bestimmungen des Ersten bis Dritten Abschnitts betr. Hochverrat, Landesverrat, Angriff gegen den Führer und Reichskanzler und Beleidigung von Bundesfürsten sind aufgehoben bzw. gegenstandslos] 55

Vierter Abschnitt. Feindliche Handlungen gegen befreundete Staaten §§ 102—104 55

Fünfter Abschnitt. Verbrechen und Vergehen in Beziehung auf die Ausübung staatsbürgerlicher Rechte §§ 105—109 . . 56

Sechster Abschnitt. Widerstand gegen die Staatsgewalt §§ 110 bis 122 b 58

Seite

Siebenter Abschnitt. Verbrechen und Vergehen wider die öffentliche Ordnung §§ 123—145 d 62

Achter Abschnitt. Münzverbrechen und Münzvergehen §§ 146 bis 152 71

Neunter Abschnitt. Falsche uneidliche Aussage und Meineid §§ 153—163 72

Zehnter Abschnitt. Falsche Anschuldigung §§ 164—165 77

Elfter Abschnitt. Vergehen, welche sich auf die Religion beziehen §§ 166—168 78

Zwölfter Abschnitt. Straftaten gegen den Personenstand, die Ehe und die Familie §§ 169—172 79

Dreizehnter Abschnitt. Verbrechen und Vergehen gegen die Sittlichkeit. §§ 173—184 b 81

Vierzehnter Abschnitt. Beleidigung §§ 185—200 88

Fünfzehnter Abschnitt. Zweikampf §§ 201—210 a 92

Sechzehnter Abschnitt. Verbrechen und Vergehen wider das Leben. §§ 211—222 93

Siebzehnter Abschnitt. Körperverletzung §§ 223—233 99

Achtzehnter Abschnitt. Verbrechen und Vergehen wider die persönliche Freiheit §§ 234—241 103

Neunzehnter Abschnitt Diebstahl und Unterschlagung §§ 242 bis 248 a 109

Zwanzigster Abschnitt Raub und Erpressung §§ 249—256 . . . 114

Einundzwanzigster Abschnitt. Begünstigung und Hehlerei §§ 257—262 118

Zweiundzwanzigster Abschnitt. Betrug und Untreue §§ 263—266 120

Dreiundzwanzigster Abschnitt. Urkundenfälschung §§ 267—281 123

Vierundzwanzigster Abschnitt. Bankrott. Reichskonkursordnung §§ 239—244 127

Fünfundzwanzigster Abschnitt. Strafbarer Eigennutz und Verletzung fremder Geheimnisse §§ 284—302 e 130

Sechsundzwanzigster Abschnitt. Sachbeschädigung §§ 303—305 . 138

Siebenundzwanzigster Abschnitt. Gemeingefährliche Verbrechen und Vergehen §§ 306—330 c 139

Achtundzwanzigster Abschnitt. Verbrechen und Vergehen im Amte §§ 331—359 147

Neunundzwanzigster Abschnitt. Uebertretungen §§ 360—370 . . 156

Nebengesetze.

1. **Gesetz über die Presse.** Vom 7 Mai 1874 167

2. **Gesetz zur Bekämpfung der Geschlechtskrankheiten.** Vom 18. Februar 1927 168

3. **Gaststättengesetz.** Vom 28. April 1930 171

4. **Verordnung zum Schutze des inneren Friedens** (betr. Ehrenschutz). Vom 8. Dezember 1931 172

5. **Tierschutzgesetz.** Vom 24. November 1933 172

Seite

6. **Gesetz über Titel, Orden und Ehrenzeichen.** Vom 1. April 1937 . . . 174
7. **Gesetz über Kinderarbeit.** Vom 30. April 1938 . . . 174
8 **Autofallengesetz.** Vom 22. Juni 1938 . . . 175
9. **Gesetz über akademische Grade.** Vom 7. Juni 1939 . . . 175
10 **Kriegswirtschaftsverordnung.** Vom 4. September 1939 und 25 März 1942 . . . 175
11. **Verbrauchsregelungs-Strafverordnung.** Vom 26. November 1941 178
12. **Paßstrafverordnung.** Vom 27. Mai 1942 . . . 187
13. **Reichsjugendgerichtsgesetz.** Vom 6. November 1943 . . . 190
14 **Jugendgerichtsgesetz.** Vom 16 Februar 1923 . . . 202

Nebengesetze im Text.

Allgemeine Anweisung an Richter Nr. 1 (Ziff. 8) . . . 24
Amtsanmaßungs-VO. vom 9 April 1942 . . . 65
Gesetz, betr. die Bestrafung der Entziehung elektrischer Arbeit vom 29 Juni 1926 . . . 109
Gesetz über den Verkehr mit Edelmetallen, Edelsteinen und Perlen vom 29 Juni 1926 . . . 109
Verordnung gegen den unbefugten Gebrauch von Kraftfahrzeugen und Fahrrädern vom 20. Oktober 1932 . . . 110
Gesetz über den Verkehr mit unedlen Metallen vom 23. Juli 1926 . . . 110
Konkursordnung vom 17. Mai 1898 §§ 239—244 . . . 127
Reichsärzteordnung vom 13. Dezember 1935, § 13 . . . 135
Mieterschutzgesetz vom 1. Juni 1923, §§ 49 a—49 b . . . 137
Sachregister . . . 205

Vorwort.

Dies Buch bringt das deutsche Strafgesetzbuch und die wichtigsten Strafnebengesetze in den Fassungen, von denen ich annehme, daß sie heute „gelten“. Auszugehen ist davon, daß die Rechtsvorschriften, die beim Zusammenbruch der nationalsozialistischen Herrschaft gegolten haben, weitergelten mit drei Ausnahmen: 1. daß sie inzwischen ausdrücklich aufgehoben oder geändert wurden, 2. daß sie gegenstandslos geworden sind oder 3. daß sie typisch nationalsozialistischem Denken entstammen.

1. Ausdrückliche Aufhebungen und Aenderungen sind erfolgt durch das Gesetz des Kontrollrats Nr. 1 vom 20. September 1945, durch die Proklamation des KR. Nr. 3 vom 20. Oktober 1945 und durch das Gesetz des KR. Nr. 11 vom 30. Januar 1946. Vgl. hierzu auch die Vorbem. vor § 13.

In diesem Zusammenhang sei darauf hingewiesen, daß das Land Thüringen sich unter dem 1. November 1945 ein eigenes Strafgesetzbuch gegeben hat. Es gründet seine Zuständigkeit darauf, daß ein Befehl des Marschalls Shukow vom 22. Oktober 1945 den Ländern und Provinzen der russisch besetzten Zone die Befugnis übertragen hat, Gesetze und Verordnungen mit Gesetzeskraft zu erlassen, soweit nicht Gesetze und Befehle des KR. oder der SMA. entgegen stehen. Das Thür. StGB. bietet wertvolle Anregungen, z. B. betr. unbestimmtes Strafurteil, Rechtsirrtum, Abtreibung u. a.

2. Eine zweite Gruppe von Strafgesetzen ist gegenstandslos geworden, weil die Voraussetzungen, auf denen sie beruhten, weggefallen sind. Hierzu gehören die Einrichtungen der früheren Wehrmacht sowie solche staatsrechtliche Voraussetzungen, die heute noch nicht endgültig festgelegt sind.

3. Welche Bestimmungen zur dritten Gruppe gehören, ist bei vielen ohne weiteres klar. Bei anderen kann ihre

Unbedenklichkeit u. U. daraus gefolgert werden, daß sie schon vor 1933 im Rahmen der allgemeinen Strafrechtsreform angestrebt, teilweise auch schon in Gesetzentwürfen formuliert worden waren und von der nationalsozialistischen Regierung lediglich in Kraft gesetzt wurden. Die früheren Reformarbeiten sind namentlich verkörpert in den Strafgesetzentwürfen von 1909, 1913, 1919, 1925 und 1927, in den Reichstagsverhandlungen von 1927 bis 1932 sowie in dem unübersehbaren Reformschrifttum seit dem Beginn dieses Jahrhunderts. Auch Auslandsgesetze haben den deutschen Neufassungen teilweise zu Grunde gelegen, besonders genannt sei das Schweizer StGB. von 1937.

Erläuterungen sind in diesem Buch nur insoweit gegeben, als sie in den genannten Zweifelsfällen nötig waren, um die Ansicht von der Weitergeltung oder aber von dem Außerkrafttreten einer Vorschrift zu begründen. Die äußere Ungleichmäßigkeit der Anmerkungen ergibt sich hieraus.

Hoffentlich kann in absehbarer Zeit ein authentischer Text veröffentlicht und dann auch gleichmäßig in der früher üblichen Art erläutert werden. Ein Erlaß des Kontrollrats, der aus den deutschen Strafgesetzen die noch darin enthaltenen nationalsozialistischen Bestandteile entfernen wird, scheint bevorzustehen. Vorläufig kam es darauf an, der Praxis und den Studierenden einen Gesetzestext in die Hand zu geben, der so zuverlässig ist, wie er es nach Lage der Sache z. Zt. sein kann.

Berlin, im Juni 1947.

Kohlrausch.

Abkürzungen.

E. oder Entw.	=	Entwurf eines neuen StGB.
E. mit Band und S. (z. B. 74_{112})	=	Entscheidungen des Reichsgerichts in Strafsachen.
a. F.	=	alte Fassung.
n F.	=	neue Fassung.
Ges.	=	Gesetz.
Herrsch. A.	=	herrschende Ansicht.
KG. oder KGer.	=	Kammergericht Berlin.
KR.	=	Kontrollrat.
KR. 11	=	Gesetz des Alliierten Kontrollrats Nr. 11 v. 30. Januar 1946.
LG. oder LGer.	=	Landgericht.
OLG.	=	Oberlandesgericht.
Prokl.	=	Proklamation.
RG. oder RGer	=	Reichsgericht.
SJZ.	=	Süddeutsche Juristenzeitung, Verlag Lambert-Schneider, Heidelberg.
SMA.	=	Sowjetische Militär-Administration
StPO.	=	Strafprozeßordnung.
TB.	=	Tatbestand.
Thür.	=	Strafgesetzbuch für das Deutsche Reich in der Fassung des Thüringischen Anwendungsgesetzes vom 5. November 1945 mit strafrechtlichen Einzelgesetzen.
VE.	=	Vorentwurf 1909.
VO.	=	Verordnung.

A

Gesetz des KR. Nr. 1 vom 20. September 1945

Aufhebung faschistischer Gesetze

Der Alliierte Kontrollrat ordnet an:

Artikel I

1. Folgende einzeln aufgeführte Gesetze politischen oder diskriminierenden Charakters, auf die sich das faschistische Regime in Deutschland stützte, werden samt allen ergänzenden und erläuternden Gesetzen, Erlassen und Befehlen widerrufen:

a) Das Gesetz zur Behebung der Not von Volk und Reich vom 24. März 1933, RGBl. I/41;

b) das Gesetz zur Wiederherstellung des Berufsbeamtentums vom 7. April 1933, RGBl. I/175;

c) das Gesetz zur Aenderung einiger Vorschriften des Strafrechts und des Strafverfahrens vom 24. April 1933, RGBl. I/341;

d) das Gesetz zum Schutze der nationalen Symbole vom 19. Mai 1933, RGBl. I/235;

e) das Gesetz gegen die Neubildung von Parteien vom 14. Juli 1933, RGBl. I/479;

f) das Gesetz über die Volksabstimmung vom 14. Juli 1933 RGBl. I/479;

g) das Gesetz zur Sicherung der Einheit von Partei und Staat vom 1. Dezember 1933 RGBl. I/1016;

h) das Gesetz gegen heimtückische Angriffe auf Staat und Partei und zum Schutze der Parteiuniform vom 20. Dezember 1934, RGBl. I/1269;

i) das Reichsflaggengesetz vom 15. September 1935, RGBl. I/1145;

k) das Gesetz zum Schutze des deutschen Blutes und der deutschen Ehre vom 15. September 1935, RGBl. I/1146;

l) das Reichsbürgergesetz vom 15. September 1935, RGBl. I/1146;

m) das Preußische Gesetz über die Geheime Staatspolizei vom 10. Februar 1936, PrG S. 21;

n) das Gesetz über die Hitler-Jugend vom 1. September 1936, RGBl. I/993;

o) die Verordnung gegen die Unterstützung der Tarnung jüdischer Gewerbebetriebe vom 22. April 1938 RGBl. I/404;

p) die Verordnung über die Anmeldung der Vermögen von Juden vom 26. April 1938, RGBl. I/414;

q) das Gesetz zur Aenderung der Gewerbeordnung für das Deutsche Reich vom 6. Juli 1938, RGBl. I/323;

r) die zweite Verordnung zur Durchführung des Gesetzes über die Aenderung von Familiennamen und Vornamen vom 17 August 1938, RGBl. I/1044;

s) die Verordnung über Reisepässe von Juden vom 5. Oktober 1938 RGBl. I/1342;

t) die Verordnung über die Ausschaltung der Juden aus dem deutschen Wirtschaftsleben vom 12. November 1938, RGBl. I/1580;

u) die Polizeiverordnung über das Auftreten der Juden in der Oeffentlichkeit vom 28. November 1938, RGBl. I/1676;

v) die Verordnung über den Nachweis deutschblütiger Abstammung vom 1. August 1940, RGBl. I/1063;

w) die Polizeiverordnung über die Kennzeichnung der Juden vom 1. September 1941, RGBl. I/547;

x) die Verordnung über die Beschäftigung von Juden vom 3. Oktober 1941, RGBl. I/675;

y) die Polizeiverordnung über die Kenntlichmachung der im Reich befindlichen Ostarbeiter und -arbeiterinnen vom 19. Juni 1944, RGBl. I/14.

2. Durch die Aufhebung der oben erwähnten Gesetze tritt kein Gesetz in Kraft, das nach dem 30. Januar 1933 erlassen und das durch die oben erwähnten Gesetze aufgehoben worden ist.

Artikel II

Kein deutsches Gesetz, wie immer und wann immer erlassen, darf rechts- oder verwaltungsmäßig angewandt werden in den Fällen, wo eine derartige Anwendung Unrecht oder Ungleichheit nach sich ziehen würde, entweder:

a) durch die Bevorzugung irgendeiner Person wegen ihres Verhältnisses zur NSDAP., ihren Formationen oder von ihr geleiteten Organisationen, oder

b) durch die Diskriminierung irgendeiner Person auf Grund ihrer Rasse, Nationalität, Glaubenszugehörigkeit oder Opposition zur NSDAP. und ihren Lehren.

Artikel III

Wer irgendein durch dieses Gesetz aufgehobenes Gesetz anwendet oder anzuwenden versucht, wird strafrechtlich zur Verantwortung gezogen.

B

Proklamation des KR. Nr. 3 vom 20. Oktober 1945 (Auszug).

Dank der Vernichtung der Gewaltherrschaft Hitlers durch die alliierten Mächte ist das Terrorsystem der Nazigerichte abgeschafft worden. An seine Stelle muß eine Rechtspflege treten, die sich auf die Errungenschaft der Demokratie Zivilisation und Gerechtigkeit gründet. Der Kontrollrat verkündet daher, die folgenden Grundsätze für die Umgestaltung der Rechtspflege, die für ganz Deutschland Geltung haben sollen.

I. Gleichheit vor dem Gesetz

Alle Personen sind vor dem Gesetz gleich. Niemandem, welches auch seine Rasse, Nationalität oder Religion sei, dürfen die ihm gesetzlich zustehenden Rechte entzogen werden.

II. Gewährleistung der Rechte des Angeklagten

1. Niemand darf des Lebens, der persönlichen Freiheit oder seines Eigentums beraubt werden, es sei denn auf Grund eines gesetzmäßigen Gerichtsverfahrens.

2. Strafrechtliche Verantwortlichkeit besteht nur für rechtlich als strafbar erklärte Handlungen (des faits delictueux prévus par le Droit — offences provided by law).

3. Kein Gericht darf irgendeine Handlung auf Grund von „Analogie" oder im Hinblick auf das sogenannte „gesunde Volksempfinden" als strafbar erklären, wie das im Deutschen Strafgesetzbuch der Fall war.

4. In jedem Strafverfahren müssen dem Angeklagten folgende Rechte zugestanden werden, die einer demokratischen Rechtsauffassung entsprechen: schnelles und öffentliches Gerichtsverfahren Bekanntgabe von Grund und Art der Anklage, Gegenüberstellung mit den Belastungszeugen, gerichtliche Vorladung von Entlastungszeugen und Hinzuziehung eines Verteidigers. Strafen, die gegen das gerechte Maß oder die Menschlichkeit verstoßen und solche, die das Gesetz nicht vorsieht, dürfen nicht verhängt werden.

5. Verurteilungen, die unter dem Hitler-Regime aus politischen, rassischen oder religiösen Gründen erfolgt sind, müssen aufgehoben werden.

III. Abschaffung der Ausnahme- und Sondergerichte des Hitler-Regimes

Der Volksgerichtshof, die Gerichte der Nationalsozialistischen Deutschen Arbeiterpartei und die Sondergerichte sind aufgehoben. Ihre Wiedereinsetzung ist verboten.

IV. Unabhängigkeit der Gerichtsbarkeit

1. In der Ausübung seiner Amtstätigkeit ist der Richter unabhängig von Weisungen der ausführenden Gewalt. Er ist nur dem Gesetz unterworfen.

2. Der Zugang zum Richteramt steht ohne Rücksicht auf Rasse, Religion oder Nationalität allen Personen offen, sofern sie die Grundsätze der Demokratie anerkennen.

3. Beförderung des Richters erfolgt ausschließlich nach Maßstab seiner Leistungen und juristischen Befähigung.

V.

Ordentliche deutsche Gerichte werden die Rechtspflege in Deutschland in Einklang mit den Grundsätzen dieser Proklamation ausüben.

C

Gesetz des KR. Nr. 10 vom 20. Dezember 1945 (Auszug).

Bestrafung von Personen, die sich Kriegsverbrechen, Verbrechen gegen den Frieden oder gegen die Menschlichkeit schuldig gemacht haben.

Artikel II

1. Jeder der folgenden Tatbestände stellt ein Verbrechen dar:

a) **Verbrechen gegen den Frieden.** Das Unternehmen des Einfalls in andere Länder und des Angriffskrieges als Verletzung des Völkerrechts und internationaler Verträge einschließlich der folgenden, den obigen Tatbestand jedoch nicht erschöpfenden Beispiele: Planung, Vorbereitung eines Krieges, Beginn oder Führung eines Angriffskrieges oder eines Krieges unter Verletzung von internationalen Verträgen, Abkommen oder Zusicherungen; Teilnahme an einem gemeinsamen Plan oder einer Verschwörung zum Zwecke der Ausführung einer der vorstehend aufgeführten Verbrechen.

b) **Kriegsverbrechen.** Gewalttaten oder Vergehen gegen Leib, Leben oder Eigentum, begangen unter Verletzung der Kriegsgesetze oder -gebräuche, einschließlich der folgenden, den obigen Tatbestand jedoch nicht erschöpfenden Beispiele: Mord Mißhandlung der Zivilbevölkerung der besetzten Gebiete, ihre Verschleppung zur Zwangsarbeit oder anderen Zwecken oder die Anwendung der Sklavenarbeit in den besetzten Gebieten selbst, Mord oder Mißhandlung von Kriegsgefangenen, Personen auf hoher See; Tötung von Geiseln; Plünderung von öffentlichem oder privatem Eigentum; vorsätzliche Zerstörung von Stadt oder Land oder Verwüstungen, die nicht durch militärische Notwendigkeit gerechtfertigt sind

c) **Verbrechen gegen die Menschlichkeit.** Gewalttaten und Vergehen, einschließlich der folgenden, den obigen Tatbestand jedoch nicht erschöpfenden Beispiele: Mord, Ausrottung, Versklavung, Zwangsverschleppung, Freiheitsberaubung, Folterung, Vergewaltigung oder andere an der Zivilbevölkerung begangene unmenschliche Handlungen; Verfolgung aus politischen, rassischen oder religiösen Gründen, ohne Rücksicht darauf, ob sie das nationale Recht des Landes in welchem die Handlung begangen worden ist, verletzen.

d) Zugehörigkeit zu gewissen Kategorien von Verbrechervereinigungen oder Organisationen, deren verbrecherischer Charakter vom internationalen Militärgerichtshof festgestellt worden ist.

2. Ohne Rücksicht auf seine Staatsangehörigkeit oder die Eigenschaft, in der er handelte, wird eines Verbrechens nach Maßgabe von Ziffer 1 dieses Artikels für schuldig erachtet, wer

a) als Täter oder
b) als Beihelfer bei der Begehung eines solchen Verbrechens mitgewirkt oder es befohlen oder angestiftet oder
c) durch seine Zustimmung daran teilgenommen hat oder
d) mit seiner Planung oder Ausführung in Zusammenhang gestanden hat oder
e) einer Organisation oder Vereinigung angehört hat, die mit seiner Ausführung in Zusammenhang stand, oder
f) soweit Ziffer 1 (a) in Betracht kommt, wer in Deutschland oder in einem mit Deutschland verbündeten, an seiner Seite kämpfenden oder Deutschland Gefolgschaft leistenden Lande eine gehobene politische, staatliche oder militärische Stellung (einschließlich einer Stellung im Generalstab) oder eine solche im finanziellen, industriellen oder wirtschaftlichen Leben innegehabt hat.

3. Wer eines der vorstehend aufgeführten Verbrechen für schuldig befunden und deswegen verurteilt worden ist, kann mit der Strafe belegt werden, die das Gericht als gerecht bestimmt. Die folgenden Strafen können — allein oder nebeneinander — verhängt werden:

a) Todesstrafe,
b) lebenslängliche oder zeitlich begrenzte Freiheitsstrafe mit oder ohne Zwangsarbeit,
c) Geldstrafe und, im Falle ihrer Uneinbringlichkeit, Freiheitsstrafe mit oder ohne Zwangsarbeit,
d) Vermögenseinziehung
e) Rückgabe unrechtmäßig erworbenen Vermögens,

f) völlige oder teilweise Aberkennung der bürgerlichen Ehrenrechte.

Vermögen, dessen Einziehung oder Rückgabe von dem Gerichtshof angeordnet worden ist, wird dem Kontrollrat für Deutschland zwecks weiterer Verfügung ausgehändigt.

4. a) Die Tatsache, daß jemand eine amtliche Stellung eingenommen hat, sei es die eines Staatsoberhauptes oder eines verantwortlichen Regierungsbeamten, befreit ihn nicht von der Verantwortlichkeit für ein Verbrechen und ist kein Strafmilderungsgrund.

b) Die Tatsache, daß jemand unter dem Befehl seiner Regierung oder seines Vorgesetzten gehandelt hat, befreit ihn nicht von der Verantwortlichkeit für ein Verbrechen; sie kann aber als strafmildernd berücksichtigt werden.

5. In einem Strafverfahren oder einer Verhandlung wegen eines der vorbezeichneten Verbrechen kann sich der Angeklagte nicht auf Verjährung berufen, soweit die Zeitspanne vom 30. Januar 1933 bis zum 1. Juli 1945 in Frage kommt. Ebensowenig stehen eine vom Naziregime gewährte Immunität, Begnadigung oder Amnestie der Aburteilung oder Bestrafung im Wege.

D.

Gesetz des KR. Nr. 11 vom 30. Januar 1946

Artikel I.

Folgende Vorschriften des Strafgesetzbuches für das Deutsche Reich vom 15. Mai 1871 in seiner gegenwärtigen Fassung werden hiermit ausdrücklich aufgehoben: Paragraphen 2, 2 b, 9, 10, 16 Absatz 3, 42 a Ziffer 5, 42 k, 80 bis 94 einschließlich, 102, 103, 112, 134 a, 134 b, 140, 140 a, 140 b, 141, 141 a, 142, 143, 143 a, 189 Absatz 3, 210 a, 226 b, 291, 353 a, 370 Ziffer 3.

Artikel II.

1. Folgende Gesetze einschließlich aller zusätzlichen Gesetze, Durchführungsbestimmungen, Verordnungen und Erlasse, werden hiermit ausdrücklich aufgehoben:

a) Gesetz über Verhängung und Vollzug der Todesstrafe vom 29. März 1933 (RGBl. I S. 151).
b) Gesetz zur Gewährleistung des Rechtsfriedens vom 13. Oktober 1933 (RGBl. I S. 723).
c) Gesetz über Maßnahmen der Staatsnotwehr vom 3. Juli 1934 (RGBl. I S. 529).
d) Verordnung über das Sonderstrafrecht im Krieg und bei besonderem Einsatz (Kriegssonderstrafrechtsverordnung) vom 17. August 1938 (RGBl. 1939 I S. 1455).
e) Verordnung über außerordentliche Rundfunkmaßnahmen vom 1. September 1939 (RGBl. I S. 1683).
f) Verordnung gegen Volksschädlinge vom 5. September 1939 (RGBl. I S. 1679).
g) Verordnung zur Ergänzung der Strafvorschriften zum Schutz der Wehrkraft des deutschen Volkes vom 25. November 1939 (RGBl. I S. 2319).
h) Verordnung zum Schutze des Reichsarbeitsdienstes vom 12. März 1940 (RGBl. I S. 485).
i) Verordnung zum Schutze der Metallsammlung des deutschen Volkes vom 29. März 1940 (RGBl. I S. 565).
j) Verordnung über die Strafrechtspflege gegen Polen und Juden in den eingegliederten Ostgebieten vom 4. Dezember 1941 (RGBl. I S. 759).
k) Verordnung des Führers zum Schutze der Sammlung von Wintersachen für die Front vom 23. Dezember 1941 (RGBl. I S. 797).
l) Verordnung des Führers zum Schutze der Rüstungswirtschaft vom 21. März 1942 (RGBl. I S. 165).
m) Verordnung über den Schutz der Waffenabzeichen der Wehrmacht vom 3. Mai 1942 (RGBl. I S. 277).

n) Verordnung zur Sicherung des totalen Kriegseinsatzes vom 25. August 1944 (RGBl. I S. 184).
o) Polizeiverordnung über das Betreten von Seeschiffen in deutschen Häfen vom 16. September 1944 (RGBl. I S. 223).
p) Verordnung zur Sicherung des Fronteinsatzes vom 26. Januar 1945 (RGBl. I S. 20).

2. Gleichfalls aufgehoben ist § 1 des Gesetzes zur Aenderung des Reichsstrafgesetzbuches vom 4. September 1941 (RGBl. I S. 549).

Artikel III.

Alle in anderen gesetzlichen Bestimmungen enthaltenen Verweisungen auf Vorschriften des Strafgesetzbuches und gesetzliche Bestimmungen, die durch Artikel I bzw. Artikel II aufgehoben sind, sowie alle mit dem gegenwärtigen Gesetz unvereinbaren Strafvorschriften verlieren gleichfalls jede Rechtskraft.

Artikel IV.

Die Aufhebung der in Artikel I und II bezeichneten Vorschriften und Bestimmungen setzt frühere Gesetze, die durch die hierdurch aufgehobenen Vorschriften und Bestimmungen aufgehoben worden sind, nicht wieder in Kraft.

Artikel V.

Die Aufhebung der in Artikel I dieses Gesetzes bezeichneten Vorschriften oder der in Artikel II dieses Gesetzes bezeichneten Gesetze und Bestimmungen soll den Erlaß weiterer Gesetzgebung, durch die andere Vorschriften des Strafgesetzbuches oder andere strafrechtliche Gesetze aufgehoben oder abgeändert werden, in keiner Weise beeinträchtigen.

Artikel VI.

Wer eine durch dieses Gesetz aufgehobene Vorschrift oder gesetzliche Bestimmung anwendet oder anzuwenden versucht, setzt sich strafrechtlicher Verfolgung aus.

Strafgesetzbuch für das Deutsche Reich vom 15. Mai 1871.

Einleitende Bestimmungen.

Dreiteilung der strafbaren Handlungen.

1. Eine mit dem Tode, mit Zuchthaus oder mit Festungshaft von mehr als fünf Jahren bedrohte Handlung ist ein Verbrechen.

Eine mit Festungshaft bis zu fünf Jahren, mit Gefängnis oder mit Geldstrafe von mehr als einhundertfünfzig Reichsmark oder mit Geldstrafe schlechthin bedrohte Handlung ist ein Vergehen.

Eine mit Haft oder mit Geldstrafe bis zu einhundertfünfzig Reichsmark bedrohte Handlung ist eine Uebertretung

Keine Strafe ohne vorheriges Gesetz.

2. Eine Handlung kann nur dann mit einer Strafe belegt werden, wenn diese Strafe gesetzlich bestimmt war, bevor die Handlung begangen wurde.

Bei Verschiedenheit der Gesetze von der Zeit der begangenen Handlung bis zu deren Aburteilung ist das mildeste Gesetz anzuwenden. Ist die Tat zur Zeit der Entscheidung nicht mehr mit Strafe bedroht, so kann die Bestrafung unterbleiben.

Ein Gesetz, das nur für eine bestimmte Zeit erlassen ist, ist auf die während seiner Geltung begangenen Straftaten auch dann anzuwenden, wenn es außer Kraft getreten ist.

Ueber Maßregeln der Sicherung und Besserung ist nach dem Gesetz zu entscheiden, das zur Zeit der Entscheidung gilt.

Die hier gebrachte Fassung des § 2 entspricht in Abs. I und II, 1 dem alten Strafgesetzbuch, in Abs II, 2, III und IV seiner Aenderung durch Ges. v. 28. 6. 33.

Am § 2 a F. war wesentlich 1 **„Gesetzlich"**, d h nulla poena sine lege! Verbot von Analogie und Gewohnheitsrecht — 2. **„Bevor"**, d h Strafgesetze wirken nicht zurück — 3. Eine **„Milderung"** des Gesetzes wirkt nach Abs II ausnahmsweise zurück.

Das Ges. v. 28. 6. 33 zerlegte den § 2 in zwei Bestimmungen: in die §§ 2 und 2 a

§ 2 n. F. gestattete Bestrafung „nach dem Grundgedanken eines Strafgesetzes und nach gesundem Volksempfinden". Damit hob er das Analogieverbot auf. Er entband zwar (nach der von mir immer vertretenen, der herrschenden Meinung freilich, man könne dem gesetzlichen „Grundgedanken" den jeweiligen Zeitbedürfnissen anpassen, entgegengesetzten Meinung) den Richter nicht völlig vom Gesetz, verwies ihn aber vom Wortlaut des Gesetzes auf dessen „Grundgedanken", falls der Wortlaut eine vom Rechtsgefühl geforderte Bestrafung nicht gestattete — Der neue § 2 a verbot (wie auch schon der alte § 2) dem Richter, ein Strafgesetz, das nach einer Tat erlassen war, (das englische post factum law) auf die Tat anzuwenden, gestattete aber (der alte § 2 hatte es geradezu geboten), eine nachträgliche Gesetzesmilderung dem Täter zugute kommen zu lassen. — Der Abs. III des neuen § 2 a (oben im Text als Absatz III aufgenommen) entschied eine Zweifelsfrage im Sinne der herrschenden Meinung. — Der Abs. IV des neuen § 2 a (oben im Text als Abs. IV aufgenommen) ergab sich aus dem gleichfalls durch Ges v. 28. 6 33 neu geschaffenen Abschnitt 1 a über „Maßregeln der Sicherung und Besserung" Denn das Rückwirkungsverbot folgte zwar aus dem Sinn einer echten „Strafe", nicht aber aus dem Sinn der neuen „Maßregeln", für deren Anordnung die Tat nicht der Rechtsgrund, nur der Anlaß war.

KR. 11 hat den § 2 n. F aufgehoben, ohne den § 2 a F. wieder herzustellen. Dem Sinn der KR-Bestimmung entspricht es aber, trotz KR. 11 Art. IV zur alten Fassung des § 2 zurückzukehren. Dies steht auch im Einklang mit KRProkl. 3 v. 20. 10. 45. „Kein Gericht darf irgend eine Handlung auf Grund von Analogie oder im Hinblick auf das sog. gesunde Volksempfinden als strafbar erklären" — Den § 2 a hat KR 11 nicht erwähnt An sich gilt er also weiter Er ist oben im Text mit dem § 2 a. F. vereinigt.

2 b. [betraf **Wahlfeststellung;** aufgehoben durch KR. Nr. 11.]

Internationales Strafrecht.

Vorbemerkungen.

Die §§ 3 bis 5 folgen der Fassung der VO. v. 6. 5. 40 außer im Schlußsatz von § 3 Abs. II. Die bis dahin geltenden §§ 3 bis 5 hatten folgenden Wortlaut.

„3. Die Strafgesetze des Deutschen Reichs finden Anwendung auf alle im Gebiete desselben begangenen strafbaren Handlungen, auch wenn der Täter ein Ausländer ist.

4. Wegen der im Auslande begangenen Verbrechen und Vergehen findet in der Regel keine Verfolgung statt. (II) Jedoch kann nach den Strafgesetzen des Deutschen Reichs verfolgt werden: 1. ein Deutscher oder ein Ausländer, welcher im Auslande eine hochverräterische Handlung gegen das Deutsche Reich oder einen Bundesstaat, oder ein Münzverbrechen, oder als Beamter des Deutschen Reichs oder eines Bundesstaats eine Handlung begangen hat, die nach den Gesetzen des Deutschen Reichs als Verbrechen oder Vergehen im Amte anzusehen ist; 2. ein Deutscher, welcher im Auslande eine landesverräterische Handlung gegen das Deutsche Reich oder einen

Bundesstaat begangen hat; 3. ein Deutscher, welcher im Auslande eine Handlung begangen hat, die nach den Gesetzen des Deutschen Reichs als Verbrechen oder Vergehen anzusehen und durch die Gesetze des Ortes, an welchem sie begangen wurde, mit Strafe bedroht ist. (2) Die Verfolgung ist auch zulässig, wenn der Täter bei der Begehung der Handlung noch nicht Deutscher war. In diesem Falle bedarf es jedoch eines Antrages der zuständigen Behörde des Landes, in welchem die strafbare Handlung begangen worden, und das ausländische Strafgesetz ist anzuwenden, soweit dieses milder ist

5. Im Falle des § 4 Nr. 3 bleibt die Verfolgung ausgeschlossen, wenn 1. von den Gerichten des Auslandes über die Handlung rechtskräftig erkannt und entweder eine Freisprechung erfolgt oder die ausgesprochene Strafe vollzogen, 2. die Strafverfolgung oder die Strafvollstreckung nach den Gesetzen des Auslandes verjährt oder die Strafe erlassen, oder 3. der nach den Gesetzen des Auslandes zur Verfolgbarkeit der Handlung erforderliche Antrag des Verletzten nicht gestellt worden ist."

Die Neuerungen durch VO. v. 6 5. 40 bestehen in folgendem:

1. Anerkennung des Personalgrundsatzes; der Deutsche lebt für deutsche Beurteilung nach deutschem Strafrecht, auch im Ausland: § 3 I. Die „Strafbarkeit" nach Auslandsrecht ist ersetzt durch „Strafwürdigkeit" der Auslandstat nach deutscher Rechtsanschauung: § 3 II.

2. Der Territorialgrundsatz ist daneben nicht aufgegeben. Er ist für jeden Staat selbstverständlich: § 4 I.

3. Personal- und Territorialgrundsatz werden ergänzt durch den gegen früher erheblich erweiterten Schutzgrundsatz: § 4 II Nr. 2 und III Nr. 1, 2, 5 und 6

4. Sie werden ferner ergänzt durch den gleichfalls erweiterten Universalgrundsatz. § 4 III Nr. 3, 4, 7, 8 und 9.

5. Der Gedanke der stellvertretenden Strafjustiz (bisher § 4 Nr. 3) bleibt unerläßlich in den Fällen des § 4 II Nr. 1 und 3.

Die Neufassung der §§ 3 bis 7 durch Gesetz v. 6. 5. 40 ist nicht typisch nationalsozialistisch. Zwar kamen der Personalgrundsatz und der Schutzgrundsatz nationalsozialistischem Denken entgegen, aber sie entstammen ihm nicht. Sie wurden seit Jahrzehnten ernsthaft erwogen und sind in viele Gesetze des Inlands und des Auslands aufgenommen worden.

Der Personalgrundsatz, der auf das früheste deutsche Mittelalter zurückgeht, war neuerdings anerkannt u. a. in Österreich, Griechenland, Rumänien, Italien (schon 1889), Schweden, den Niederlanden, Ungarn, Bulgarien, in Rußland (sowohl 1903 wie 1925); in der Schweiz galt er schon früher in vielen Kantonen, er gilt jetzt in dem Schweizer Strafgesetzbuch von 1937, Art. 6. In Frankreich gilt er seit dem Ges. v. 26. 6. 66 für Verbrechen („crimes"). Die inländische Strafbarkeit ist in den meisten dieser Fälle unabhängig davon, daß die Auslandstat am Tatort strafbar war. — In Deutschland galt der Personalgrundsatz in Hessen 1841, Sachsen 1855, Bayern 1861. Der VE. 1909 hatte ihn in reiner Form übernehmen wollen, also sogar ohne die Voraussetzung der Strafbarkeit am Tatort. Spätere Entwürfe hatten ihn wieder abgeschwächt.

Auch der Schutzgedanke ist alt. Er begegnet in verschiedenen Abstufungen, teils indem alle Rechtsgüter von Inländern gegen Auslandstaten geschützt werden, teils auch nur Rechtsgüter des Staates (also gegen Hoch- und Landesverrat). Vielfach ist die Strafdrohung auf Inländer beschränkt, häufig aber auch auf jeden Täter ausgedehnt. Der Schutzgedanke (auch Realprinzip genannt oder passiver Personalgrundsatz) war anerkannt in Bayern 1861, Württemberg 1839, Thüringen 1852, teilweise auch in Sachsen, Braunschweig und Hamburg. Im Ausland u. a. in Dänemark, Italien (1889), Argentinien, weitgehend auch in Frankreich nach dem Ges. v. 27. 6 66: Code d'instr. crim. Art. 7 I. In der Schweiz hatten schon mehrere Kantonalstrafgesetze ihn anerkannt, in weitester Fassung ist er dann in das Schweizer Strafgesetzbuch von 1937 aufgenommen worden. Die Neufassung des Strafgesetzbuchs von 1940 geht zurück auf den Vorentwurf von 1909

Personalgrundsatz und Schutzgrundsatz hängen zusammen. Wenn ein Inländer verpflichtet ist, im Ausland nach Inlandsrecht zu leben, dann kann er auch im Ausland von dem Staat, dem er angehört, Strafschutz erwarten. Und wer im Ausland durch den eigenen Staat geschützt wird, muß auch im Ausland die rechtlichen Pflichten, die dieser Staat seinen Angehörigen auferlegt, anerkennen.

Völkerrecht steht weder dem Personal- noch dem Schutzgrundsatz entgegen. Daß die Auslandstat des Deutschen auch vom Ausland bestraft werden darf, folgt schon aus dem überall anerkannten Territorialgrundsatz; überdies ist nach Streichung des § 9 das Ausland auch in der Lage, in solchem Falle die Auslieferung des deutschen Missetäters zu verlangen Auch den Schutzgedanken läßt die Streichung des § 9 als völkerrechtlich unbedenklich erscheinen.

3. Das deutsche Strafrecht gilt für die Tat eines deutschen Staatsangehörigen, einerlei, ob er sie im Inland oder Ausland begeht.

Für eine im Ausland begangene Tat, die nach dem Recht des Tatorts nicht mit Strafe bedroht ist, gilt das deutsche Strafrecht nicht. wenn die Tat wegen der besonderen tatsächlichen Verhältnisse am Begehungsort nach deutscher Rechtsanschauung keine Strafe verdient.

Eine Tat ist an jedem Ort begangen, an dem der Täter gehandelt hat oder im Falle des Unterlassens hätte handeln sollen oder an dem der Erfolg eingetreten ist oder eintreten sollte.

4. Das deutsche Strafrecht gilt auch für Taten, die ein Ausländer im Inland begeht.

Für eine von einem Ausländer im Ausland begangene Straftat gilt das deutsche Strafrecht, wenn sie durch durch das Recht des Tatorts mit Strafe bedroht oder

der Tatort keiner Strafgewalt unterworfen ist, und wenn

1. der Täter die deutsche Staatsangehörigkeit nach der Tat erworben hat oder
2. die Straftat gegen das deutsche Volk oder gegen einen deutschen Staatsangehörigen gerichtet ist oder
3. der Täter im Inland betroffen und nicht ausgeliefert wird, obwohl die Auslieferung nach der Art der Straftat zulässig wäre.

Unabhängig von dem Recht des Tatorts gilt das deutsche Strafrecht für folgende Straftaten, die ein Ausländer im Ausland begeht:

1. Straftaten, die er als Träger eines deutschen staatlichen Amts,

   oder die er gegen den Träger eines deutschen Amts oder des Staates

   während der Ausübung ihres Dienstes oder in Beziehung auf ihren Dienst begeht;
2. hoch- oder landesverräterische Handlungen gegen das Deutsche Reich;
3. Sprengstoffverbrechen;
4. Kinderhandel und Frauenhandel;
5. Verrat eines Betriebs- oder Geschäftsgeheimnisses eines deutschen Betriebes;
6. Meineid in einem Verfahren, das bei einem deutschen Gericht oder einer anderen zur Abnahme von Eiden zuständigen deutschen Stelle anhängig ist;
7. Münzverbrechen und Münzvergehen;
8. unbefugter Vertrieb von Betäubungsmitteln;
9. Handel mit unzüchtigen Veröffentlichungen.

5. Das deutsche Strafrecht gilt, unabhängig von dem Recht des Tatorts, für Taten, die auf einem deutschen Schiff oder Luftfahrzeug begangen werden.

6. Im Auslande begangene Uebertretungen sind nur dann zu bestrafen, wenn dies durch besondere Gesetze oder durch Verträge angeordnet ist.

7. Eine im Auslande vollzogene Strafe ist, wenn wegen derselben Handlung im Gebiete des Deutschen Reichs abermals eine Verurteilung erfolgt, auf die zu erkennende Strafe in Anrechnung zu bringen.

9. [betraf **Nichtauslieferung von Deutschen**; aufgehoben durch KR. Nr. 11.]

§ 9 hatte gelautet: „Ein Deutscher darf einer ausländischen Regierung zur Verfolgung oder Bestrafung nicht überliefert werden." Der Personalgrundsatz des § 3 gewinnt durch die Aufhebung des § 9 eine erhöhte Bedeutung.

10. [betraf **Anwendbarkeit der allgemeinen Strafgesetze auf Militärpersonen**; aufgehoben durch KR. Nr. 11.]

11. und 12. [betrafen die **Straffreiheit von Parlamentariern**; zur Zeit gegenstandslos.]

Erster Teil.

Von der Bestrafung der Verbrechen, Vergehen und Übertretungen im allgemeinen.

Erster Abschnitt: Strafen

Vorbemerkung.

KRProkl. 3 vom 20. 10. 45 Art. II Z. 4 letzter Satz verbietet die Auferlegung übermäßiger, unmenschlicher oder durch das Gesetz nicht vorgesehener Strafen. Vgl. ferner Ziffer 8 der „Allgemeinen Anweisung an Richter" Nr. 1 (fast wörtlich übereinstimmend mit Ziffer 10 der Anweisung für Richter der Alliierten Kommandantur Berlin v. 10. Mai 1946). Diese lautet:

„a) Es ist untersagt, grausame oder übermäßig hohe Strafen zu verhängen. Vorbehaltlich dieser Beschränkung überläßt Ihnen die Militärregierung die Verantwortung, nach Ihrem pflichtgemäßen Ermessen Strafen so zu verhängen, wie Sie es für die Aufrechterhaltung von Recht und Ordnung und die Bekämpfung von Verbrechern notwendig halten.

b) Unbeschadet Ihrer allgemeinen Verantwortlichkeit gemäß Abs. a) dürfen Sie in allen Fällen, in denen auf Grund eines seit dem 30. 1. 1933 erlassenen Gesetzes die Höchststrafe für eine Straftat, die vor dem 30 1. 1933 vorgeschrieben war, verschärft wurde, keine Strafe verhängen, die das vor dem 30. 1. 1933 zugelassene Strafmaß übersteigt. Ausnahmen sind nur insoweit zulässig, als die Verschärfung der Strafe durch die kriminelle Vergangenheit des Angeklagten oder die Häufigkeit der Straftat gerechtfertigt ist.

c) § 42 k StGB darf nicht angewendet werden.

d) Festungshaft darf nicht verhängt werden. In Fällen, in denen das Gesetz die Festungshaft als alleinige Strafe vorschreibt, darf in Zukunft nur Zuchthaus oder Gefängnis innerhalb der durch das Gesetz vorgeschriebenen Grenzen angeordnet werden."

Zu b) ist folgendes zu bemerken: Es ist zu unterscheiden zwischen Fällen, in denen ein Hitlergesetz ein Verhalten unter Strafe gestellt hat, das vorher nicht straftbar war, und solchen Fällen, in denen die Höchststrafe für ein schon vorher strafbares Verhalten durch ein Hitlergesetz verschärft worden ist. Die Anwendung neuer Tatbestände ist zulässig, die Anwendung neuer Höchststrafen nicht. (Heraufgesetzte Mindestmaße bleiben maßgebend.) Beispiele für den ersten Fall bringen die §§ 175 a Ziff. 4 dritter Fall „sich anbietet", 245 a, 265 a, 330 a, b, c, das Autofallengesetz, die Strafgesetze betreffend, die Kriegswirtschaft und andere; hierher gehören auch die Fälle, in denen der vorher straflose Versuch unter Strafe gestellt wurde, z. B. §§ 156, 216, 259, 274 und 348. Beispiele für die zweite Gruppe: § 175 a (mit Ausnahme des Schlußtatbestandes: „sich anbietet", der in die erste Gruppe gehört, s. o., §§ 218, 222 und 263. Es gibt auch Fälle, in denen sowohl ein Tatbestand verändert, wie eine Strafe hinaufgesetzt wurde, z. B. §§ 164, 266; diese gehören wegen der Tatbestandsänderung in die erste Gruppe, eine Strafschärfung ist also zulässig, ohne daß unterschieden werden darf zwischen solchen Fällen, die schon nach der alten Fassung hätten bestraft werden können, und solchen, bei denen dies nicht möglich war. In den Fällen, in denen ein nach dem 30. 1. 33 ergangenes Gesetz anwendbar bleibt, sind aber zwei Vorbehalte zu machen· einmal dürfen die Strafen nicht „gegen das gerechte Maß oder die Menschlichkeit" verstoßen (KRProkl. Nr. 3 II, 4); und sodann sind selbstverständlich solche neuen Gesetze unbeachtlich, die ausgesprochen nationalsozialistischer Weltanschauung entstammen

Wenn durch eine Verschärfung der Strafe ein Vergehen in ein Verbrechen verwandelt und dadurch an sich der Versuch strafbar geworden ist, so fällt diese Folgerung in den Fällen fort, in denen die Verschärfung der Strafe nicht beachtet werden darf.

Todesstrafe.

13. Die Todesstrafe ist durch Enthauptung zu vollstrecken.

Das Gesetz über Verhängung und Vollzug der Todesstrafe vom 29. 3. 33 ist durch KR. 11 aufgehoben: Es hatte gestattet, ein wegen Verbrechen gegen die öffentliche Sicherheit ergangenes Todesurteil durch Erhängen zu vollstrecken.

Zuchthausstrafe.

14. Die Zuchthausstrafe ist eine lebenslängliche oder eine zeitige.

Der Höchstbetrag der zeitigen Zuchthausstrafe ist fünfzehn Jahre, ihr Mindestbetrag ein Jahr.

Wo das Gesetz die Zuchthausstrafe nicht ausdrücklich als eine lebenslängliche androht. ist dieselbe eine zeitige.

15. Die zur Zuchthausstrafe Verurteilten sind in der Strafanstalt zu den eingeführten Arbeiten anzuhalten.

Sie können auch zu Arbeiten außerhalb der Anstalt insbesondere zu öffentlichen oder von einer Staatsbehörde beaufsichtigten Arbeiten verwendet werden. Diese Art der Beschäftigung ist nur dann zulässig, wenn die Gefangenen dabei von anderen freien Arbeitern getrennt gehalten werden

Gefängnisstrafe.

16. Der Höchstbetrag der Gefängnisstrafe ist fünf Jahre, ihr Mindestbetrag ein Tag.

Die zur Gefängnisstrafe Verurteilten können in einer Gefangenenanstalt auf eine ihren Fähigkeiten und Verhältnissen angemessene Weise beschäftigt werden; auf ihr Verlangen sind sie in dieser Weise zu beschäftigen.

[Abs 3 war durch Ges. v. 24 4. 34 angefügt und hatte den § 15 Abs. 2 für anwendbar erklärt; aufgehoben durch KR. Nr. 11.]

Festungshaft.

Vorbemerkung zu §§ 17 und 20.

1 Z. Zt. „darf Festungshaft nicht verhängt werden“: vgl. Vorbemerkung vor § 13 Aufgehoben sind die §§ 17 und 20 durch den Kontrollrat nicht.

2. Die Fassung des § 20 beruht auf Ges. v 26 5 33 Dieses hat Regel und Ausnahme vertauscht: Vorher war Festung, also custodia honesta, die Regel, jetzt ist sie die Ausnahme. Für politische Ausnahmefälle entspricht custodia honesta allgemeinen Rechtsgedanken und findet sich schon in den Strafgesetzentwürfen von 1925 und 1927. Die Bezeichnung als „Festungshaft“ war in ihnen in „Einschließung“ geändert.

17. Die Festungshaft ist eine lebenslängliche oder eine zeitige.

Der Höchstbetrag der zeitigen Festungshaft ist fünfzehn Jahre, ihr Mindestbetrag ein Tag.

Wo das Gesetz die Festungshaft nicht ausdrücklich als eine lebenslängliche androht ist dieselbe eine zeitige.

Die Strafe der Festungshaft besteht in Freiheitsentziehung mit Beaufsichtigung der Beschäftigung und

Lebensweise der Gefangenen. Sie wird in Festungen vollzogen, die dem Chef des Oberkommandos der Wehrmacht unterstehen.

Haft.

18. Der Höchstbetrag der Haft ist sechs Wochen, ihr Mindestbetrag ein Tag.

Die Strafe der Haft besteht in einfacher Freiheitsentziehung.

Bemessung der Strafen.

19. Bei Freiheitsstrafen wird der Tag zu vierundzwanzig Stunden, die Wochen zu sieben Tagen, der Monat und das Jahr nach der Kalenderzeit gerechnet.

Die Dauer einer Zuchthausstrafe darf nur nach vollen Monaten, die Dauer einer anderen Freiheitsstrafe nur nach vollen Tagen bemessen werden.

Wahl zwischen Zuchthaus und Festungshaft.

20. Wo das Gesetz die Wahl zwischen Zuchthaus oder Gefängnis und Festungshaft gestattet, darf auf Festungshaft nur dann erkannt werden, wenn die Tat sich nicht gegen das Wohl des Volkes gerichtet und der Täter ausschließlich aus ehrenhaften Beweggründen gehandelt hat.

Strafe gegen gefährliche Gewohnheitsverbrecher.

Vorbemerkung.

Die Einschaltung des Strafrichters in den Kampf gegen den gefährlichen Gewohnheitsverbrecher erfolgte durch das Ges. v. 24. 11. 33 Vorläufer waren: Vorentwurf 1909 § 89; Entwurf 1913 §§ 121 und 106; Entwurf 1919 §§ 120 und 100; Entwurf 1925 §§ 77 und 45; Entwurf 1927 §§ 78 und 59 Der Entwurf 1909 hatte lediglich Strafschärfungen vorgeschlagen Die anderen Entwürfe waren dem System der Doppelspurigkeit gefolgt, d. h. sie hatten neben der Strafe (die überdies meist verschärft wurde) Sicherungsverwahrung vorgesehen. Die Vorschläge von 1927 (im Reichstag gebilligt) wurden mit unwesentlichen Aenderungen durch das Ges. v 24. 11. 33 in das Strafgesetzbuch übernommen.

Im Ausland war seit dem Schweizer Entwurf von 1893 (Verfasser Carl Stooß) ebenfalls der Gedanke, Strafen und Sicherungsmaßnahmen nebeneinander zu stellen, allmählich zur Herrschaft gelangt: zuerst in Norwegen, StGB von 1902 (1929); es folgten England 1908, Schweden 1927 u. a. Von Strafgesetzentwürfen ist der französische von 1932 zu nennen. In der Schweiz selber kam es erst 1937 (1942) zu einem Gesetz. Für das Urteil zwar blieb es bei der Doppelspurigkeit, der Vollzug aber ist einspurig, indem Art. 42 bestimmt: „Die Verwahrung tritt in diesem Falle an die Stelle der ausgesprochenen Freiheitsstrafe"

Auch auf Fachkongressen trat bei der Unmöglichkeit, Strafe und Sicherungsverwahrung im Vollzug wirksam zu unterscheiden, der Gedanke der Einspurigkeit immer stärker in den Vordergrund. Ueberwiegend freilich verdrängte nicht, wie in der Schweiz, die Verwahrung die Strafe, sondern immer mehr setzte sich der umgekehrte Gedanke des unbestimmten Strafurteils durch, d. h. eines Urteils, das den Täter schuldig spricht, auch die Strafart festsetzt, das aber die Bestimmung der Strafdauer einem späteren Zeitpunkt überläßt und von dem Verhalten des Verurteilten im Vollzug abhängig macht. Eine Unterfrage ist, ob das Urteil absolut unbestimmt sein soll, d. h. auf jede zeitliche Begrenzung der Strafe verzichten, oder nur relativ unbestimmt, d. h. ob es immerhin ein Mindest- und Höchstmaß festsetzen soll. Entscheidend war und blieb die Forderung, daß bei Gewohnheitsverbrechern die Dauer der Freiheitsstrafe bzw der Verwahrung nicht von vornherein bestimmt werden sollte, wenn sich z. Zt. des Urteils noch nicht übersehen läßt, welche Dauer einer Freiheitsstrafe erforderlich sein würde, um den Täter von weiteren Straftaten abzuhalten — Rechtsstaatliche Garantien müßten dadurch geschaffen werden, daß die Entscheidungen über Entlassung oder Fortdauer der Verwahrung richterlichen Behörden übertragen würden

Die Neufassung des StGB durch Ges. v. 24. 11. 33, die unten wiedergegeben ist, hat aus dem Entwurf 1927 die dualistische Regelung übernommen. Da sie auch vom Kontrollrat bisher nicht beanstandet worden ist, muß an ihr zunächst festgehalten werden. Ob künftig auf dem Wege des § 20 a oder aber des § 42 e fortgeschritten werden wird, muß hier dahingestellt bleiben. Ein Verzicht jedoch auf jede wirksame strafrechtliche Bekämpfung des Gewohnheitsverbrechertums wäre es, wenn eine dieser beiden Bestimmungen ersatzlos gestrichen und gleichzeitig die andere nicht weitergebildet oder gar wieder zurückgebildet würde. Insbesondere wäre eine Streichung des § 42 e nur vertretbar, wenn der § 20 a zum unbestimmten Strafurteil übergeht.

Thüringen (1945) führt im § 20 das (nur im Mindestmaß, nicht aber im Höchstmaß vom Richter zu begrenzende) unbestimmte Strafurteil ein und beseitigt die Sicherungsverwahrung.

20 a. Hat jemand, der schon zweimal rechtskräftig verurteilt worden ist, durch eine neue vorsätzliche Tat eine Freiheitsstrafe verwirkt und ergibt die Gesamtwürdigung der Taten, daß er ein gefährlicher Gewohnheitsverbrecher ist, so ist, soweit die neue Tat nicht mit schwererer Strafe bedroht ist, auf Zuchthaus bis zu fünf Jahren und, wenn die neue Tat auch ohne diese Strafverschärfung ein Verbrechen wäre, auf Zuchthaus bis zu fünfzehn Jahren zu erkennen. Die Strafverschärfung setzt voraus, daß die beiden früheren Verurteilungen wegen eines Verbrechens oder vorsätzlichen Vergehens ergangen sind und in jeder von ihnen auf Todesstrafe, Zuchthaus oder Gefängnis von mindestens sechs Monaten erkannt worden ist.

Hat jemand mindestens drei vorsätzliche Taten begangen und ergibt die Gesamtwürdigung der Taten, daß er ein gefährlicher Gewohnheitsverbrecher ist, so kann das Gericht bei jeder abzuurteilenden Einzeltat die Strafe ebenso verschärfen, auch wenn die übrigen im Abs. 1 genannten Voraussetzungen nicht erfüllt sind.

Eine frühere Verurteilung kommt nicht in Betracht, wenn zwischen dem Eintritt ihrer Rechtskraft und der folgenden Tat mehr als fünf Jahre verstrichen sind. Eine frühere Tat, die noch nicht rechtskräftig abgeurteilt ist, kommt nicht in Betracht, wenn zwischen ihr und der folgenden Tat mehr als fünf Jahre verstrichen sind. In die Frist wird die Zeit nicht eingerechnet, in der der Täter eine Freiheitsstrafe verbüßt oder auf behördliche Anordnung in einer Anstalt verwahrt wird.

Eine ausländische Verurteilung steht einer inländischen gleich, wenn die geahndete Tat auch nach deutschem Recht ein Verbrechen oder vorsätzliches Vergehen wäre.

§ 20 a war ergänzt durch Ges v. 4 9. 41, welches Todesstrafe androhte, wenn der Schutz der Volksgemeinschaft oder (!) das Bedürfnis nach gerechter Sühne sie erforderten. Dieses Gesetz ist aufgehoben durch KR. Nr. 11

Strafumwandlung.

21. Achtmonatliche Zuchthausstrafe ist einer einjährigen Gefängnisstrafe, achtmonatliche Gefängnisstrafe einer einjährigen Festungshaft gleichzuachten.

Einzelhaft.

22. Die Zuchthaus- und Gefängnisstrafe können sowohl für die ganze Dauer wie für einen Teil der erkannten Strafzeit in der Weise in Einzelhaft vollzogen werden, daß der Gefangene unausgesetzt von anderen Gefangenen gesondert gehalten wird.

Die Einzelhaft darf ohne Zustimmung des Gefangenen die Dauer von drei Jahren nicht übersteigen.

Vorläufige Entlassung.

23. Die zu einer längeren Zuchthaus- oder Gefängnisstrafe Verurteilten können, wenn sie drei Vierteile, mindestens aber ein Jahr der ihnen auferlegten Strafe verbüßt, sich auch während dieser Zeit gut geführt haben, mit ihrer Zustimmung vorläufig entlassen werden.

24. Die vorläufige Entlassung kann bei schlechter Führung des Entlassenen, oder wenn derselbe den ihm bei der Entlassung auferlegten Verpflichtungen zuwiderhandelt, jederzeit widerrufen werden.

Der Widerruf hat die Wirkung, daß die seit der vorläufigen Entlassung bis zur Wiedereinlieferung verflossene Zeit auf die festgesetzte Strafdauer nicht angerechnet wird.

25. Der Beschluß über die vorläufige Entlassung sowie über einen Widerruf ergeht von der obersten Justiz-Aufsichtsbehörde. Vor dem Beschluß über die Entlassung ist die Gefängnisverwaltung zu hören.

Die einstweilige Festnahme vorläufig Entlassener kann aus dringenden Gründen des öffentlichen Wohls von der Polizeibehörde des Ortes, an welchem der Entlassene sich aufhält, verfügt werden. Der Beschluß über den endgültigen Widerruf ist sofort nachzusuchen.

Führt die einstweilige Festnahme zu einem Widerrufe, so gilt dieser als am Tage der Festnahme erfolgt.

26. Ist die festgesetzte Strafzeit abgelaufen, ohne daß ein Widerruf der vorläufigen Entlassung erfolgt ist, so gilt die Freiheitsstrafe als verbüßt.

Geldstrafe.

27. Die Geldstrafe ist in Reichsmark festzusetzen.

Sie beträgt

1. bei Verbrechen und Vergehen, soweit nicht höhere Beträge oder Geldstrafe in unbeschränkter Höhe an-

gedroht sind oder werden, mindestens 3 Reichsmark und höchstens 10 000 Reichsmark;

2. bei Uebertretungen mindestens eine Reichsmark, soweit nicht ein höherer Mindestbetrag angedroht ist oder wird, und höchstens 150 Reichsmark.

Die Vorschriften des Abs. 2 über Höchstbeträge gelten nicht, soweit die angedrohte Strafe in dem Mehrfachen, dem Einfachen oder dem Bruchteil eines bestimmten Betrags besteht. Ist dieser nicht auf Reichsmark gestellt, so ist er für die Festsetzung der Geldstrafe in Reichsmark umzurechnen.

27 a. Bei einem Verbrechen oder Vergehen, das auf Gewinnsucht beruht, kann die Geldstrafe auf einhunderttausend Reichsmark erhöht und auf eine solche Geldstrafe neben Freiheitsstrafe auch in denjenigen Fällen erkannt werden, in denen das Gesetz eine Geldstrafe nicht androht.

27 b. Ist für ein Vergehen oder eine Uebertretung, für die an sich eine Geldstrafe überhaupt nicht oder nur neben Freiheitsstrafe zulässig ist, Freiheitsstrafe von weniger als drei Monaten verwirkt, so ist an Stelle der Freiheitsstrafe auf Geldstrafe (§§ 27, 27 a) zu erkennen, wenn der Strafzweck durch eine Geldstrafe erreicht werden kann.

[Die Vorschriften des Militärstrafgesetzbuches bleiben unberührt.]

27 c. Bei der Bemessung einer Geldstrafe sind die wirtschaftlichen Verhältnisse des Täters zu berücksichtigen.

Die Geldstrafe soll das Entgelt, das der Täter für die Tat empfangen, und den Gewinn, den er aus der Tat gezogen hat, übersteigen.

Reicht das gesetzliche Höchstmaß hierzu nicht aus, so darf es überschritten werden.

28. Ist dem Verurteilten nach seinen wirtschaftlichen Verhältnissen nicht zuzumuten, daß er die Geldstrafe sofort zahlt, so hat ihm das Gericht eine Frist zu bewilligen oder ihm zu gestatten, die Strafe in bestimmten Teilbeträgen zu zahlen.

Das Gericht kann diese Vergünstigung auch nach dem Urteil bewilligen. Es kann seine Entschließung nachträglich ändern. Leistet der Verurteilte die Teilzahlung nicht rechtzeitig oder bessern sich seine wirtschaftlichen Verhältnisse wesentlich, so kann das Gericht die Vergünstigung widerrufen.

Auf die nach Abs. 2 zu treffenden Entscheidungen findet § 462 der Strafprozeßordnung Anwendung.

28 a. Soweit die Geldstrafe nicht gezahlt wird, ist sie beizutreiben.

Der Versuch, die Geldstrafe beizutreiben, kann unterbleiben, wenn mit Sicherheit vorauszusehen ist, daß sie aus dem beweglichen Vermögen des Verurteilten nicht beigetrieben werden kann.

28 b. Die Vollstreckungsbehörde kann dem Verurteilten gestatten, eine uneinbringliche Geldstrafe durch freie Arbeit zu tilgen.

Das Nähere regelt die Reichsregierung.

29. An die Stelle einer uneinbringlichen Geldstrafe tritt bei Verbrechen und Vergehen Gefängnis oder, wenn neben der Geldstrafe auf Zuchthaus erkannt wird, Zuchthaus, bei Uebertretungen Haft. Auch bei Vergehen kann die Geldstrafe in Haft umgewandelt werden, wenn Geldstrafe allein oder an erster Stelle oder wahlweise neben Haft angedroht ist.

Die Dauer der Ersatzstrafe ist mindestens ein Tag und bei Gefängnis und Zuchthaus höchstens ein Jahr, bei Haft höchstens sechs Wochen. Ist neben der Geldstrafe wahlweise Freiheitsstrafe von geringerer Höhe angedroht, so darf die Ersatzstrafe deren Höchstmaß nicht übersteigen. Die Ersatzstrafe darf nur nach vollen Tagen bemessen werden.

Im übrigen richtet sich das Maß der Ersatzstrafe nach freiem Ermessen des Gerichts.

In den Fällen des § 27 b ist Ersatzstrafe die verwirkte Freiheitsstrafe.

Der Verurteilte kann die Vollstreckung der Ersatzstrafe jederzeit dadurch abwenden, daß er den noch zu zahlenden Betrag der Geldstrafe entrichtet.

Kann die Geldstrafe ohne Verschulden des Verurteilten nicht eingebracht werden, so kann das Gericht anordnen, daß die Vollstreckung der Ersatzstrafe unterbleibt. § 462 der StPO. findet Anwendung.

30. In den Nachlaß kann eine Geldstrafe nur dann vollstreckt werden, wenn das Urteil bei Lebzeiten des Verurteilten rechtskräftig geworden war.

Rechtsverwirkungen bei Zuchthausstrafe.

31. Die Verurteilung zur Zuchthausstrafe hat

die dauernde Unfähigkeit zum Dienste in der deutschen Wehrmacht sowie

die dauernde Unfähigkeit zur Bekleidung öffentlicher Aemter von Rechtswegen zur Folge.

Unter öffentlichen Aemtern im Sinne dieses Strafgesetzes sind die Anwaltschaft und das Notariat sowie der Geschworenen- und Schöffendienst mitbegriffen.

Aberkennung der bürgerlichen Ehrenrechte:

a) Voraussetzungen.

32. Neben der Todesstrafe und der Zuchthausstrafe kann auf den Verlust der bürgerlichen Ehrenrechte erkannt werden, neben der Gefängnisstrafe nur, wenn die Dauer der erkannten Strafe drei Monate erreicht und entweder das Gesetz den Verlust der bürgerlichen Ehrenrechte ausdrücklich zuläßt oder die Gefängnisstrafe wegen Annahme mildernder Umstände an Stelle von Zuchthausstrafe ausgesprochen wird.

Die Dauer dieses Verlustes beträgt bei zeitiger Zuchthausstrafe mindestens zwei und höchstens zehn Jahre, bei Gefängnisstrafe mindestens ein Jahr und höchstens fünf Jahre.

b) **Wirkungen der Aberkennung (dauernd).**

33. Die Aberkennung der bürgerlichen Ehrenrechte bewirkt den dauernden Verlust der aus öffentlichen Wahlen für den Verurteilten hervorgegangenen Rechte, ingleichen den dauernden Verlust der öffentlichen Aemter, Würden, Titel, Orden und Ehrenzeichen.

Wirkungen der Aberkennung (vorübergehend).

34. Die Aberkennung der bürgerlichen Ehrenrechte bewirkt ferner die Unfähigkeit, während der im Urteil bestimmten Zeit

1. die Landeskokarde zu tragen,
2. in die deutsche Wehrmacht einzutreten,
3. öffentliche Aemter, Würden, Titel, Orden und Ehrenzeichen zu erlangen,
4. in öffentlichen Angelegenheiten zu stimmen, zu wählen oder gewählt zu werden oder andere politische Rechte auszuüben,
5. Zeuge bei Aufnahmen von Urkunden zu sein,
6. Vormund, Gegenvormund, Pfleger, Beistand der Mutter, Mitglied eines Familienrates oder Kurator zu sein, es sei denn daß es sich um Verwandte absteigender Linie handele und die obervormundschaftliche Behörde oder der Familienrat die Genehmigung erteile.

Unfähigkeit zur Bekleidung öffentlicher Aemter.

35. Neben einer Gefängnisstrafe, mit welcher die Aberkennung der bürgerlichen Ehrenrechte überhaupt hätte verbunden werden können, kann auf die Unfähigkeit zur Bekleidung öffentlicher Aemter auf die Dauer von einem bis zu fünf Jahren erkannt werden.

Die Aberkennung der Fähigkeit zur Bekleidung öffentlicher Aemter hat den dauernden Verlust der bekleideten Aemter von Rechts wegen zur Folge.

c) **Berechnung der Frist.**

36. Die Aberkennung der bürgerlichen Ehrenrechte und der Fähigkeit zur Bekleidung öffentlicher Aemter wird mit der Rechtskraft des Urteils wirksam. Ihre Dauer wird von dem Tage ab berechnet, an dem die Freiheitsstrafe, neben der die Aberkennung ausgesprochen wurde, verbüßt, verjährt oder erlassen ist. Ist neben der Strafe eine mit Freiheitsentziehung verbundene Maßregel der Sicherung und Besserung angeordnet worden so wird die Frist erst von dem Tage ab berechnet, an dem auch die Maßregel erledigt ist.

Ist nach Ablauf einer Probezeit dem Verurteilten die Strafe ganz oder teilweise erlassen worden oder eine mit Freiheitsentziehung verbundene Maßregel der Sicherung und Besserung erledigt, so wird die Probezeit auf die Frist angerechnet.

Neu gefaßt durch Ges. v. 24. 11. 33. als Ergänzung der §§ 42 a bis 42 h.

37. [betraf **Ehrverlust bei Auslandsstrafe;** gestrichen durch VO. v. 6. 5. 40 bei Gelegenheit der Neufassung der §§ 3 ff.]

§ 37 hatte im Anschluß an eine ausländische Bestrafung ein selbständiges Verfahren zur Aberkennung der bürgerlichen Ehrenrechte ermöglicht. Nach der Neufassung der §§ 3 ff. braucht ein ausländisches Strafurteil, abgesehen von § 7, nicht anerkannt zu werden. Es ist also ein neues Strafverfahren im ganzen Umfang, wie auch unter Beschränkung auf die Aberkennung der Ehrenrechte zulässig. § 37 ist hiernach überflüssig.

Polizeiaufsicht.

38. Neben einer Freiheitsstrafe kann in den durch das Gesetz vorgesehenen Fällen auf die Zulässigkeit von Polizeiaufsicht erkannt werden.

Die höhere Landespolizeibehörde erhält durch ein solches Erkenntnis die Befugnis, nach Anhörung der Gefängnisverwaltung den Verurteilten auf die Zeit von höchstens fünf Jahren unter Polizeiaufsicht zu stellen.

Diese Zeit wird von dem Tage berechnet, an welchem die Freiheitsstrafe verbüßt, verjährt oder erlassen ist.

Wirkungen der Polizeiaufsicht.

39. Die Polizeiaufsicht hat folgende Wirkungen:

1. dem Verurteilten kann der Aufenthalt an einzelnen bestimmten Orten von der höheren Landespolizeibehörde untersagt werden;

2. [betraf **Ausweisung von Ausländern**; vgl. jetzt Ausländerpolizei-VO. v. 22. 8. 38.]

3. Haussuchungen unterliegen keiner Beschränkung hinsichtlich der Zeit, zu welcher sie stattfinden dürfen.

Einziehung der producta und instrumenta sceleris.

40. Gegenstände, welche durch ein vorsätzliches Verbrechen oder Vergehen hervorgebracht, oder welche zur Begehung eines vorsätzlichen Verbrechens oder Vergehens gebraucht oder bestimmt sind, können, sofern sie dem Täter oder einem Teilnehmer gehören, eingezogen werden.

Die Einziehung ist im Urteil auszusprechen.

Unbrauchbarmachung.

41. Wenn der Inhalt einer Schrift, Abbildung oder Darstellung strafbar ist, so ist im Urteil auszusprechen, daß alle Exemplare sowie die zu ihrer Herstellung bestimmten Platten und Formen unbrauchbar zu machen sind.

Diese Vorschrift bezieht sich jedoch nur auf die im Besitz des Verfassers, Druckers, Herausgebers, Verlegers oder Buchhändlers befindlichen und auf die öffentlich ausgelegten oder öffentlich angebotenen Exemplare.

Ist nur ein Teil der Schrift, Abbildung oder Darstellung strafbar, so ist, insofern eine Ausscheidung möglich ist, auszusprechen, daß nur die strafbaren Stellen und derjenige Teil der Platten und Formen, auf welchem sich diese Stellen befinden, unbrauchbar zu machen sind

Objektives Verfahren.

42. Ist in den Fällen der §§ 40 und 41 die Verfolgung oder die Verurteilung einer bestimmten Person nicht ausführbar, so können die daselbst vorgeschriebenen Maßnahmen selbständig erkannt werden.

1a. Abschnitt.

Maßregeln der Sicherung und Besserung

42 a. Maßregeln der Sicherung und Besserung sind:
1. die Unterbringung in einer Heil- oder Pflegeanstalt,
2. die Unterbringung in einer Trinkerheilanstalt oder einer Entziehungsanstalt,
3. die Unterbringung in einem Arbeitshaus,
4. die Sicherungsverwahrung,
5. [betraf **Entmannung**; aufgehoben durch KR. Nr. 11.]
6. die Untersagung der Berufsausübung.

1. **Heil- und Pflegeanstalt.**

42 b. Hat jemand eine mit Strafe bedrohte Handlung im Zustand der Zurechnungsunfähigkeit (§ 51 Abs 1, § 58 Abs. 1) oder der verminderten Zurechnungsfähigkeit (§ 51 Abs. 2, § 58 Abs. 2) begangen, so ordnet das Gericht seine Unterbringung in einer Heil- oder Pflegeanstalt an, wenn die öffentliche Sicherheit es erfordert. Dies gilt nicht bei Uebertretungen.

Bei vermindert Zurechnungsfähigen tritt die Unterbringung neben die Strafe.

2. **Trinkerheilanstalt und Entziehungsanstalt**

42 c. Wird jemand, der gewohnheitsmäßig im Uebermaß geistige Getränke oder andere berauschende Mittel zu sich nimmt, wegen eines Verbrechens oder Vergehens, das er im Rausch begangen hat oder das mit einer solchen Gewöhnung in ursächlichem Zusammenhang steht, oder wegen Volltrunkenheit (§ 330 a) zu einer Strafe verurteilt und ist seine Unterbringung in einer Trinkerheilanstalt oder einer Entziehungsanstalt erforderlich, um ihn an ein gesetzmäßiges und geordnetes Leben zu gewöhnen, so ordnet das Gericht neben der Strafe die Unterbringung an

3. Arbeitshaus.

42 d. Wird jemand nach § 361 Nr. 3 bis 5, 6 a bis 8 zu Haftstrafe verurteilt, so ordnet das Gericht neben der Strafe seine Unterbringung in einem Arbeitshaus an, wenn sie erforderlich ist, um ihn zur Arbeit anzuhalten und an ein gesetzmäßiges und geordnetes Leben zu gewöhnen.

Dasselbe gilt, wenn jemand, der gewohnheitsmäßig zum Erwerbe Unzucht treibt, nach § 361 Nr. 6 zur Haftstrafe verurteilt wird.

Wegen Bettelns ist die Anordnung nur zulässig, wenn der Täter aus Arbeitsscheu oder Liederlichkeit oder gewerbsmäßig gebettelt hat.

Arbeitsunfähige, deren Unterbringung in einem Arbeitshaus angeordnet ist, können in einem Asyl untergebracht werden.

4. Sicherungsverwahrung.

42 e. Wird jemand nach § 20 a als ein gefährlicher Gewohnheitsverbrecher verurteilt so ordnet das Gericht neben der Strafe die Sicherungsverwahrung an, wenn die öffentliche Sicherheit es erfordert.

Vgl. Vorbem. vor § 20 a.

Zu 1 bis 4: Dauer der Unterbringung; Entlassung.

42 f. Die Unterbringung dauert so lange, als ihr Zweck es erfordert.

Die Unterbringung in einer Trinkerheilanstalt oder einer Entziehungsanstalt und die erstmalige Unterbringung in einem Arbeitshaus oder einem Asyl dürfen nicht länger als zwei Jahre dauern.

Die Dauer der Unterbringung in einer Heil- oder Pflegeanstalt, der wiederholten Unterbringung in einem Arbeitshaus oder einem Asyl und der Sicherungsverwahrung ist an keine Frist gebunden. Bei diesen Maßregeln hat das Gericht jeweils vor dem Ablauf bestimmter Fristen zu entscheiden, ob der Zweck der Unterbringung erreicht ist. Die Frist beträgt bei der Unterbringung in einer Heil- oder Pflegeanstalt und der Sicherungsverwahrung drei Jahre und bei der wiederholten Unterbringung in einem Arbeitshaus oder einem Asyl zwei Jahre. Ergibt sich bei der Prüfung, daß der Zweck der Unterbringung erreicht ist, so hat das Gericht die Entlassung des Untergebrachten anzuordnen.

Das Gericht kann auch während des Laufs der in den Abs. 2 und 3 genannten Fristen jederzeit prüfen, ob der Zweck der Unterbringung erreicht ist. Wenn das Gericht dies bejaht, so hat sie die Entlassung des Untergebrachten anzuordnen.

Die Fristen laufen vom Beginn des Vollzugs an Lehnt das Gericht die Entlassung des Untergebrachten ab, so beginnt mit dieser Entscheidung der Lauf der im Abs. III genannten Fristen von neuem.

Der § 42 f. ist hier in der Fassung des Ges. v. 24. 11. 33 wiedergegeben Das Ges. v. 4. 9. 41 hatte die Entscheidung über die Entlassung vom Richter auf die höhere Vollzugsbehörde, d h auf den Generalstaatsanwalt beim Oberlandesgericht, übertragen. Dies war eine nationalsozialistische Ueberspannung der Exekutive und auch folgewidrig· Die Entscheidung über eine Nicht-Entlassung entspricht in ihrem Wesen und in ihrer Tragweite der Entscheidung über die Einweisung. Da das Gesetz diese einem Richter übertragen hat, war es folgerichtig, daß es Entsprechendes für die Entlassung anordnete. Entlassungsgericht ist das Vollstreckungsgericht: StPO. §§ 462, 463 a II. — Die Uebertragung der Entlassungsentscheidung auf das Gericht entspricht auch den früheren Entwürfen.

Will man den § 42 f in der Form belassen, die er zuletzt angenommen hatte, so ist an die Stelle der Worte „das Gericht" fünfmal zu setzen: „die höhere Vollzugsbehörde". Und als Abs. VI ist anzufügen: „Höhere Vollzugsbehörde ist der Generalstaatsanwalt bei dem Gericht, in dessen Bezirk die Vollzugsanstalt gelegen ist."

Zu 1 bis 4: Nachträgliche Unterbringung.

42 g. Sind seit der Rechtskraft des Urteils drei Jahre verstrichen, ohne daß mit dem Vollzug der Unterbringung begonnen worden ist, so darf sie nur noch vollzogen werden, wenn das Gericht es anordnet. Die Anordnung ist nur zulässig, wenn der Zweck der Maßregel die nachträgliche Unterbringung erfordert.

In die Frist wird die Zeit nicht eingerechnet, in der der Unterzubringende eine Freiheitsstrafe verbüßt oder auf behördliche Anordnung in einer Anstalt verwahrt wird.

Zu 1 bis 4: **Entlassung als bedingte Aussetzung.**

42 h. Die Entlassung des Untergebrachten gilt nur als bedingte Aussetzung der Unterbringung. Die höhere Vollzugsbehörde kann dem Untergebrachten bei der Entlassung besondere Pflichten auferlegen und solche Anordnungen auch nachträglich treffen oder ändern. Zeigt der Entlassene durch sein Verhalten in der Freiheit, daß der Zweck der Maßregel seine erneute Unterbringung erfordert, und ist die Vollstreckung der Maßregel noch nicht verjährt, so widerruft die höhere Vollzugsbehörde die Entlassung.

Die Dauer der Unterbringung in einer Trinkerheilanstalt oder einer Entziehungsanstalt und der erstmaligen Unterbringung in einem Arbeitshaus oder einem Asyl darf auch im Falle des Widerrufs insgesamt die gesetzliche Höchstdauer der Maßregel nicht überschreiten.

Zu 1 bis 4: **Arbeitszwang und angemessene Beschäftigung.**

42 i. Die im Arbeitshaus oder in der Sicherungsverwahrung Untergebrachten sind in der Anstalt zu den eingeführten Arbeiten anzuhalten. Sie können auch zu Arbeiten außerhalb der Anstalt verwendet werden, müssen jedoch dabei von freien Arbeitern getrennt gehalten werden.

Die in einer Heil- oder Pflegeanstalt, einer Trinkerheilanstalt oder einer Entziehungsanstalt Untergebrachten können innerhalb oder außerhalb der Anstalt auf eine ihren Fähigkeiten und Verhältnissen angemessene Weise beschäftigt werden.

42 k. [betraf **Entmannung**; aufgehoben durch KR. Nr. 11.]

6. **Untersagung der Berufsausübung.**

42 l. Wird jemand wegen eines Verbrechens oder Vergehens, das er unter Mißbrauch seines Berufs oder Gewerbes oder unter grober Verletzung der ihm kraft seines Berufs oder Gewerbes obliegenden Pflichten begangen hat, zu Freiheitsstrafe von mindestens drei Monaten verurteilt, so kann ihm das Gericht zugleich auf die Dauer von mindestens einem und höchstens fünf Jahren die Ausübung des Berufs, Gewerbes oder Gewerbezweiges untersagen, wenn dies erforderlich ist, um die Allgemeinheit vor weiterer Gefährdung zu schützen.

Solange die Untersagung wirksam ist, darf der Verurteilte den Beruf, das Gewerbe oder den Gewerbezweig auch nicht für einen anderen ausüben oder durch eine von seinen Weisungen abhängige Person für sich ausüben lassen.

§ 36 Abs. 1 gilt entsprechend. Wird die Vollstreckung der Freiheitsstrafe oder einer neben der Strafe erkannten, mit Freiheitsentziehung verbundenen Maßregel der Sicherung und Besserung bedingt ausgesetzt, so wird die Probezeit auf die Frist angerechnet.

Das Gericht kann die Untersagung der Berufsausübung wieder aufheben, wenn der Zweck der Maßregel ihre Fortdauer nicht mehr erforderlich erscheinen läßt. Die Aufhebung ist frühestens zulässig, nachdem die Maßregel ein Jahr gedauert hat. Sie gilt nur als bedingte Aussetzung der Untersagung und kann bis zum Ablauf der im Urteil für ihre Dauer festgesetzten Zeit widerrufen werden; die Dauer der Untersagung darf auch im Falle des Widerrufs insgesamt die im Urteil für ihre Dauer festgesetzte Zeit nicht überschreiten.

42 m. [ersetzt durch Ausländerpolizei-VO. v. 22. 8. 38 (RGBl S. 1053, 1057), § 5 lit. b und c.]

Zu 1 bis 7: Verbindung der Maßregeln.

42 n. Maßregeln der Sicherung und Besserung können nebeneinander angeordnet werden.

Zweiter Abschnitt.

Versuch

Begriff.

43. Wer den Entschluß, ein Verbrechen oder Vergehen zu verüben, durch Handlungen, welche einen Anfang der Ausführung dieses Verbrechens oder Vergehens enthalten, betätigt hat, ist, wenn das beabsichtigte Verbrechen oder Vergehen nicht zur Vollendung gekommen ist, wegen Versuches zu bestrafen.

Der Versuch eines Vergehens wird jedoch nur in den Fällen bestraft, in welchen das Gesetz dies ausdrücklich bestimmt.

Strafmaß.

44. Das versuchte Verbrechen oder Vergehen ist milder zu bestrafen als das vollendete.

Ist das vollendete Verbrechen mit dem Tode oder mit lebenslänglichem Zuchthaus bedroht, so tritt Zuchthausstrafe nicht unter drei Jahren ein, neben welcher auf Zulässigkeit von Polizeiaufsicht erkannt werden kann.

Ist das vollendete Verbrechen mit lebenslänglicher Festungshaft bedroht, so tritt Festungshaft nicht unter drei Jahren ein.

In den übrigen Fällen kann die Strafe bis auf ein Viertel des Mindestbetrages der auf das vollendete Verbrechen oder Vergehen angedrohten Freiheits- und Geldstrafe ermäßigt werden. Ist hiernach Zuchthausstrafe unter einem Jahre verwirkt, so ist dieselbe nach Maßgabe des § 21 in Gefängnis zu verwandeln.

Die Fassung des § 44 vom 29. 5. 43 war folgende:

„Das versuchte Verbrechen oder Vergehen kann milder bestraft werden als das vollendete.

Ist das vollendete Verbrechen mit dem Tode oder mit lebenslangem Zuchthaus bedroht, so kann auf Zuchthaus nicht unter drei Jahren erkannt werden.

In den übrigen Fällen kann die Strafe bis auf ein Viertel des Mindestbetrages der auf das vollendete Verbrechen oder Vergehen angedrohten Freiheits- und Geldstrafe ermäßigt werden. Ist hiernach Zuchthausstrafe unter einem Jahre verwirkt, so ist dieselbe nach Maßgabe des § 21 in Gefängnis zu verwandeln."

Hier wird im Text die ursprüngliche Fassung des StGB. wiedergegeben. Im § 44 I die Vorschrift, daß der Versuch milder bestraft werden müsse als die Vollendung, dahin zu ändern, daß er nur milder bestraft werden könne, war schon früher mehrfach vorgeschlagen worden, da es im Strafrecht auf den Willen ankomme, nicht auf den Erfolg. Von den Strafgesetzentwürfen hatte nur der von 1925 der Forderung Rechnung getragen, mit der Maßgabe freilich, daß andererseits der absolut untaugliche Versuch straflos bleiben könne. Der Entwurf 1927 war wieder zu der obligatorischen Strafmilderung zurückgekehrt. Das praktisch wesentlichste Ergebnis der alten Fassung ist, daß bei Versuch niemals auf Todesstrafe erkannt werden kann. Die gesetzliche Möglichkeit der Gleichbestrafung schufen dann die Verordnungen vom 5. 12. 39 und 29. 5. 43. Damit war das RStGB das strengste aller Strafgesetze geworden. Denn es machte weder Ausnahmen für Fälle des untauglichen Versuchs (wie dies der Entwurf 1925 und sogar der nationalsozialistische Entwurf von 1936 taten) noch schließt es (wie z. B. Bayern 1813, Preußen 1851 und sogar das polizeistaatlich ausgerichtete Oesterr. StGB. von 1852) für Fälle des Versuchs die Todesstrafe aus. Das Schweizer StGB von 1937 (1942) geht vom Grundsatz der Gleichbestrafung aus, gibt aber bei Versuch eine allgemeine Milderungsmöglichkeit, und es kennt keine Todesstrafe, außer für Kriegszeiten. Frankreich (Code pénal von 1810 und Entwurf von 1934) bestraft Vollendung und Versuch grundsätzlich gleich, gibt aber überall die Möglichkeit, „mildernde Umstände" anzunehmen und die Strafe dann erheblich herabzusetzen.

Um die Tragweite der neuen deutschen Gleichbestrafung richtig beurteilen zu können, ist ferner zu beachten, daß unter Führung des Reichsgerichts in Deutschland die subjektive Versuchstheorie herrscht, wonach Versuch auch bei absolut untauglichem Mittel und an absolut untauglichem Objekt angenommen wird, wenn nur subjektiv der Täter mit der Möglichkeit, den tatbestandlichen Erfolg zu erreichen, gerechnet hat. Hinzu kommt die Neigung, die an sich straflosen Vorbereitungshandlungen in immer weiterem Umfang in den Bereich des strafbaren Versuchs zu ziehen. Beides ist in den Auslandsrechten, die Versuch und Vollendung gleich zu strafen gestatten, anders. So ist die neue deutsche Versuchsstrafe eine dem Nationalsozialismus entsprechende Überspannung des Willensgedankens bis zu einem Gesinnungstrafrecht geworden. Rechtsstaatlichem Denken steht die alte Regelung näher.

Nebenstrafen.

45. Wenn neben der Strafe des vollendeten Verbrechens oder Vergehens die Aberkennung der bürgerlichen Ehrenrechte zulässig oder geboten ist oder auf Zulässigkeit von Polizeiaufsicht erkannt werden kann, so gilt Gleiches bei der Versuchsstrafe.

Rücktritt vom Versuch und tätige Reue.

46. Der Versuch als solcher bleibt straflos, wenn der Täter

1. die Ausführung der beabsichtigten Handlung aufgegeben hat, ohne daß er an dieser Ausführung durch Umstände gehindert worden ist, welche von seinem Willen unabhängig waren, oder
2. zu einer Zeit, zu welcher die Handlung noch nicht entdeckt war, den Eintritt des zur Vollendung des Verbrechens oder Vergehens gehörigen Erfolges durch eigene Tätigkeit abgewendet hat.

Dritter Abschnitt.

Teilnahme

I. Die §§ 48 bis 50 sind durch die VO. v. 29 5. 43 geändert worden Zweck: Die Abhängigkeit der Strafbarkeit der Teilnahme von der Strafbarkeit der Haupttat zu lockern, oder mit anderen Worten an die Stelle der extremen Akzessorietät (der Vollabhängigkeit) der Teilnahme eine limitierte Akzessorietät (Teilabhängigkeit) zu setzen. Die erstgenannte setzte zur Strafbarkeit von Anstiftung und Beihilfe voraus, daß die Haupttat nicht nur tatbestandmäßig und rechtswidrig, sondern daß sie auch einem zurechnungsfähigen Haupttäter als schuldhaft begangen zurechenbar sei. Die zweite Ansicht begnügte sich damit, daß die Haupttat dem Tatbestand eines Strafgesetzes entspreche und daß ihr kein Rechtfertigungsgrund zur Seite stehe. Die größere Selbständigkeit der Teilnahme wurde dadurch erreicht, daß

1. in § 48 an die Stelle der Worte „strafbaren Handlung" die Worte gesetzt wurden: „mit Strafe bedrohten Handlung",
2. im § 49 an die Stelle der Worte „des Verbrechens oder Vergehens" die Worte gesetzt wurden: „als Verbrechen oder Vergehen mit Strafe bedrohten Handlung",
3. im § 50 der Abs I den Grundsatz der persönlichen Schuldzurechnung betonte und im Abs II den Straferhöhungs- und -minderungsgründen die Strafausschließungsgründe hinzugefügt wurden.
4. in § 49 a die Strafbarkeit der erfolglosen Teilnahme erweitert wurde.

Im Text wird hier die Fassung von 1943 wiedergegeben. KR. 11 hat sie nicht außer Kraft gesetzt Sie entspricht auch keineswegs nationalsozialistischen Gedanken. Im Schrifttum war die limitierte Akzessorietät schon auf Grund der alten Fassung mehrfach vertreten worden. Auch die Strafgesetzentwürfe hatten sie angenommen, wenn auch in abweichender Gesetzestechnik

II. Nicht genügend kommt in dem alten StGB. zum Ausdruck, daß der Täterbegriff dem Teilnehmerbegriff vorgeht; daß also

Teilnehmer (Anstifter oder Gehilfe) nur ist, wer nicht als Täter (sei es auch als mittelbarer Täter) anzusehen ist. Dieser primäre Täterbegriff sollte seinen Ausdruck in den Worten finden:

Täter sei, wer „die Tat selbst oder dadurch ausführt, daß er einen anderen für sich handeln läßt". Aehnlich Thüringen. Dieser (richtige) Gedanke läßt sich auch auf Grund des alten StGB. verwirklichen. Das Gesetz neu zu fassen ist diese Ausgabe nicht berufen

III. Die §§ 49a und 49b haben seit dem Ges. v. 26 2. 1876, das die Wiederbelebung der alten gemeinrechtlichen Tatbestände des „Komplotts" und der „Bande" eingeleitet hat, vielerlei Wandlungen, meistens in der Richtung ihrer Verschärfung, durchgemacht. Näheres in den Anmerkungen zu beiden Bestimmungen.

Mittäterschaft.

47. Wenn mehrere eine strafbare Handlung gemeinschaftlich ausführen, so wird jeder als Täter bestraft.

Anstiftung.

48. Als Anstifter wird bestraft, wer einen anderen zu der von demselben begangenen mit Strafe bedrohten Handlung durch Geschenke oder Versprechen, durch Drohung, durch Mißbrauch des Ansehens oder der Gewalt, durch absichtliche Herbeiführung oder Beförderung eines Irrtums oder durch andere Mittel vorsätzlich bestimmt hat.

Die Strafe des Anstifters ist nach demjenigen Gesetze festzusetzen, welches auf die Handlung Anwendung findet, zu welcher er wissentlich angestiftet hat.

Fassung von 1943. Vgl. Vorbemerkung zur Ueberschrift des Abschnitts.

Beihilfe.

49. Als Gehilfe wird bestraft, wer dem Täter zur Begehung einer als Verbrechen oder Vergehen mit Strafe bedrohten Handlung durch Rat oder Tat wissentlich Hilfe geleistet hat.

Die Strafe des Gehilfen ist nach demjenigen Gesetze festzusetzen, welches auf die Handlung Anwendung findet, zu welcher er wissentlich Hilfe geleistet hat, kann jedoch nach den über die Bestrafung des Versuchs aufgestellten Grundsätzen ermäßigt werden.

Vgl. Vorbemerkung zur Ueberschrift des Abschnitts.

Erfolglose Teilnahme.

49 a. Wer einen anderen zur Begehung eines Verbrechens oder zur Teilnahme an einem Verbrechen auffordert, wird auch dann wie ein Anstifter bestraft, wenn das Verbrechen nicht oder unabhängig von der Aufforderung zur Ausführung gelangt. Die Strafe kann gemildert werden (§ 44).

Ebenso wird bestraft, wer sich einem anderen zu einem Verbrechen erbietet oder ein solches Anerbieten annimmt oder wer die Begehung eines Verbrechens verabredet oder in eine ernsthafte Verhandlung darüber eintritt.

Wer dem Täter zur Begehung eines Verbrechens Hilfe leistet, wird auch dann als Gehilfe bestraft, wenn das Verbrechen nicht oder unabhängig von seiner Hilfeleistung zur Ausführung gelangt. Der Richter kann die Strafe nach pflichtgemäßem Ermessen mildern oder von Strafe absehen.

Nach diesen Vorschriften wird nicht bestraft, wer freiwillig und endgültig davon absieht, die Straftat zu begehen, und ihre Begehung oder den Erfolg verhindert. Dies gilt auch für den, der sich freiwillig und ernstlich bemüht, die Begehung oder den Erfolg zu verhindern, wenn nicht sein Bemühen, sondern ein anderer Umstand dies erreicht.

Erste Fassung vom 26. 2. 76. Die oben wiedergegebene Fassung beruht auf der VO. vom 29. 5. 43. Sie dehnt die Strafbarkeit weitgehend auf die erfolglose Teilnahme und auf andere Vorbereitungshandlungen aus. Obwohl die Fassung nicht glücklich ist, hat doch diese Ausgabe kein Recht, den neuen § 49 a nicht als weiter geltend zu behandeln. Vgl. hierüber die Vorbemerkung zu der Abschnittsüberschrift.

Verbindung und Verabredung zur Tötung.

49 b. Wer an einer Verbindung teilnimmt, die Verbrechen wider das Leben bezweckt oder als Mittel für andere Zwecke in Aussicht nimmt oder wer eine solche Verbindung unterstützt, wird mit Gefängnis nicht unter drei Monaten bestraft.

In besonders schweren Fällen ist die Strafe Zuchthaus bis zu fünf Jahren.

Nach diesen Vorschriften wird nicht bestraft, wer der Behörde oder dem Bedrohten so rechtzeitig Nachricht gibt, daß ein in Verfolgung der Bestrebungen der Verbindung oder Verabredung beabsichtigtes Verbrechen wider das Leben verhindert werden kann.

Der § 49 b hat seinen Ursprung in § 176 des Entwurfs 1927. Von dort war er in das Republikschutzgesetz vom 25. 3. 30 übernommen worden; aus diesem durch VO. v. 19. 12. 32 als § 49 b in das StGB. Die VO v. 29. 5. 43 hat hinter dem Wort „Verbindung" die Worte. „oder Verabredung" gestrichen, da diese jetzt durch § 49 a getroffen wird.

Einstehen für eigene Schuld.

50. Sind mehrere an einer Tat beteiligt, so ist jeder ohne Rücksicht auf die Schuld des anderen nach seiner Schuld strafbar.

Bestimmt das Gesetz, daß besondere persönliche Eigenschaften oder Verhältnisse die Strafe schärfen, mildern oder ausschließen, so gilt dies nur für den Täter oder Teilnehmer, bei dem sie vorliegen.

Fassung von 1943. Vgl. Vorbemerkung zur Ueberschrift des Abschnitts.

Vierter Abschnitt.

Gründe, welche die Strafe ausschließen oder mildern.

1. Fehlende oder verminderte Zurechnungsfähigkeit.

51. Eine strafbare Handlung ist nicht vorhanden, wenn der Täter zur Zeit der Tat wegen Bewußtseinsstörung, wegen krankhafter Störung der Geistestätigkeit oder wegen Geistesschwäche unfähig ist, das Unerlaubte der Tat einzusehen oder nach dieser Einsicht zu handeln.

War die Fähigkeit das Unerlaubte der Tat einzusehen oder nach dieser Einsicht zu handeln, zur Zeit der Tat aus einem dieser Gründe erheblich vermindert, so kann die Strafe nach den Vorschriften über die Bestrafung des Versuchs gemildert werden.

§ 51 hatte anfänglich folgenden Wortlaut:

„Eine strafbare Handlung ist nicht vorhanden, wenn der Täter zur Zeit der Begehung der Handlung sich in einem Zustande von Bewußtlosigkeit oder krankhafter Störung der Geistestätigkeit befand, durch welchen seine freie Willensbestimmung ausgeschlossen war."

Die jetzige Fassung beruht auf dem Ges. v. 24. 11. 33, das Bewußtlosigkeit durch Bewußtseinsstörung ersetzt, die Geistesschwäche hinzugefügt hat, den Ausschluß der freien Willensbestimmung im Anschluß an das JGG. von 1923 ersetzt hat durch die Worte. „unfähig . . . . handeln", und das den Abs. II hinzugefügt hat, der die Fälle der verminderten Zurechnungsfähigkeit regelt. Die Aenderungen entsprechen Vorschlägen, die seit Jahrzehnten gemacht und von den Strafgesetzentwürfen anerkannt waren. KR. 11 hat den § 51 nicht berührt.

2. Nötigungsstand.

52. Eine strafbare Handlung ist nicht vorhanden, wenn der Täter durch unwiderstehliche Gewalt oder durch eine Drohung, welche mit einer gegenwärtigen, auf andere Weise nicht abwendbaren Gefahr für Leib oder Leben seiner selbst oder eines Angehörigen verbunden war, zu der Handlung genötigt worden ist.

Als Angehörige im Sinne dieses Strafgesetzes sind anzusehen Verwandte und Verschwägerte auf- und absteigender Linie, Adoptiv- und Pflege-Eltern und -Kinder, Ehegatten, Geschwister und deren Ehegatten und Verlobte.

3. Notwehr.

53. Eine strafbare Handlung ist nicht vorhanden, wenn die Handlung durch Notwehr geboten war.

Notwehr ist diejenige Verteidigung, welche erforderlich ist, um einen gegenwärtigen, rechtswidrigen Angriff von sich oder einem anderen abzuwenden.

Die Ueberschreitung der Notwehr ist nicht strafbar, wenn der Täter in Bestürzung, Furcht oder Schrecken über die Grenzen der Verteidigung hinausgegangen ist.

4. Notstand.

54. Eine strafbare Handlung ist nicht vorhanden, wenn die Handlung außer dem Falle der Notwehr in einem unverschuldeten, auf andere Weise nicht zu beseitigenden

Notstande zur Rettung aus einer gegenwärtigen Gefahr für Leib oder Leben des Täters oder eines Angehörigen begangen worden ist.

55 bis 57. [ersetzt durch Jugendgerichtsgesetz vom 16. 2. 23, dann v 6. 11. 43 (RGBl. I S. 635). Vgl. unten S. 190.]

5. **Taubstummheit.**

58. Ein Taubstummer ist nicht strafbar, wenn er in der geistigen Entwicklung zurückgeblieben und deshalb unfähig ist, das Unerlaubte der Tat einzusehen oder nach dieser Einsicht zu handeln.

War die Fähigkeit, das Unerlaubte der Tat einzusehen oder nach dieser Einsicht zu handeln, zur Zeit der Tat aus diesem Grunde erheblich vermindert, so kann die Strafe nach den Vorschriften über die Bestrafung des Versuchs gemildert werden.

Die Fassung beruht auf dem Ges. v. 24. 11. 33. Vgl. Anmerkung zu § 51.

6. **Schuld und Irrtum.**

59. Wenn jemand bei Begehung einer strafbaren Handlung das Vorhandensein von Tatumständen nicht kannte, welche zum gesetzlichen Tatbestande gehören oder die Strafbarkeit erhöhen, so sind ihm diese Umstände nicht zuzurechnen.

Bei der Bestrafung fahrlässig begangener Handlungen gilt diese Bestimmung nur insoweit, als die Unkenntnis selbst nicht durch Fahrlässigkeit verschuldet ist.

Thüringen 1945 fügt an den § 59 (in Th. § 57) folgende Bestimmung (in Th. § 58) an: „Hielt der Täter in unverschuldetem Irrtum über das Bestehen oder die Anwendbarkeit einer rechtlichen Vorschrift seine Tat für erlaubt, so ist er straffrei. War der Irrtum verschuldet, so ist der Täter strafbar; die Strafe kann jedoch nach Maßgabe des § 44 gemildert werden." Die Bestimmung ist aus dem § 395 der Reichsabgabenordnung v. 22. 5. 31 und dem § 71 des Devisengesetzes v 12 12 38 hervorgegangen, die auf der Bundesratsverordnung v. 18 1. 1917 beruhen.

7. **Anrechnung der Untersuchungshaft.**

60. Eine erlittene Untersuchungshaft oder einstweilige Unterbringung kann bei Fällung des Urteils auf die erkannte Strafe ganz oder teilweise angerechnet werden.

8. **Strafantrag.**

61. Eine Handlung deren Verfolgung nur auf Antrag eintritt, ist nicht zu verfolgen, wenn der zum Antrage Berechtigte es unterläßt, den Antrag binnen drei Monaten zu stellen. Diese Frist beginnt mit dem Tage, seit welchem der zum Antrage Berechtigte von der Handlung und von der Person des Täters Kenntnis gehabt hat.

62. Wenn von mehreren zum Antrage Berechtigten einer die dreimonatliche Frist versäumt, so wird hierdurch das Recht der übrigen nicht ausgeschlossen.

Der § 63 hatte die Unteilbarkeit des Strafantrags und der § 64 II die Unteilbarkeit seiner Zurücknahme bestimmt. Sie hatten folgenden Wortlaut:

> § 63. Der Antrag kann nicht geteilt werden. Das gerichtliche Verfahren findet gegen sämtliche an der Handlung Beteiligte (Täter und Teilnehmer) sowie gegen den Begünstiger statt, auch wenn nur gegen eine dieser Personen auf Bestrafung angetragen worden ist.
>
> § 64. . . . .
>
> Die rechtzeitige Zurücknahme des Antrages gegen eine der vorbezeichneten Personen hat die Einstellung des Verfahrens auch gegen die anderen zur Folge.

Die Textfassung folgt der VO v. 29 5. 43. KR. 11 hat die Frage nicht berührt.

Zurücknahme des Antrags.

64. Die Zurücknahme des Antrages ist nur in den gesetzlich besonders vorgesehenen Fällen und nur bis zur Verkündung eines auf Strafe lautenden Urteils zulässig.

Antragsmündigkeit.

65. Der Verletzte, welcher das achtzehnte Lebensjahr vollendet hat, ist selbständig zu dem Antrage auf Bestrafung berechtigt. Solange er minderjährig ist, hat, unabhängig von seiner eigenen Befugnis, auch sein gesetzlicher Vertreter das Recht, den Antrag zu stellen.

Ist der Verletzte geschäftsunfähig oder hat er das achtzehnte Lebensjahr noch nicht vollendet, so ist sein gesetzlicher Vertreter der zur Stellung des Antrages Berechtigte.

9. **Verjährung.**

66. Durch Verjährung wird die Strafverfolgung und die Strafvollstreckung ausgeschlossen.

§ 66 II, eingefügt durch VO. v. 29. 5. 43, hatte folgendermaßen gelautet: „Der Staatsanwalt kann die Verfolgung einleiten, wenn die Verhängung der Todesstrafe oder von lebenslangem Zuchthaus zu erwarten ist.“ Zwar hat KR. 11 den § 66 nicht berührt, der Abs. II ist aber eine nationalsozialistische Ueberspannung des Rechts der Exekutive.

Strafverfolgungsverjährung.

67. Die Strafverfolgung von Verbrechen verjährt,
wenn sie mit dem Tode oder mit lebenslänglichem Zuchthaus bedroht sind, in zwanzig Jahren;
wenn sie im Höchstbetrage mit einer Freiheitsstrafe von einer längeren als zehnjährigen Dauer bedroht sind, in fünfzehn Jahren;
wenn sie mit einer geringeren Freiheitsstrafe bedroht sind, in zehn Jahren.

Die Strafverfolgung von Vergehen, die im Höchstbetrage mit einer längeren als dreimonatlichen Gefängnisstrafe bedroht sind, verjährt in fünf Jahren, von anderen Vergehen in drei Jahren.

Die Strafverfolgung von Uebertretungen verjährt in drei Monaten.

Die Verjährung beginnt mit dem Tage, an welchem die Handlung begangen ist, ohne Rücksicht auf den Zeitpunkt des eingetretenen Erfolges.

Mit der Verjährung der Strafverfolgung erlischt auch die Befugnis, auf Grund der Tat Maßregeln der Sicherung und Besserung anzuordnen.

Unterbrechung der Verfolgungsverjährung.

68. Jede Handlung des Richters, welche wegen der begangenen Tat gegen den Täter gerichtet ist, unterbricht die Verjährung.

Die Unterbrechung findet nur rücksichtlich desjenigen statt, auf welchen die Handlung sich bezieht.

Nach der Unterbrechung beginnt eine neue Verjährung.

Ruhen der Verfolgungsverjährung.

69. Die Verjährung ruht während der Zeit, in welcher auf Grund gesetzlicher Vorschrift die Strafverfolgung nicht begonnen oder nicht fortgesetzt werden kann. Ist der Beginn oder die Fortsetzung eines Strafverfahrens von einer Vorfrage abhängig, deren Entscheidung in einem anderen Verfahren erfolgen muß, so ruht die Verjährung bis zu dessen Beendigung.

Ist zur Strafverfolgung ein Antrag oder eine Ermächtigung nach dem Strafgesetz erforderlich, so wird der Lauf der Verjährung durch den Mangel des Antrags oder der Ermächtigung nicht gehindert.

Strafvollstreckungsverjährung.

70. Die Vollstreckung rechtskräftig erkannter Strafen verjährt, wenn

1. auf Tod oder lebenslängliches Zuchthaus oder auf lebenslängliche Festungshaft erkannt ist, in dreißig Jahren,
2. auf Zuchthaus oder Festungshaft von mehr als zehn Jahren erkannt ist, in zwanzig Jahren,
3. auf Zuchthaus bis zu zehn Jahren oder auf Festungshaft von fünf bis zu zehn Jahren oder Gefängnis von mehr als fünf Jahren erkannt ist, in fünfzehn Jahren,
4. auf Festungshaft oder Gefängnis von zwei bis fünf Jahren erkannt ist, in zehn Jahren,
5. auf Festungshaft oder Gefängnis bis zu zwei Jahren oder auf Geldstrafe von mehr als 150 Reichsmark erkannt ist, in fünf Jahren,
6. auf Haft oder auf Geldstrafe bis zu 150 Reichsmark erkannt ist, in zwei Jahren.

Die Vollstreckung einer rechtskräftig angeordneten Maßregel der Sicherung und Besserung verjährt in zehn Jahren. Ist die Unterbringung in einer Trinkerheilanstalt oder einer Entziehungsanstalt oder erstmalig die Unterbringung in einem Arbeitshaus angeordnet, so beträgt die Frist fünf Jahre.

Die Verjährung beginnt mit dem Tage, an welchem das Urteil rechtskräftig geworden ist.

Die §§ 70, 72 und 76 sind durch das Gesetz gegen gefährliche Gewohnheitsverbrecher und über Maßregeln der Sicherung und Besserung vom 24. November 1933 geändert worden.

Ruhen der Vollstreckungsverjährung.

71. Ist auf Freiheitsstrafe und Geldstrafe zugleich oder neben einer Strafe auf eine mit Freiheitsentziehung verbundene Maßregel der Sicherung und Besserung erkannt, so verjährt die Vollstreckung der einen Strafe oder Maßregel nicht früher als die der anderen.

Unterbrechung der Vollstreckungsverjährung.

72. Jede auf Vollstreckung der Strafe oder Maßregel gerichtete Handlung derjenigen Behörde, welcher die Vollstreckung obliegt, sowie die zum Zwecke der Vollstreckung erfolgende Festnahme des Verurteilten unterbricht die Verjährung.

Nach der Unterbrechung der Vollstreckung der Strafe oder Maßregel beginnt eine neue Verjährung.

Vgl. Anmerkung zu § 70.

Fünfter Abschnitt

Zusammentreffen mehrerer strafbarer Handlungen.

Idealkonkurrenz.

73. Wenn eine und dieselbe Handlung mehrere Strafgesetze verletzt, so kommt nur dasjenige Gesetz, welches die schwerste Strafe, und bei ungleichen Strafarten dasjenige Gesetz, welches die schwerste Strafart androht, zur Anwendung.

Realkonkurrenz.

74. Gegen denjenigen, welcher durch mehrere selbständige Handlungen mehrere Verbrechen oder Vergehen, oder dasselbe Verbrechen oder Vergehen mehrmals begangen und dadurch mehrere zeitige Freiheitsstrafen verwirkt hat, ist auf eine Gesamtstrafe zu erkennen, welche in einer Erhöhung der verwirkten schwersten Strafe besteht.

Bei dem Zusammentreffen ungleichartiger Freiheitsstrafen tritt diese Erhöhung bei der ihrer Art nach schwersten Strafe ein.

Das Maß der Gesamtstrafe darf den Betrag der verwirkten Einzelstrafen nicht erreichen und fünfzehnjähriges Zuchthaus, zehnjähriges Gefängnis oder fünfzehnjährige Festungshaft nicht übersteigen.

75. Trifft Festungshaft nur mit Gefängnis zusammen, so ist auf jede dieser Strafarten gesondert zu erkennen.

Ist Festungshaft oder Gefängnis mehrfach verwirkt, so ist hinsichtlich der mehreren Strafen gleicher Art so zu verfahren, als wenn dieselben allein verwirkt wären.

Die Gesamtdauer der Strafen darf in diesen Fällen fünfzehn Jahre nicht übersteigen.

76. Neben der Gesamtstrafe müssen oder können Nebenstrafen und Nebenfolgen verhängt und Maßregeln der Sicherung und Besserung angeordnet werden, wenn das auch nur wegen einer der Gesetzesverletzungen vorgeschrieben oder zugelassen ist.

Vgl. Fußnote zu § 70.

77. Trifft Haft mit einer anderen Freiheitsstrafe zusammen, so ist auf die erstere gesondert zu erkennen.

Auf eine mehrfach verwirkte Haft ist ihrem Gesamtbetrage nach, jedoch nicht über die Dauer von drei Monaten zu erkennen.

78. Sind mehrere Geldstrafen verwirkt, so ist auf jede gesondert zu erkennen.

Das gleiche gilt von den Freiheitsstrafen, die an die Stelle uneinbringlicher Geldstrafen treten. Ihre Gesamtdauer darf zwei Jahre nicht übersteigen; die Gesamtdauer mehrerer zusammentreffender Haftstrafen darf drei Monate nicht übersteigen.

79. Die Vorschriften der §§ 74 bis 78 finden auch Anwendung, wenn, bevor eine anerkannte Strafe verbüßt, verjährt oder erlassen ist, die Verurteilung wegen einer strafbaren Handlung erfolgt, welche vor der früheren Verurteilung begangen war.

Zweiter Teil.

Von den einzelnen Verbrechen, Vergehen und Übertretungen und deren Bestrafung.

Erster Abschnitt.

80 bis **87.** [betrafen **Hochverrat;** aufgehoben durch KR. Nr. 11.]

1 a. Abschnitt.

88 bis **93 a.** [betrafen **Landesverrat;** aufgehoben durch KR. Nr. 11.]

Zweiter Abschnitt.

94. [betraf **Angriffe gegen den Führer und Reichskanzler;** aufgehoben durch KR. Nr. 11.]

95 bis **101.** [Die Bestimmungen des 3. Abschnitts waren mit Beseitigung der deutschen Monarchie gegenstandslos geworden. Sie betrafen die **Beleidigung des eigenen Landesherrn und die von fremden Bundesfürsten.**]

Vierter Abschnitt.

Feindliche Handlungen gegen befreundete Staaten.

102 und **103.** [aufgehoben durch KR. Nr. 11; sie betrafen **feindliche Handlungen gegen befreundete Staaten oder deren Landesherren.**]

Angriffe auf Hoheitszeichen.

103 a. Wer ein öffentliches Zeichen der Autorität eines nicht zum Deutschen Reich gehörenden Staates oder ein Hoheitszeichen eines solchen Staates böswillig wegnimmt, zerstört oder beschädigt oder beschimpfenden Unfug daran verübt, wird mit Geldstrafe oder mit Gefängnis bis zu zwei Jahren bestraft.

Beleidigung von Gesandten und Geschäftsträgern.

104. Wer sich gegen einen bei dem Reich beglaubigten Gesandten oder Geschäftsträger einer Beleidigung schuldig macht, wird mit Gefängnis bis zu einem Jahre oder mit Festungshaft von gleicher Dauer bestraft.

Die Verfolgung tritt nur auf Antrag des Beleidigten ein. Die Zurücknahme des Antrages ist zulässig.

Fünfter Abschnitt.

Verbrechen und Vergehen in Beziehung auf die Ausübung staatsbürgerlicher Rechte.

Sprengung gesetzgebender Versammlungen.

105. Wer es unternimmt, den Senat oder die Bürgerschaft einer der Freien Hansestädte, eine gesetzgebende Versammlung des Reichs oder eines Bundesstaats auseinanderzusprengen, zur Fassung oder Unterlassung von Beschlüssen zu nötigen oder Mitglieder aus ihnen gewaltsam zu entfernen, wird mit Zuchthaus nicht unter fünf Jahren oder mit Festungshaft von gleicher Dauer bestraft

Sind mildernde Umstände vorhanden, so tritt Festungshaft nicht unter einem Jahre ein.

Der § 105 wird hier in der alten Fassung wiedergegeben. Bis zu einer Neuordnung des deutschen Staatsrechts ist sein Inhalt der folgende: „Wer es unternimmt, eine deutsche gesetzgebende Versammlung auseinanderzusprengen . . .".

Hinderung von Mitgliedern.

106. Wer ein Mitglied einer der vorbezeichneten Versammlungen durch Gewalt oder durch Bedrohung mit einer strafbaren Handlung verhindert, sich an den Ort der Versammlung zu begeben oder zu stimmen, wird mit Zuchthaus bis zu fünf Jahren oder mit Festungshaft von gleicher Dauer bestraft.

Sind mildernde Umstände vorhanden, so tritt Festungshaft bis zu zwei Jahren ein.

Hinderung Wahlberechtigter.

107. Wer einen Deutschen durch Gewalt oder durch Bedrohung mit einer strafbaren Handlung verhindert, in Ausübung seiner staatsbürgerlichen Rechte zu wählen oder zu stimmen, wird mit Gefängnis nicht unter sechs Monaten oder mit Festungshaft bis zu fünf Jahren bestraft.

Der Versuch ist strafbar.

Störung von Versammlungen.

107 a. Wer nichtverbotene Versammlungen, Aufzüge oder Kundgebungen mit Gewalt oder durch Bedrohung mit einem Verbrechen verhindert oder sprengt, wird mit Gefängnis, neben dem auf Geldstrafe erkannt werden kann, bestraft.

Wer in nichtverbotenen Versammlungen oder bei nichtverbotenen Aufzügen oder Kundgebungen Gewalttätigkeiten in der Absicht begeht, die Versammlung, den Aufzug oder die Kundgebung zu sprengen, wird mit Gefängnis und mit Geldstrafe oder mit einer dieser Strafen bestraft.

Wahlfälschung.

108. Wer in einer öffentlichen Angelegenheit mit der Sammlung von Wahl- und Stimmzetteln oder -zeichen oder mit der Führung der Beurkundungsverhandlung beauftragt, ein unrichtiges Ergebnis der Wahlhandlung vorsätzlich herbeiführt oder das Ergebnis verfälscht, wird mit Gefängnis von einer Woche bis zu drei Jahren bestraft.

Wird die Handlung von jemand begangen, welcher nicht mit der Sammlung der Zettel oder Zeichen oder einer anderen Verrichtung bei dem Wahlgeschäft beauftragt ist, so tritt Gefängnisstrafe bis zu zwei Jahren ein.

Auch kann auf Verlust der bürgerlichen Ehrenrechte erkannt werden.

Wahlbestechung (Stimmenkauf).

109. Wer in einer öffentlichen Angelegenheit eine Wahlstimme kauft oder verkauft, wird mit Gefängnis von einem Monat bis zu zwei Jahren bestraft; auch kann auf Verlust der bürgerlichen Ehrenrechte erkannt werden.

Sechster Abschnitt

Widerstand gegen die Staatsgewalt.

Aufforderung zum Ungehorsam gegen Gesetze.

110. Wer öffentlich vor einer Menschenmenge, oder wer durch Verbreitung oder öffentlichen Anschlag oder öffentliche Ausstellung von Schriften oder anderen Darstellungen zum Ungehorsam gegen Gesetze oder rechtsgültige Verordnungen oder gegen die von der Obrigkeit innerhalb ihrer Zuständigkeit getroffenen Anordnungen auffordert, wird mit Geldstrafe oder mit Gefängnis bis zu zwei Jahren bestraft.

Aufforderung zur Begehung strafbarer Handlungen.

111. Wer auf die vorbezeichnete Weise zur Begehung einer strafbaren Handlung auffordert, ist gleich dem Anstifter zu bestrafen, wenn die Aufforderung die strafbare Handlung oder einen strafbaren Versuch derselben zur Folge gehabt hat.

Ist die Aufforderung ohne Erfolg geblieben, so tritt Geldstrafe oder Gefängnisstrafe bis zu einem Jahre ein. Die Strafe darf jedoch, der Art oder dem Maße nach, keine schwerere sein, als die auf die Handlung selbst angedrohte.

112. [betraf **Aufreizung von Wehrmachtsangehörigen zum Ungehorsam;** aufgehoben durch KR. Nr. 11.]

Widerstand gegen Vollstreckungsbeamte.

113. Wer einem Beamten, welcher zur Vollstreckung von Gesetzen, von Befehlen und Anordnungen der Verwaltungsbehörden oder von Urteilen und Verfügungen der Gerichte berufen ist, in der rechtmäßigen Ausübung seines Amtes durch Gewalt oder durch Bedrohung mit Gewalt Widerstand leistet, oder wer einen solchen Beamten während der rechtmäßigen Ausübung seines

Amtes tätlich angreift, wird mit Gefängnis von vierzehn Tagen bis zu zwei Jahren bestraft.

Sind mildernde Umstände vorhanden, so tritt Gefängnisstrafe bis zu einem Jahre oder Geldstrafe ein.

Dieselben Strafvorschriften treten ein, wenn die Handlung gegen Personen, welche zur Unterstützung des Beamten zugezogen waren,

[oder gegen Mannschaften der bewaffneten Macht],

oder gegen Mannschaften einer Gemeinde-, Schutz- oder Bürgerwehr in Ausübung des Dienstes begangen wird.

Abs. 4 ist eingefügt durch VO. v. 29. 5. 43.

Beamtennötigung.

114. Wer es unternimmt, durch Gewalt oder Drohung eine Behörde oder einen Beamten zur Vornahme oder Unterlassung einer Amtshandlung zu nötigen, wird mit Gefängnis nicht unter drei Monaten bestraft.

Sind mildernde Umstände vorhanden, so tritt Gefängnisstrafe bis zu zwei Jahren oder Geldstrafe ein.

Aufruhr.

115. Wer an einer öffentlichen Zusammenrottung, bei welcher eine der in den §§ 113 und 114 bezeichneten Handlungen mit vereinten Kräften begangen wird, teilnimmt, wird wegen Aufruhrs mit Gefängnis nicht unter sechs Monaten bestraft.

Die Rädelsführer sowie diejenigen Aufrührer, welche eine der in den §§ 113 und 114 bezeichneten Handlungen begehen, werden mit Zuchthaus bis zu zehn Jahren bestraft; auch kann auf Zulässigkeit von Polizeiaufsicht erkannt werden. Sind mildernde Umstände vorhanden, so tritt Gefängnisstrafe nicht unter sechs Monaten ein.

Auflauf.

116. Wird eine auf öffentlichen Wegen, Straßen oder Plätzen versammelte Menschenmenge von dem zuständigen Beamten

[oder Befehlshaber der bewaffneten Macht],

aufgefordert, sich zu entfernen, so wird jeder der Versammelten, welcher nach der dritten Aufforderung sich nicht entfernt, wegen Auflaufs mit Gefängnis bis zu drei Monaten oder mit Geldstrafe bestraft.

Ist bei einem Auflaufe gegen die Beamten
[oder die bewaffnete Macht],
mit vereinten Kräften tätlicher Widerstand geleistet oder Gewalt verübt worden, so treten gegen diejenigen, welche an diesen Handlungen teilgenommen haben, die Strafen des Aufruhrs ein.

Forstwiderstand.

117. Wer einem Forst-, Jagd- oder Fischereibeamten, dem Eigentümer eines Waldes oder eines Fischgewässers, einem Forst- oder Fischereiberechtigten, einem Jagd- oder Fischereiausübungsberechtigten oder einem von diesen bestellten Aufseher in der rechtmäßigen Ausübung seines Amtes oder Rechtes durch Gewalt oder durch Bedrohung mit Gewalt Widerstand leistet oder wer eine dieser Personen während der Ausübung ihres Amtes oder Rechtes tätlich angreift, wird mit Gefängnis von vierzehn Tagen bis zu drei Jahren bestraft.

Ist der Widerstand oder der Angriff unter Drohung mit Schießgewehr, Aexten oder anderen gefährlichen Werkzeugen erfolgt oder mit Gewalt an der Person begangen worden, so tritt Gefängnisstrafe nicht unter drei Monaten ein.

Sind mildernde Umstände vorhanden, so tritt in den Fällen des Absatz 1 Gefängnisstrafe bis zu einem Jahre, in den Fällen des Absatz 2 Gefängnisstrafe nicht unter einem Monat ein.

Das Ges. v. 28. 6. 35 hat den Strafschutz auf die Fischerei ausgedehnt und den Wortlaut an das RJagdGes. v. 3. 7. 34 angeglichen. — Abs. 4 wurde durch die VO. v. 29. 5 43 hinzugefügt. KR. 11 hat den § 117 nicht berührt. An seiner Weitergeltung mit den Neufassungen ist nicht zu zweifeln.

118. Ist durch den Widerstand oder den Angriff eine Körperverletzung dessen, gegen welchen die Handlung begangen ist, verursacht worden, so ist auf Zuchthaus bis zu zehn Jahren zu erkennen.

Sind mildernde Umstände vorhanden, so tritt Gefängnisstrafe nicht unter drei Monaten ein.

119. Wenn eine der in den §§ 117 und 118 bezeichneten Handlungen von mehreren gemeinschaftlich begangen worden ist, so kann die Strafe bis um die Hälfte des angedrohten Höchstbetrages, die Gefängnisstrafe jedoch nicht über fünf Jahre erhöht werden.

Gefangenenbefreiung.

120. Wer einen Gefangenen aus der Gefangenenanstalt

[oder aus der Gewalt der bewaffneten Macht],

des Beamten oder desjenigen, unter dessen Beaufsichtigung, Begleitung oder Bewachung er sich befindet, vorsätzlich befreit oder ihm zur Selbstbefreiung vorsätzlich behilflich ist, wird mit Gefängnis bis zu drei Jahren bestraft.

Der Versuch ist strafbar.

Entweichenlassen von Gefangenen.

121. Wer vorsätzlich einen Gefangenen, mit dessen Beaufsichtigung oder Begleitung er beauftragt ist, entweichen läßt oder dessen Befreiung befördert, wird mit Gefängnis bis zu drei Jahren bestraft.

Ist die Entweichung durch Fahrlässigkeit befördert worden, so tritt Gefängnisstrafe bis zu drei Monaten oder Geldstrafe ein.

Gefangenenmeuterei.

122. Gefangene, welche sich zusammenrotten und mit vereinten Kräften die Anstaltsbeamten oder die mit der Beaufsichtigung Beauftragten angreifen, denselben Widerstand leisten oder es unternehmen, sie zu Handlungen oder Unterlassungen zu nötigen, werden wegen Meuterei mit Gefängnis nicht unter sechs Monaten bestraft.

Gleiche Strafe tritt ein, wenn Gefangene sich zusammenrotten und mit vereinten Kräften einen gewaltsamen Ausbruch unternehmen.

Diejenigen Meuterer, welche Gewalttätigkeiten gegen die Anstaltsbeamten oder die mit der Beaufsichtigung Beauftragten verüben, werden mit Zuchthaus bis zu zehn Jahren bestraft; auch kann auf Zulässigkeit von Polizeiaufsicht erkannt werden.

Sicherungsverwahrungsanstalt und Arbeitshaus.

122 a. In den Fällen der §§ 120—122 steht einem Gefangenen gleich, wer in Sicherheitsverwahrung oder in einem Arbeitshaus untergebracht ist.

Sonstige behördliche Verwahrung.

122 b. Wer, abgesehen von den Fällen der §§ 120, 121, 122 a, vorsätzlich jemand, der auf behördliche Anordnung in einer Anstalt untergebracht ist, aus der Verwahrung befreit oder ihm das Entweichen erleichtert, wird mit Gefängnis bis zu zwei Jahren oder mit Geldstrafe bestraft.

Der Versuch ist strafbar.

Die Strafverfolgung tritt nur auf Antrag der Behörde ein, welche die Verwahrung bewirkt hat.

Die §§ 122 a und b sind durch das Ges. v. 24. 11. 33 eingefügt. Sie sind notwendige Ergänzungen zu dem Abschnitt 1 a des Allgemeinen Teils über „Maßregeln der Sicherung und Besserung".

Siebenter Abschnitt.

Verbrechen und Vergehen wider die öffentliche Ordnung.

Hausfriedensbruch.

123. Wer in die Wohnung, in die Geschäftsräume oder in das befriedete Besitztum eines anderen oder in abgeschlossene Räume, welche zum öffentlichen Dienste oder Verkehre bestimmt sind, widerrechtlich eindringt, oder wer, wenn er ohne Befugnis darin verweilt, auf die Aufforderung des Berechtigten sich nicht entfernt, wird wegen Hausfriedensbruchs mit Geldstrafe oder mit Gefängnis bis zu drei Monaten bestraft.

Ist die Handlung von einer mit Waffen versehenen Person oder von mehreren gemeinschaftlich begangen worden, so tritt Geldstrafe oder Gefängnisstrafe bis zu einem Jahre ein.

Die Verfolgung tritt nur auf Antrag ein. Die Zurücknahme des Antrags ist zulässig.

Schwerer Hausfriedensbruch.

124. Wenn sich eine Menschenmenge öffentlich zusammenrottet und in der Absicht, Gewalttätigkeiten gegen Personen oder Sachen mit vereinten Kräften zu begehen, in die Wohnung, in die Geschäftsräume oder in das befriedete Besitztum eines anderen oder in abgeschlossene Räume, welche zum öffentlichen Dienst bestimmt sind, widerrechtlich eindringt, so wird jeder, welcher an diesen Handlungen teilnimmt, mit Gefängnis von einem Monat bis zu zwei Jahren bestraft.

Landfriedensbruch.

125. Wenn sich eine Menschenmenge öffentlich zusammenrottet und mit vereinten Kräften gegen Personen oder Sachen Gewalttätigkeiten begeht, so wird jeder, welcher an dieser Zusammenrottung teilnimmt, wegen Landfriedensbruches mit Gefängnis nicht unter drei Monaten bestraft.

Die Rädelsführer sowie diejenigen, welche Gewalttätigkeiten gegen Personen begangen oder Sachen geplündert, vernichtet oder zerstört haben, werden mit Zuchthaus bis zu zehn Jahren bestraft; auch kann auf Zulässigkeit von Polizeiaufsicht erkannt werden. Sind mildernde Umstände vorhanden, so tritt Gefängnisstrafe nicht unter sechs Monaten ein.

Landzwang.

126. Wer durch Androhung eines gemeingefährlichen Verbrechens den öffentlichen Frieden stört, wird mit Gefängnis bis zu einem Jahre bestraft.

Bildung bewaffneter Haufen.

127. Wer unbefugter Weise einen bewaffneten Haufen bildet oder befehligt oder eine Mannschaft, von der er weiß, daß sie ohne gesetzliche Befugnis gesammelt ist, mit Waffen oder Kriegsbedürfnissen versieht, wird mit Gefängnis bis zu zwei Jahren bestraft.

Wer sich einem solchen bewaffneten Haufen anschließt, wird mit Gefängnis bis zu einem Jahre bestraft.

Geheimbündelei.

128. Die Teilnahme an einer Verbindung, deren Dasein, Verfassung oder Zweck vor der Staatsregierung geheim gehalten werden soll, oder in welcher gegen unbekannte Obere Gehorsam oder gegen bekannte Obere unbedingter Gehorsam versprochen wird, ist an den Mitgliedern mit Gefängnis bis zu sechs Monaten, an den Stiftern und Vorstehern der Verbindung mit Gefängnis von einem Monat bis zu einem Jahre zu bestrafen.

Gegen Beamte kann auf Verlust der Fähigkeit zur Bekleidung öffentlicher Aemter auf die Dauer von einem bis zu fünf Jahren erkannt werden.

Teilnahme an staatsfeindlichen Verbindungen.

129. Die Teilnahme an einer Verbindung, zu deren Zwecken oder Beschäftigungen gehört, Maßregeln der Verwaltung oder die Vollziehung von Gesetzen durch ungesetzliche Mittel zu verhindern oder zu entkräften, ist an den Mitgliedern mit Gefängnis bis zu einem Jahre, an den Stiftern und Vorstehern der Verbindung mit Gefängnis von drei Monaten bis zu zwei Jahren zu bestrafen.

Gegen Beamte kann auf Verlust der Fähigkeit zur Bekleidung öffentlicher Aemter auf die Dauer von einem bis zu fünf Jahren erkannt werden.

Anreizung zum Klassenkampf.

130. Wer in einer den öffentlichen Frieden gefährdenden Weise verschiedene Klassen der Bevölkerung zu Gewalttätigkeiten gegeneinander öffentlich anreizt, wird mit Geldstrafe oder mit Gefängnis bis zu zwei Jahren bestraft.

Kanzelmißbrauch.

130 a. Ein Geistlicher oder anderer Religionsdiener, welcher in Ausübung oder in Veranlassung der Ausübung seines Berufes öffentlich vor einer Menschenmenge oder welcher in einer Kirche oder an einem anderen zu religiösen Versammlungen bestimmten Orte vor Mehreren Angelegenheiten des Staates in einer den öffentlichen Frieden gefährdenden Weise zum Gegenstande einer Verkündigung oder Erörterung macht, wird mit Gefängnis oder Festungshaft bis zu zwei Jahren bestraft.

Gleiche Strafe trifft denjenigen Geistlichen oder anderen Religionsdiener, welcher in Ausübung oder in Veranlassung der Ausübung seines Berufes Schriftstücke ausgibt oder verbreitet, in welchen Angelegenheiten des Staates in einer den öffentlichen Frieden gefährdenden Weise zum Gegenstande einer Verkündigung oder Erörterung gemacht sind.

Staatsverleumdung.

131. Wer erdichtete oder entstellte Tatsachen, wissend, daß sie erdichtet oder entstellt sind, öffentlich behauptet oder verbreitet, um dadurch Staatseinrichtungen oder Anordnungen der Obrigkeit verächtlich zu machen, wird mit Geldstrafe oder mit Gefängnis bis zu zwei Jahren bestraft.

Amtsanmaßung.

132. Wer unbefugt sich mit Ausübung eines öffentlichen Amtes befaßt oder eine Handlung vornimmt, welche nur kraft eines öffentlichen Amtes vorgenommen werden darf, wird mit Gefängnis, in schweren Fällen mit Zuchthaus bestraft.

Die VO. vom 9. 4. 42 hat die Strafdrohung, die ursprünglich lautete: „Gefängnis bis zu einem Jahr oder Geldstrafe" verschärft. Der KR. hat die Neufassung nicht beanstandet. Typisch nationalsozialistisch ist sie nicht. Vgl. freilich Vorbem. vor § 13.

Die genannte VO. hat außerdem in § 1 Abs. 1 folgendes bestimmt: „Wer sich bei Begehung eines Verbrechens wissentlich unbefugt als Angehöriger der deutschen Polizei oder eines ihrer Hilfsorgane [oder als Angehöriger der deutschen Wehrmacht] ausgibt, wird mit dem Tode, in minderschweren Fällen mit Zuchthaus bestraft."

An der Weitergeltung, mit Ausnahme der Androhung der Todesstrafe, braucht nicht gezweifelt zu werden.

Unbefugtes Uniformtragen.

132 a. Wer unbefugt inländische oder ausländische Uniformen, Amtskleidungen oder Amtsabzeichen trägt, wird, soweit nicht besondere Vorschriften etwas anderes bestimmen, mit Gefängnis bis zu einem Jahre und mit Geldstrafe oder mit einer dieser Strafen bestraft.

Ebenso wird bestraft, wer unbefugt eine Berufstracht oder ein Berufsabzeichen für Betätigung in der Kranken- oder Wohlfahrtspflege trägt, die im Inland staatlich anerkannt sind.

Den in den Absätzen 1 und 2 genannten Uniformen, Kleidungen, Trachten oder Abzeichen stehen solche gleich, die ihnen zum Verwechseln ähnlich sind.

Die Vorschriften der Absätze 1 bis 3 gelten auch für Amtskleidungen und Amtsabzeichen der Religionsgesellschaften des öffentlichen Rechts sowie für Berufstrachten und Berufsabzeichen der von ihnen anerkannten religiösen Genossenschaften.

§ 132 a ist durch Ges. v. 28. 6. 35 entstanden. Er hat die Nr. 8 des § 360 aus einer Uebertretung in ein Vergehen verwandelt. KR. 11 hat ihn nicht beanstandet.

Gewahrsamsbruch.

133. Wer eine Urkunde, ein Register, Akten oder einen sonstigen Gegenstand, welche sich zur amtlichen Aufbewahrung an einem dazu bestimmten Orte befinden, oder welche einem Beamten oder einem Dritten amtlich übergeben worden sind, vorsätzlich vernichtet, beiseite schafft oder beschädigt, wird mit Gefängnis bestraft.

Ist die Handlung in gewinnsüchtiger Absicht begangen, so tritt Gefängnisstrafe nicht unter drei Monaten ein; auch kann auf Verlust der bürgerlichen Ehrenrechte erkannt werden.

Beschädigung amtlicher Bekanntmachungen.

134. Wer öffentlich angeschlagene Bekanntmachungen, Verordnungen, Befehle oder Anzeigen von Behörden oder Beamten böswillig abreißt, beschädigt oder verunstaltet, wird mit Geldstrafe oder mit Gefängnis bis zu sechs Monaten bestraft.

134 a und 134 b. [betrafen den **Schutz des Reichs, der deutschen Wehrmacht und der NSDAP.**; aufgehoben durch KR. Nr. 11.]

Verletzung inländischer Hoheitszeichen.

135. Wer ein öffentliches Zeichen der Autorität des Reiches

oder eines Bundesfürsten

oder ein Hoheitszeichen eines Landes böswillig wegnimmt, zerstört oder beschädigt oder beschimpfenden Unfug daran verübt, wird mit Geldstrafe oder mit Gefängnis bis zu zwei Jahren bestraft.

Siegelbruch.

136. Wer unbefugt ein amtliches Siegel, welches von einer Behörde oder einem Beamten angelegt ist, um Sachen zu verschließen, zu bezeichnen oder in Beschlag zu nehmen, vorsätzlich erbricht, ablöst oder beschädigt oder den durch ein solches Siegel bewirkten amtlichen Verschluß aufhebt, wird mit Gefängnis bis zu sechs Monaten oder mit Geldstrafe bestraft.

Verstrickungsbruch.

137. Wer Sachen, welche durch die zuständigen Behörden oder Beamten gepfändet oder in Beschlag genommen worden sind, vorsätzlich beiseite schafft, zerstört oder in anderer Weise der Verstrickung ganz oder teilweise entzieht, wird mit Gefängnis bis zu einem Jahre oder mit Geldstrafe bestraft.

Verletzung der Dingpflicht.

138. Wer als Zeuge, Geschworener oder Schöffe berufen, eine unwahre Tatsache als Entschuldigung vorschützt, wird mit Gefängnis bis zu zwei Monaten bestraft.

Dasselbe gilt von einem Sachverständigen, welcher zum Erscheinen gesetzlich verpflichtet ist.

Die auf das Nichterscheinen gesetzten Ordnungsstrafen werden durch vorstehende Strafbestimmungen nicht ausgeschlossen.

Nichtanzeige von Verbrechen.

139. Wer von dem Vorhaben eines
Hochverrats, Landesverrats,
Münzverbrechens, Mordes, Raubes, Menschenraubes oder eines gemeingefährlichen Verbrechens zu einer Zeit, in welcher die Verhütung des Verbrechens möglich ist, glaubhafte Kenntnis erhält und es unterläßt, hiervon der Behörde oder durch das Verbrechen bedrohten Personen zur rechten Zeit Anzeige zu machen, ist, wenn das Verbrechen oder ein strafbarer Versuch desselben begangen ist, mit Gefängnis zu bestrafen.

Im Text ist der § 139 in seiner ursprünglichen Fassung abgedruckt. Durch das Ges. v. 2. 7. 36 hatte er folgende Fassung erhalten:

(I) Wer von dem Vorhaben eines Hochverrats oder Landesverrats, einer Wehrmittelbeschädigung, eines Verbrechens wider das Leben, eines Münzverbrechens, eines Raubes, Menschenraubes oder gemeingefährlichen Verbrechens glaubhafte Kenntnis erhält und es unterläßt, der Behörde oder dem Bedrohten hiervon zur rechten Zeit Anzeige zu machen, wird mit Gefängnis bestraft. Ist die Tat nicht versucht worden, so kann von Strafe abgesehen werden. — (II) In besonders schweren Fällen kann auf Zuchthaus und, wenn die geplante Tat mit dem Tode bedroht ist, auch auf lebenslanges Zuchthaus oder auf Todesstrafe erkannt werden.

Der neue § 139 unterscheidet sich demnach von dem alten 1. durch die Erweiterung des Kreises der zu einer Anzeige verpflichtenden Verbrechen; 2. dadurch, daß nach der alten Fassung die Begehung oder doch ein strafbarer Versuch des geplanten Verbrechens eine positive Bedingung der Strafbarkeit des Nichtanzeigenden war, während nach der neuen Fassung dies nicht der Fall war, der Richter aber, wenn die Tat nicht begangen und nicht einmal versucht worden war, nach seinem Ermessen von Strafe absehen konnte; 3. durch die enorme Steigerung der angedrohten Strafe, deren Höchstmaß nach alter Fassung Gefängnis von fünf Jahren, nach neuer Fassung die Todesstrafe war.

KR. 11 hat zwar den § 139 n. F. nicht ausdrücklich beanstandet. Es kann auch nicht übersehen werden, daß schon die deutschen Strafgesetzentwürfe eine zunehmende Neigung hatten, den § 139 zu verschärfen, besonders durch die Ermöglichung von Zuchthaus und durch die (von der Rechtsprechung überwiegend schon aus § 139 herausgelesene) Einbeziehung der fahrlässigen Unterlassung. Trotzdem ist, da ein Mittelweg hier nicht in Frage kommt, der alten Fassung der Vorzug zu geben. Die Neufassung war eine polizeistaatliche Uebertreibung. Dem Ausland ist eine entsprechende Strafvorschrift überwiegend unbekannt.

Verkehrsflucht.

139 a. Wer sich nach einem Verkehrsunfall der Feststellung seiner Person, seines Fahrzeugs oder der Art seiner Beteiligung an dem Unfall vorsätzlich durch Flucht entzieht, obwohl nach den Umständen in Frage kommt, daß sein Verhalten zur Verursachung des Unfalls beigetragen hat, wird mit Gefängnis bis zu zwei Jahren oder mit Haft und mit Geldstrafe oder mit einer dieser Strafen bestraft.

Der Versuch ist strafbar.

In besonders schweren Fällen ist die Strafe Gefängnis nicht unter sechs Monaten oder Zuchthaus.

§ 139 a ist durch VO. v. 2. 4. 40 eingefügt. Er ersetzt den § 22 I des Ges. über den Verkehr mit Kraftfahrzeugen v. 3. 5. 09.

139 b. Wer einen noch nicht Achtzehnjährigen, dessen Beaufsichtigung ihm obliegt, nicht gehörig beaufsichtigt, wird mit Gefängnis bis zu sechs Monaten oder mit Haft oder mit Geldstrafe bestraft, wenn der zu Beaufsichtigende eine mit Strafe bedrohte Handlung begeht, die der Aufsichtspflichtige durch gehörige Aufsicht hätte verhindern können. Dies gilt nicht, soweit in sonstigen Vorschriften eine andere Strafe angedroht ist.

Aufsichtspflichtig im Sinne dieser Vorschrift ist derjenige, dem die Sorge für die Person des Kindes oder des Jugendlichen obliegt, oder dem das Kind oder der Jugendliche zur Erziehung oder Pflege ganz oder überwiegend anvertraut ist.

§ 139 b ist eingefügt durch VO. v. 4. 10. 40 (RJuGG. § 3).

140 bis **143 a.** [betrafen den **Schutz der Wehrmacht;** aufgehoben durch den KR. Nr. 11.]

Verleitung zur Auswanderung.

144. Wer es sich zum Geschäft macht, Deutsche unter Vorspiegelung falscher Tatsachen oder wissentlich mit unbegründeten Angaben oder durch andere auf Täuschung berechnete Mittel zur Auswanderung zu verleiten, wird mit Gefängnis von einem Monat bis zu zwei Jahren bestraft.

Gefährdung des Schiffsverkehrs.

145. Wer die von der zuständigen Behörde zur Verhütung des Zusammenstoßes der Schiffe auf See,
über das Verhalten der Schiffer nach einem Zusammenstoß von Schiffen auf See oder
in betreff der Not- und Lotsensignale für Schiffe auf See und auf den Küstengewässern
erlassenen Verordnungen übertritt, wird mit Geldstrafe bestraft.

Unerlaubte Ausgabe von Inhaberpapieren.

145 a. Wer im Inlande Schuldverschreibungen auf den Inhaber, in denen die Zahlung einer bestimmten Geldsumme versprochen wird, ohne die erforderliche staatliche Genehmigung ausstellt und in den Verkehr bringt, wird mit einer Geldstrafe bestraft, die dem fünften Teile des Nennwertes der ausgegebenen Schuldverschreibungen gleichkommen kann, mindestens aber dreihundert Reichsmark beträgt.

145 b. [betraf **Tierquälerei;** außer Kraft getreten am 1. 2. 34; ersetzt durch § 9 Abs. 1 des Tierschutzgesetzes v. 24. 11. 33 (RGBl. I S. 987).]

145 c. Wer einen Beruf oder ein Gewerbe ausübt oder ausüben läßt, solange ihm dies nach § 42 l untersagt ist, wird mit Gefängnis bis zu 2 Jahren und mit Geldstrafe oder mit einer dieser Strafen bestraft.

§ 145 c ist durch Ges. v. 24. 11. 33 eingefügt. Er ergänzt den § 42 l und muß gleich diesem beibehalten werden. KR. 11 berührt ihn nicht.

145 d. Wer einer Dienststelle des Staates wider besseres Wissen die Begehung einer Straftat vortäuscht oder die Dienststelle über die Person eines an einer Straftat Beteiligten zu täuschen sucht, wird mit Gefängnis bis zu zwei Jahren oder mit Geldstrafe bestraft, soweit die Tat nicht nach anderen Vorschriften mit schwererer Strafe bedroht ist.

§ 145 d ist durch VO. v. 29. 5. 43 eingefügt. KR. 11 berührt ihn nicht. Er ist nicht nationalsozialistisch und findet sich schon in früheren deutschen Entwürfen (z. B. Entwurf 1927, § 192, II)

Achter Abschnitt

Münzverbrechen und Münzvergehen.

Falschmünzerei und Münzfälschung.

146. Wer inländisches oder ausländisches Metallgeld oder Papiergeld nachmacht, um das nachgemachte Geld als echtes zu gebrauchen oder sonst in Verkehr zu bringen, oder wer in gleicher Absicht echtem Gelde durch Veränderung an demselben den Schein eines höheren Werts oder verrufenem Gelde durch Veränderung an demselben das Ansehen eines noch geltenden gibt, wird mit Zuchthaus nicht unter zwei Jahren bestraft; auch ist Polizeiaufsicht zulässig.

Sind mildernde Umstände vorhanden, so tritt Gefängnisstrafe ein.

Inverkehrbringen falschen Geldes.

147. Dieselben Strafbestimmungen finden auf denjenigen Anwendung, welcher das von ihm auch ohne die vorbezeichnete Absicht nachgemachte oder verfälschte Geld als echtes in Verkehr bringt, sowie auf denjenigen, welcher nachgemachtes oder verfälschtes Geld sich verschafft und solches entweder in Verkehr bringt oder zum Zwecke der Verbreitung aus dem Auslande einführt.

Abschieben falschen Geldes.

148. Wer nachgemachtes oder verfälschtes Geld als echtes empfängt und nach erkannter Unechtheit als echtes in Verkehr bringt, wird mit Gefängnis bis zu drei Monaten oder mit Geldstrafe bestraft.

Der Versuch ist strafbar.

Dem Papiergeld gleichgestellte Wertpapiere.

149. Dem Papiergelde werden gleich geachtet die auf den Inhaber lautenden Schuldverschreibungen, Banknoten, Aktien oder deren Stelle vertretende Interimsscheine oder Quittungen, sowie die zu diesen Papieren gehörenden Zins-, Gewinnanteils- oder Erneuerungsscheine, welche von dem Reich, einem Lande oder fremden Staate oder von einer zur Ausgabe solcher Papiere berechtigten Gemeinde, Korporation, Gesellschaft oder Privatperson ausgestellt sind.

Münzverringerung.

150. Wer echte, zum Umlauf bestimmte Metallgeldstücke durch Beschneidung, Abfeilen oder auf andere Art verringert und als vollgültig in Verkehr bringt, oder wer solche verringerte Münzen gewohnheitsmäßig oder im Einverständnisse mit dem, welcher sie verringert hat, als vollgültig in Verkehr bringt, wird mit Gefängnis bestraft, neben welchem auf Geldstrafe sowie auf Verlust der bürgerlichen Ehrenrechte erkannt werden kann.

Der Versuch ist strafbar.

Vorbereitungshandlungen.

151. Wer Stempel, Siegel, Stiche, Platten oder andere zur Anfertigung von Metallgeld, Papiergeld oder dem letzteren gleichgeachteten Papieren dienliche Formen zum Zwecke eines Münzverbrechens angeschafft oder angefertigt hat, wird mit Gefängnis bis zu zwei Jahren bestraft.

Einziehung.

152. Auf die Einziehung des nachgemachten oder verfälschten Geldes, sowie der im § 151 bezeichneten Gegenstände ist zu erkennen, auch wenn die Verfolgung oder Verurteilung einer bestimmten Person nicht stattfindet.

Neunter Abschnitt

Falsche uneidliche Aussage und Meineid.

I. Der 9. Abschnitt wurde seit 1933 dreimal geändert:

1. Das Ges. v. 27. 10. 33 trug in § 153 der Aenderung der ZPO. Rechnung, nach der die Eideszuschiebung durch die eidliche Parteivernehmung ersetzt wurde. Diese Abhängigkeit des StGB. von der ZPO. ist selbstverständlich.

2. Die VO. v. 29. 5. 43 brachte drei Neuerungen: a) Die Bestrafung der uneidlichen Falschaussage zunächst in einem neuen § 156 a. Sie war seit Jahrzehnten gefordert worden,

auch in allen deutschen Entwürfen vorgeschlagen. Die trotz allen amtlichen Ermahnungen zur Vorsicht unaufhaltsame Zurückdrängung des Zeugeneides, auch im Strafverfahren, machte die Bestrafung der uneidlichen Falschaussage unerläßlich. Auch das Ausland kennt sie, z. B. Oesterreich, Italien, Belgien, Norwegen, Schweiz. Grundsätzlich liegt sie in der Richtung der Verweltlichung dieser Materie, d. h. ihrer Entkleidung von religiösem und romantischem Beiwerk und der Hervorhebung ihres Wesens als falscher Beweisaussage, vor einer zu einer Entscheidung berufenen Behörde. Der notwendige weitere Schritt auf diesem Wege, die Voraussetzung der Erheblichkeit dieser Aussage, ist freilich noch nicht getan. — b) Der § 157 wurde vereinfacht, aufgetauchte Zweifel wurden in der Richtung des Willensstrafrechts geklärt. — c) § 158 gab verstärkte Antriebe zu tätiger Reue. Nicht Widerruf ist nötig, Berichtigung genügt. Und nicht nur Strafmilderung, sogar Straflosigkeit stellt er in Aussicht. Dies sollte der Ermittlung objektiver Wahrheit dienen und lag gleichfalls in der Richtung der Verweltlichung dieser Tatbestände. Andererseits freilich hat diese Tendenz dazu geführt, die Frist für eine Berücksichtigung tätiger Reue abzukürzen. Die Berichtigung muß noch verwertbar sein; eine Teilanerkennung des richtigen, im übrigen aber noch nicht wieder durchgedrungenen Gedankens, daß Voraussetzung der Strafbarkeit die Erheblichkeit der Aussage ist.

3. Die VO. v. 20. 1. 44 brachte fünf Neuerungen: a) Sie vervollständigte die Ueberschrift des Abschnitts. — b) Sie brachte eine sprachliche Gleichschaltung der objektiven Tatbestände: „falsch aussagen" und „falsch schwören". — c) Sie setzte die beiden Haupttatbestände in die richtige systematische Reihenfolge, indem sie das falsche Schwören auf dem falsch Aussagen aufbaute, womit der schiefen, zu Unrecht als „herrschend" sich bezeichnenden neuesten Rechtsprechung des Reichsgerichts, der objektive Tatbestand bestehe nicht in einem Widerspruch der Aussage mit der Wirklichkeit, sondern mit dem subjektiven Fürwahrhalten seitens des Aussagenden, der Boden vollends entzogen ist. — d) Der Abs. II des § 154 wurde gestrichen, der letzte Rest der guten alten Auffassung, daß die falsche Beweisaussage nicht nur deshalb bestraft wird, weil sie die Behörde irreführt, sondern auch weil und insoweit sie einen anderen schädigt. — e) Der § 159 wurde den neuen Teilnahmeregeln angepaßt: Das erfolglose Unternehmen, einen anderen zu einer falschen Aussage zu verleiten (bis dahin ein selbständiger Tatbestand, ein delictum sui generis), wurde den allgemeinen Teilnahmeregeln unterstellt, wobei für den Bereich des 9. Abschnitts der § 49 a auf „Vergehen" ausgedehnt wurde.

II. Der Kontrollrat hat die Neugestaltung des 9. Abschnitts nicht beanstandet. Typisch nationalsozialistisch ist sie nicht. Auch die §§ 157, 158 sind dies nicht etwa schon deshalb, weil sie die Freiheit des richterlichen Ermessens ausdehnen. Über den Sinn ihrer Neufassung vgl. oben! — Auch § 159 n. F. zieht lediglich die Folgerung aus der Neuregelung des § 49 a. Neben diesem hat er jetzt nur noch die Bedeutung, daß er die „Vergehen" des 9. Abschnitts einbezieht.

Falsche uneidliche Aussage.

153. Wer vor Gericht oder vor einer anderen zur eidlichen Vernehmung von Zeugen oder Sachverständigen zuständigen Stelle als Zeuge oder Sachverständiger uneidlich vorsätzlich falsch aussagt, wird mit Gefängnis nicht unter drei Monaten, in schweren Fällen mit Zuchthaus bestraft.

Der Versuch ist strafbar.

Meineid.

154. Wer vor Gericht oder vor einer anderen zur Abnahme von Eiden zuständigen Stelle vorsätzlich falsch schwört, wird mit Zuchthaus bestraft.

Sind mildernde Umstände vorhanden, so ist die Strafe Gefängnis nicht unter sechs Monaten.

Eidesgleiche Beteuerungen.

155. Der Ableistung eines Eides wird gleichgeachtet, wenn

1. ein Mitglied einer Religionsgesellschaft, welcher das Gesetz den Gebrauch gewisser Beteuerungsformeln an Stelle des Eides gestattet, eine Erklärung unter der Beteuerungsformel seiner Religionsgesellschaft abgibt,
2. derjenige, welcher als Partei, Zeuge oder Sachverständiger einen Eid geleistet hat, in gleicher Eigenschaft eine Versicherung unter Berufung auf den bereits früher in derselben Angelegenheit geleisteten Eid abgibt, oder ein Sachverständiger, welcher als solcher ein für allemal vereidet ist, eine Versicherung auf den von ihm geleisteten Eid abgibt,
3. ein Beamter eine amtliche Versicherung unter Berufung auf seinen Diensteid abgibt.

Falsche Versicherung an Eides Statt.

156. Wer vor einer zur Abnahme einer Versicherung an Eides Statt zuständigen Behörde eine solche Versicherung wissentlich falsch abgibt oder unter Berufung auf eine solche Versicherung wissentlich falsch aussagt, wird mit Gefängnis von einem Monat bis zu drei Jahren bestraft.

Der Versuch ist strafbar.

Milderungsgründe: 1. Eidesnotstand.

157. Hat ein Zeuge oder Sachverständiger sich eines Meineids, einer falschen Versicherung an Eides Statt oder einer falschen, uneidlichen Aussage schuldig gemacht, so kann der Richter die Strafe nach pflichtgemäßem Ermessen mildern und im Falle uneidlicher Aussage auch ganz von Strafe absehen, wenn der Täter die Unwahrheit gesagt hat, um von einem Angehörigen oder von sich selbst die Gefahr einer gerichtlichen Bestrafung abzuwenden.

Der Richter kann auch dann die Strafe mildern oder ganz von Strafe absehen, wenn ein noch nicht Eidesmündiger uneidlich falsch ausgesagt hat.

Milderungsgründe: 2. Berichtigung.

158. Der Richter kann die Strafe wegen Meineids, falscher Versicherung an Eides Statt oder falscher uneidlicher Aussage nach seinem pflichtgemäßen Ermessen mildern oder von Strafe absehen, wenn der Täter die falsche Aussage rechtzeitig berichtigt.

Die Berichtigung ist verspätet, wenn sie bei der Entscheidung nicht mehr verwertet werden kann oder aus der Tat ein Nachteil für einen anderen entstanden ist oder wenn schon gegen den Täter eine Anzeige erstattet oder eine Untersuchung eingeleitet worden ist.

Die Berichtigung kann bei der Stelle, der die falsche Angabe gemacht worden ist oder die sie im Verfahren zu prüfen hat, sowie bei einem Gericht, einem Staatsanwalt oder einer Polizeibehörde erfolgen.

159. Die Vorschriften über die Bestrafung der erfolglosen Anstiftung und anderer Vorbereitungshandlungen bei Verbrechen (§ 49 a) gelten entsprechend für alle Fälle der falschen uneidlichen Aussage, des Meineids und der wissentlichen Abgabe einer falschen Versicherung an Eides Statt.

Verleitung zur falschen Aussage.

160. Wer einen anderen zur Ableistung eines falschen Eides verleitet, wird mit Gefängnis bis zu zwei Jahren bestraft, neben welchem auf Verlust der bürgerlichen Ehrenrechte erkannt werden kann, und wer einen anderen zur Ableistung einer falschen Versicherung an Eides Statt verleitet, wird mit Gefängnis bis zu sechs Monaten bestraft.

Der Versuch ist strafbar.

Nebenstrafen und Nebenfolgen.

161. Bei jeder Verurteilung wegen Meineides, mit Ausnahme der Fälle in den §§ 157 und 158, ist auf Verlust der bürgerlichen Ehrenrechte und außerdem auf die dauernde Unfähigkeit des Verurteilten, als Zeuge oder Sachverständiger eidlich vernommen zu werden, zu erkennen.

In den Fällen der §§ 153, 156 bis 159 kann neben der Gefängnisstrafe auf Verlust der bürgerlichen Ehrenrechte erkannt werden.

Eidesbruch.

162. Wer vorsätzlich einer durch eidliches Angelöbnis vor Gericht bestellten Sicherheit oder dem in einem Offenbarungseide gegebenen Versprechen zuwiderhandelt, wird mit Gefängnis bis zu zwei Jahren bestraft.

Fahrlässiger Falscheid.

163. Wenn eine der in den §§ 153—156 bezeichneten Handlungen aus Fahrlässigkeit begangen worden ist, so tritt Gefängnisstrafe bis zu einem Jahre ein.

Straflosigkeit tritt ein, wenn der Täter, bevor eine Anzeige gegen ihn erfolgt oder eine Untersuchung gegen ihn eingeleitet und bevor ein Rechtsnachteil für einen anderen aus der falschen Aussage entstanden ist, diese bei derjenigen Behörde, bei welcher er sie abgegeben hat, widerruft.

Zehnter Abschnitt

Falsche Anschuldigung

Falsche Anschuldigung.

164. Wer einen anderen bei einer Behörde oder einem zur Entgegennahme von Anzeigen zuständigen Beamten
oder militärischen Vorgesetzten
oder öffentlich wider besseres Wissen einer strafbaren Handlung oder der Verletzung einer Amts- oder Dienstpflicht in der Absicht verdächtigt, ein behördliches Verfahren oder andere behördliche Maßnahmen gegen ihn herbeizuführen oder fortdauern zu lassen, wird wegen falscher Anschuldigung mit Gefängnis nicht unter einem Monat bestraft.

Ebenso wird bestraft, wer in gleicher Absicht bei einer der im Abs. 1 bezeichneten Stellen oder öffentlich über einen anderen wider besseres Wissen eine sonstige Behauptung tatsächlicher Art aufstellt, die geeignet ist, ein behördliches Verfahren oder andere behördliche Maßnahmen gegen ihn herbeizuführen oder fortdauern zu lassen.

Ist die Tat in der Absicht begangen, sich oder einem Dritten einen Vorteil zu verschaffen, so ist die Strafe Gefängnis nicht unter drei Monaten.

Neben der Strafe kann auf Verlust der bürgerlichen Ehrenrechte erkannt werden.

Ist die falsche Anschuldigung (Abs. 1, 2) nicht wider besseres Wissen, aber vorsätzlich oder leichtfertig begangen, so ist die Strafe Gefängnis bis zu einem Jahre oder Geldstrafe.

Solange ein infolge der gemachten Anzeige eingeleitetes Verfahren anhängig ist, soll mit dem Verfahren und mit der Entscheidung über die falsche Anschuldigung innegehalten werden.

Die Absätze I, II, III und V des § 164 sind eingefügt durch Ges. v. 26. 5. 33. Das überhand nehmende Denunziantentum sollte schärfer getroffen werden können. Abs. I enthält alte Gedanken

(Entwurf 1927 § 192); neu sind „öffentlich“ und „andere behördliche Maßnahmen“. Neu sind ferner Abs. II: „sonstige Behauptungen“; die Straffsteigerung des Abs. III; und der Abs. V mit seiner Ausdehnung der Strafe auf einfachen „Vorsatz“ und „Leichtfertigkeit“ (d. h. hochgradige Fahrlässigkeit).

Anlaß zu den Verschärfungen gab zwar der Nationalsozialismus. Unter ihm begann das Denunzieren. Indessen die Möglichkeiten und Neigungen zu Denunziationen sind geblieben. Es besteht deshalb kein Anlaß, die verschärfte Waffe des § 164 wieder aus der Hand zu geben. — KR 11 hat den § 164 n. F. nicht beanstandet.

Nicht hierher gehören die Fälle, in denen die Bezichtigung richtig ist. Daß sie falsch ist, gehört zum Wesen des § 164, der nicht nur den Denunzierten, sondern auch die Behörde schützen soll. Mit „Analogie“ wäre also selbst dann hier nicht zu helfen, wenn sie noch zulässig wäre.

Bekanntmachungsbefugnis.

165. Wird wegen falscher Anschuldigung auf Strafe erkannt, so ist zugleich dem Verletzten die Befugnis zuzusprechen, die Verurteilung auf Kosten des Schuldigen öffentlich bekanntzumachen. Die Art der Bekanntmachung sowie die Frist zu derselben ist in dem Urteil zu bestimmen.

Dem Verletzten ist auf Kosten des Schuldigen eine Ausfertigung des Urteils zu erteilen.

Elfter Abschnitt.

Vergehen, welche sich auf die Religion beziehen.

166. Wer dadurch, daß er öffentlich in beschimpfenden Aeußerungen Gott lästert, ein Aergernis gibt oder wer öffentlich eine der christlichen Kirchen oder eine andere mit Korporationsrechten innerhalb des Reichsgebietes bestehende Religionsgesellschaft oder ihre Einrichtungen oder Gebräuche beschimpft, ingleichen wer in einer Kirche oder in einem anderen zu religiösen Versammlungen bestimmten Orte beschimpfenden Unfug verübt, wird mit Gefängnis bis zu drei Jahren bestraft.

167. Wer durch eine Tätlichkeit oder Drohung jemand hindert, den Gottesdienst einer im Staate bestehenden Religionsgesellschaft auszuüben, ingleichen wer in einer Kirche oder in einem anderen zu religiösen Versammlungen bestimmten Orte durch Erregung von Lärm oder Unordnung den Gottesdienst oder einzelne gottesdienstliche Verrichtungen einer im Staate bestehenden Religionsgesellschaft vorsätzlich verhindert oder stört, wird mit Gefängnis bis zu drei Jahren bestraft.

168. Wer unbefugt eine Leiche aus dem Gewahrsam der dazu berechtigten Person wegnimmt, ingleichen wer unbefugt ein Grab zerstört oder beschädigt oder wer an einem Grabe beschimpfenden Unfug verübt, wird mit Gefängnis bis zu zwei Jahren bestraft; auch kann auf Verlust der bürgerlichen Ehrenrechte erkannt werden.

Zwölfter Abschnitt.

Straftaten gegen den Personenstand, die Ehe und die Familie.

Verletzung des Personenstandes.

169. Wer ein Kind unterschiebt oder vorsätzlich verwechselt, oder wer auf andere Weise den Personenstand eines anderen vorsätzlich verändert oder unterdrückt, wird mit Gefängnis bis zu drei Jahren und, wenn die Handlung in gewinnsüchtiger Absicht begangen wurde, mit Zuchthaus bis zu zehn Jahren bestraft.

Der Versuch ist strafbar.

Eheerschleichung.

170. Wer bei Eingehung einer Ehe dem anderen Teile ein gesetzliches Ehehindernis arglistig verschweigt, oder wer den anderen Teil zur Eheschließung arglistig mittels einer solchen Täuschung verleitet, welche den Getäuschten berechtigt, die Gültigkeit der Ehe anzufechten, wird, wenn aus einem dieser Gründe die Ehe aufgelöst worden ist, mit Gefängnis nicht unter drei Monaten bestraft.

Die Verfolgung tritt nur auf Antrag des getäuschten Teils ein.

Verschleuderung von Familienhabe.

Die §§ 170 a bis 170 d sind eingefügt durch die VO. zum Schutze der Ehe, Familie und Mutterschaft v. 9. 3. 43. KR. 11 berührt sie nicht. Typisch nationalsozialistisch sind sie nur teilweise. Als Ueberspannung der Strafgewalt stellt sich die Strafandrohung des Versuchs in den §§ 170 a, b und 170 d dar. Sie ist hier gestrichen.

170 a. Ein Ehegatte, der Familienhabe böswillig oder aus grobem Eigennutz veräußert, zerstört oder beiseiteschafft und dadurch den anderen Ehegatten oder einen unterhaltsberechtigten Abkömmling schädigt, wird mit Gefängnis bis zu zwei Jahren oder mit Geldstrafe bestraft.

Verletzung der Unterhaltspflicht.

170 b. Wer sich einer gesetzlichen Unterhaltspflicht vorsätzlich entzieht, so daß der Lebensbedarf des Unterhaltsberechtigten gefährdet ist oder ohne öffentliche Hilfe oder die Hilfe anderer gefährdet wäre, wird mit Gefängnis bestraft.

Der § 170 b ist eine nationalsozialistische Ueberspannung. Im Entwurf hatte er folgendermaßen gelautet: „Wer sich böswillig oder aus grobem Eigennutz einer gesetzlichen Unterhaltspflicht entzieht, so daß der notwendige Lebensbedarf des Unterhaltsberechtigten erheblich gefährdet ist, insbesondere öffentliche Hilfe oder die Hilfe anderer in Anspruch genommen werden muß, wird mit Gefängnis bis zu zwei Jahren oder mit Haft bestraft." In diesem Sinne ist § 170 b auszulegen.

Verlassen Schwangerer.

170 c. Wer einer von ihm Geschwängerten gewissenlos die Hilfe versagt, deren sie wegen der Schwangerschaft oder der Niederkunft bedarf und dadurch Mutter oder Kind gefährdet, wird mit Gefängnis bestraft.

Kindgefährdung.

170 d. Wer das körperliche oder sittliche Wohl eines Kindes dadurch gefährdet, daß er in gewissenloser Weise seine Fürsorge- oder Erziehungspflichten gröblich vernachlässigt, insbesondere das Kind ohne ausreichende Nahrung oder Wartung läßt, wird mit Gefängnis bestraft, soweit nicht die Tat nach anderen Vorschriften mit schwererer Strafe bedroht ist.

Doppelehe.

171. Ein Ehegatte, welcher eine neue Ehe eingeht, bevor seine Ehe aufgelöst oder für nichtig erklärt worden ist, ingleichen eine unverheiratete Person, welche mit einem Ehegatten, wissend, daß er verheiratet ist, eine Ehe eingeht, wird mit Zuchthaus bis zu fünf Jahren bestraft.

Sind mildernde Umstände vorhanden, so tritt Gefängnisstrafe nicht unter sechs Monaten ein.

Die Verjährung der Strafverfolgung beginnt mit dem Tage, an welchem eine der beiden Ehen aufgelöst oder für nichtig erklärt worden ist.

Ehebruch.

172. Der Ehebruch wird, wenn wegen desselben die Ehe geschieden ist, an dem schuldigen Ehegatten sowie dessen Mitschuldigen mit Gefängnis bis zu sechs Monaten bestraft.

Die Verfolgung tritt nur auf Antrag ein.

Dreizehnter Abschnitt.

Verbrechen und Vergehen wider die Sittlichkeit.

Blutschande.

173. Der Beischlaf zwischen Verwandten auf- und absteigender Linie wird an den ersteren mit Zuchthaus bis zu fünf Jahren, an den letzteren mit Gefängnis bis zu zwei Jahren bestraft.

Der Beischlaf zwischen Verschwägerten auf- und absteigender Linie sowie zwischen Geschwistern wird mit Gefängnis bis zu zwei Jahren bestraft.

Neben der Gefängnisstrafe kann auf Verlust der bürgerlichen Ehrenrechte erkannt werden.

Verwandte und Verschwägerte absteigender Linie bleiben straflos, wenn sie das achtzehnte Lebensjahr nicht vollendet haben.

Zu dem Begriff der Verschwägerten in Abs. II ist § 4 der DurchfVO. zum Ges. über Aenderung und Ergänzung familienrechtlicher Vorschriften vom 23. 4. 39 heranzuziehen. Dieser bestimmt: „In den Fällen des § 173 Abs. II StGB. tritt Bestrafung nicht ein, wenn die Ehe, auf der die Schwägerschaft beruht, zur Zeit der Tat nicht mehr bestand; das Gericht kann von Strafe absehen, wenn die häusliche Gemeinschaft der Ehegatten zur Zeit der Tat aufgehoben war. Die Tat wird nicht mehr verfolgt, wenn Befreiung vom Ehehindernis des § 1310 BGB. (jetzt § 4 KR. Ges. Nr. 16: über die Ehe v. 20. 2. 46) erteilt ist."

An der Weitergeltung des § 4 der DurchfVO. v. 23. 4. 38 zu zweifeln, besteht kein Anlaß, denn er ist von § 78 des KR. Ges. Nr. 16 v. 20. 2. 46 nicht betroffen.

Unzucht unter Ausnutzung eines Abhängigkeitsverhältnisses.

174. Mit Zuchthaus oder mit Gefängnis nicht unter sechs Monaten wird bestraft,

1. wer einen seiner Erziehung, Ausbildung, Aufsicht oder Betreuung anvertrauten Menschen unter 21 Jahren oder
2. wer unter Ausnutzung seiner Amtsstellung oder seiner Stellung in einer Anstalt für Kranke oder Hilfsbedürftige einen anderen zur Unzucht mißbraucht.

Neufassung durch VO. v. 29. 5. 43. Sie hat folgendes geändert:

1. Die Tatbestände wurden verallgemeinert, das Gesetz dadurch auch verkürzt.

2. Es werden nicht mehr Personen, sondern Funktionen, nicht Täter, sondern Aufgaben genannt. Die Pflichten, deren Uebertretung strafbar macht, ergeben sich aus den Aufgaben ohne weiteres; aus den Täterbezeichnungen dagegen erst nach weiteren Einschränkungen.

3. Die Strafbarkeit wird sowohl durch die Verallgemeinerung der Tatbestände wie durch ihre Umstellung von der Person auf die Funktion im allgemeinen erweitert; eingeschränkt freilich insofern, als jetzt auch bei Vormündern und Eltern, soweit bei diesen nicht § 173 eingreift, Minderjährigkeit der mißbrauchten Person vorausgesetzt wird.

4. Der Grundgedanke des Gesetzes wird deutlicher; schon in der im RGBl. mit veröffentlichten Ueberschrift: „Mißbrauch eines Abhängigkeitsverhältnisses"; sodann bei den Fällen der Ziffer 2, indem hier überdies „Ausnutzung der Stellung" vorausgesetzt wird.

KR. 11 hat § 174 nicht berührt.

Unzucht zwischen Männern.

175. Die widernatürliche Unzucht, welche zwischen Personen männlichen Geschlechts oder von Menschen mit Tieren begangen wird, ist mit Gefängnis zu bestrafen;

auch kann auf Verlust der bürgerlichen Ehrenrechte erkannt werden.

Der § 175 war durch Ges. v. 28. 6. 35 folgendermaßen gefaßt worden: „Ein Mann, der mit einem anderen Mann Unzucht treibt oder sich von ihm zur Unzucht mißbrauchen läßt, wird mit Gefängnis bestraft. — Bei einem Beteiligten, der zur Zeit der Tat noch nicht 21 Jahre alt war, kann das Gericht in besonders leichten Fällen von Strafe absehen." — Die Erweiterung des Tatbestandes des § 175 lag darin, daß die Rechtsprechung nach der alten Fassung beischlafsähnliche Handlungen vorausgesetzt hatte, während nach neuem Recht vielfach auch bei wechselseitiger, ja sogar die bloß gleichzeitige Onanie gestraft wurde. Die Verschärfung des Gesetzes schien nötig zu werden, da die Männer- und Jünglingsbünde des Nationalsozialismus besondere Anreize für dieses Laster geboten hatten. Die Rückkehr zur alten Fassung empfiehlt sich auch deshalb, weil die Rechtsprechung des RG. gezeigt hat, wie schwierig die Abgrenzung des neuen Tatbestandes ist; vgl. E. 70, 316; 73, 78; 74, 77; 76, 244; 77, 194, die sich vielfach widersprechen.

175 a. Mit Zuchthaus bis zu zehn Jahren, bei mildernden Umständen mit Gefängnis nicht unter drei Monaten wird bestraft:

1. ein Mann, der einen anderen Mann mit Gewalt oder durch Drohung mit gegenwärtiger Gefahr für Leib oder Leben nötigt, mit ihm Unzucht zu treiben oder sich von ihm zur Unzucht mißbrauchen zu lassen,
2. ein Mann, der einen anderen Mann unter Mißbrauch einer durch ein Dienst-, Arbeits- oder Unterordnungsverhältnis begründeten Abhängigkeit bestimmt, mit ihm Unzucht zu treiben oder sich von ihm zur Unzucht mißbrauchen zu lassen,
3. ein Mann über 21 Jahre, der eine männliche Person unter 21 Jahren verführt, mit ihm Unzucht zu treiben oder sich von ihm zur Unzucht mißbrauchen zu lassen,
4. ein Mann, der gewerbsmäßig mit Männern Unzucht treibt oder von Männern sich zur Unzucht mißbrauchen läßt oder sich dazu anbietet.

§ 175 a wurde eingefügt durch Ges. v. 28. 6. 35. Zu ihm ist hier folgendes zu bemerken: 1. Die Worte „mit ihm Unzucht zu treiben oder sich von ihm zur Unzucht mißbrauchen zu lassen", dürfen nicht über den Bereich des § 175 hinaus ausgelegt werden. 2. Nach dem in Vorbem vor § 13 Gesagten ist § 175 a nur anwendbar, soweit er denjenigen betraf, der sich „gewerbsmäßig zur Unzucht anbietet". (Ziffer 4, 3. DV.) Die übrigen Fälle erhöhen lediglich die Strafe für bestimmte, an sich schon unter § 175 fallende Tatbestände. Der § 175 a wird trotzdem hier in seinem ganzen Wortlaut wiedergegeben.

175 b. (betraf **widernatürliche Unzucht mit Tieren;** diese Bestimmung wird durch Wiederaufnahme der alten Fassung des § 175 mit ergriffen.)

Nötigung zur Unzucht. Unzucht mit Kindern.

176. Mit Zuchthaus bis zu zehn Jahren wird bestraft, wer

1. mit Gewalt unzüchtige Handlungen an einer Frauensperson vornimmt oder dieselbe durch Drohung mit gegenwärtiger Gefahr für Leib oder Leben zur Duldung unzüchtiger Handlungen nötigt,
2. eine in einem willenlosen oder bewußtlosen Zustande befindliche oder eine geisteskranke Frauensperson zum außerehelichen Beischlafe mißbraucht, oder
3. mit Personen unter vierzehn Jahren unzüchtige Handlungen vornimmt oder dieselben zur Verübung oder Duldung unzüchtiger Handlungen verleitet.

Sind mildernde Umstände vorhanden, so tritt Gefängnisstrafe nicht unter sechs Monaten ein.

Notzucht.

177. Mit Zuchthaus wird bestraft, wer durch Gewalt oder durch Drohung mit gegenwärtiger Gefahr für Leib oder Leben eine Frauensperson zur Duldung des außerehelichen Beischlafs nötigt oder wer eine Frauensperson zum außerehelichen Beischlafe mißbraucht, nachdem er sie zu diesem Zwecke in einen willenlosen oder bewußtlosen Zustand versetzt hat.

Sind mildernde Umstände vorhanden, so tritt Gefängnisstrafe nicht unter einem Jahre ein.

178. Ist durch eine der in den §§ 176 und 177 bezeichneten Handlungen der Tod der verletzten Person verursacht worden, so tritt Zuchthausstrafe nicht unter zehn Jahren oder lebenslängliche Zuchthausstrafe ein.

Verleitung zum außerehelichen Beischlaf.

179. Wer eine Frauensperson zur Gestattung des Beischlafs dadurch verleitet, daß er eine Trauung vorspiegelt oder einen anderen Irrtum in ihr erregt oder benutzt, in welchem sie den Beischlaf für einen ehelichen hielt, wird mit Zuchthaus bis zu fünf Jahren bestraft.

Sind mildernde Umstände vorhanden, so tritt Gefängnisstrafe nicht unter sechs Monaten ein.

Die Verfolgung tritt nur auf Antrag ein.

Kuppelei.

180. Wer gewohnheitsmäßig oder aus Eigennutz durch seine Vermittelung oder durch Gewährung oder Verschaffung von Gelegenheit der Unzucht Vorschub leistet, wird wegen Kuppelei mit Gefängnis nicht unter einem Monat bestraft; auch kann zugleich auf Geldstrafe, auf Verlust der bürgerlichen Ehrenrechte sowie auf Zulässigkeit von Polizeiaufsicht erkannt werden. Sind mildernde Umstände vorhanden, so kann die Gefängnisstrafe bis auf einen Tag ermäßigt werden.

Als Kuppelei gilt insbesondere die Unterhaltung eines Bordells oder eines bordellartigen Betriebs.

Wer einer Person, die das 18. Lebensjahr vollendet hat, Wohnung gewährt, wird auf Grund des Abs. 1 nur dann bestraft, wenn damit ein Ausbeuten der Person, der die Wohnung gewährt ist, oder ein Anwerben oder Anhalten dieser Person zur Unzucht verbunden ist.

Schwere Kuppelei.

181. Die Kuppelei ist, selbst wenn sie weder gewohnheitsmäßig noch aus Eigennutz betrieben wird, mit Zuchthaus bis zu fünf Jahren zu bestrafen, wenn

1. um der Unzucht Vorschub zu leisten, hinterlistige Kunstgriffe angewendet werden oder
2. der Schuldige zu der verkuppelten Person in dem Verhältnisse des Ehemannes zur Ehefrau, von Eltern zu Kindern, von Vormündern zu Pflege-

befohlenen, von Geistlichen, Lehrern oder Erziehern zu den von ihnen zu unterrichtenden oder zu erziehenden Personen steht.

Neben der Zuchthausstrafe ist der Verlust der bürgerlichen Ehrenrechte auszusprechen; auch kann zugleich auf Geldstrafe sowie auf Zulässigkeit von Polizeiaufsicht erkannt werden.

Sind im Falle des Abs. 1 Nr. 2 mildernde Umstände vorhanden, so tritt Gefängnisstrafe ein, neben welcher auf Geldstrafe erkannt werden kann.

Zuhälterei.

181 a. Eine männliche Person, welche von einer Frauensperson, die gewerbsmäßig Unzucht treibt, unter Ausbeutung ihres unsittlichen Erwerbes ganz oder teilweise den Lebensunterhalt bezieht, oder welche einer solchen Frauensperson gewohnheitsmäßig oder aus Eigennutz in bezug auf die Ausübung des unzüchtigen Gewerbes Schutz gewährt oder sonst förderlich ist (Zuhälter), wird mit Zuchthaus bis zu fünf Jahren bestraft.

Bei mildernden Umständen ist die Strafe Gefängnis nicht unter drei Monaten.

Neben der Strafe kann auf die Zulässigkeit von Polizeiaufsicht erkannt werden.

Neufassung beruht auf dem Gesetz v. 24. 11. 33. Sie ist nicht nationalsozialistisch. KR. 11 hat sie nicht berührt.

Verführung.

182. Wer ein unbescholtenes Mädchen, welches das 16. Lebensjahr nicht vollendet hat, zum Beischlafe verführt, wird mit Gefängnis bis zu einem Jahre bestraft.

Die Verfolgung tritt nur auf Antrag der Eltern oder des Vormundes der Verführten ein.

Oeffentliche Erregung eines geschlechtlichen Aergernisses.

183. Wer durch eine unzüchtige Handlung öffentlich ein Aergernis gibt, wird mit Gefängnis bis zu zwei Jahren oder mit Geldstrafe bestraft.

Neben der Gefängnisstrafe kann auf Verlust der bürgerlichen Ehrenrechte erkannt werden.

Verbreitung unzüchtiger Schriften usw.

184. Mit Gefängnis bis zu einem Jahre und mit Geldstrafe oder mit einer dieser Strafen wird bestraft, wer

1. unzüchtige Schriften, Abbildungen oder Darstellungen feilhält, verkauft, verteilt, an Orten, welche dem Publikum zugänglich sind, ausstellt oder anschlägt oder sonst verbreitet, sie zum Zwecke der Verbreitung herstellt oder zu demselben Zwecke vorrätig hält, ankündigt oder anpreist,
2. unzüchtige Schriften, Abbildungen oder Darstellungen einer Person unter 16 Jahren gegen Entgelt überläßt oder anbietet,
3. Gegenstände, die zu unzüchtigem Gebrauche bestimmt sind, an Orten, welche dem Publikum zugänglich sind, ausstellt oder solche Gegenstände dem Publikum ankündigt oder anpreist,

3a. in einer Sitte oder Anstand verletzenden Weise Mittel, Gegenstände oder Verfahren, die zur Verhütung von Geschlechtskrankheiten dienen, öffentlich ankündigt, anpreist oder solche Mittel oder Gegenstände an einem dem Publikum zugänglichen Orte ausstellt,

4. öffentliche Ankündigungen erläßt, welche dazu bestimmt sind, unzüchtigen Verkehr herbeizuführen.

Neben der Gefängnisstrafe kann auf Verlust der bürgerlichen Ehrenrechte sowie auf Zulässigkeit von Polizeiaufsicht erkannt werden.

Gefährdung der Jugend durch schamlose Schriften.

184a. Wer Schriften, Abbildungen oder Darstellungen, welche, ohne unzüchtig zu sein, das Schamgefühl gröblich verletzen, einer Person unter 16 Jahren gegen Entgelt überläßt oder anbietet, wird mit Gefängnis bis zu sechs Monaten oder mit Geldstrafe bestraft.

Aergerniserregung durch Gerichtsberichterstattung.

184 b. Mit Geldstrafe oder mit Gefängnis bis zu sechs Monaten wird bestraft, wer aus Gerichtsverhandlungen, für welche wegen Gefährdung der Sittlichkeit die Oeffentlichkeit ausgeschlossen war oder aus den diesen Verhandlungen zugrunde liegenden amtlichen Schriftstücken öffentlich Mitteilungen macht, welche geeignet sind, Aergernis zu erregen.

Vierzehnter Abschnitt.

Beleidigung.

185. Die Beleidigung wird mit Geldstrafe oder mit Haft oder mit Gefängnis bis zu einem Jahre und, wenn die Beleidigung mittels einer Tätlichkeit begangen wird, mit Geldstrafe oder mit Gefängnis bis zu zwei Jahren bestraft.

Ueble Nachrede (Ehrabschneidung).

186. Wer in Beziehung auf einen anderen eine Tatsache behauptet oder verbreitet, welche denselben verächtlich zu machen oder in der öffentlichen Meinung herabzuwürdigen geeignet ist, wird, wenn nicht diese Tatsache erweislich wahr ist, wegen Beleidigung mit Geldstrafe oder mit Haft oder mit Gefängnis bis zu einem Jahre und, wenn die Beleidigung öffentlich oder durch Verbreitung von Schriften, Abbildungen oder Darstellungen begangen ist, mit Geldstrafe oder mit Gefängnis bis zu zwei Jahren bestraft.

Verleumdung.

187. Wer wider besseres Wissen in Beziehung auf einen anderen eine unwahre Tatsache behauptet oder verbreitet, welche denselben verächtlich zu machen oder in der öffentlichen Meinung herabzuwürdigen oder dessen Kredit zu gefährden geeignet ist, wird wegen verleumderischer Beleidigung mit Gefängnis bis zu zwei Jahren und, wenn die Verleumdung öffentlich oder durch Verbreitung von Schriften, Abbildungen oder Darstellungen begangen ist, mit Gefängnis nicht unter einem Monat bestraft.

Sind mildernde Umstände vorhanden, so kann die Strafe bis auf einen Tag Gefängnis ermäßigt oder auf Geldstrafe erkannt werden.

Buße.

188. In den Fällen der §§ 186 und 187 kann auf Verlangen des Beleidigten, wenn die Beleidigung nachteilige Folgen für die Vermögensverhältnisse, den Erwerb oder das Fortkommen des Beleidigten mit sich bringt, neben der Strafe auf eine an den Beleidigten zu erlegende Buße erkannt werden.

Eine erkannte Buße schließt die Geltendmachung eines weiteren Entschädigungsanspruches aus.

Verunglimpfung des Andenkens Verstorbener.

189. Wer das Andenken eines Verstorbenen verunglimpft, wird mit Gefängnis bis zu zwei Jahren oder mit Geldstrafe bestraft.

Die Verfolgung tritt nur auf Antrag der Eltern, der Kinder, des Ehegatten oder der Geschwister des Verstorbenen ein.

[Abs. 3 lautete: „Hat der Verstorbene sein Leben für das Deutsche Volk hingegeben, so ist die Strafe Gefängnis. Abs. 2 findet keine Anwendung. In besonders schweren Fällen ist auf Zuchthaus zu erkennen." Aufgehoben durch KR. Nr 11.]

Wahrheitsbeweis.

190. Ist die behauptete oder verbreitete Tatsache eine strafbare Handlung, so ist der Beweis der Wahrheit als erbracht anzusehen, wenn der Beleidigte wegen dieser Handlung rechtskräftig verurteilt worden ist. Der Beweis der Wahrheit ist dagegen ausgeschlossen, wenn der Beleidigte wegen dieser Handlung vor der Behauptung oder Verbreitung rechtskräftig freigesprochen worden ist.

191. Ist wegen der strafbaren Handlung zum Zwecke der Herbeiführung eines Strafverfahrens bei der Behörde Anzeige gemacht, so ist bis zu dem Beschlusse, daß die Eröffnung der Untersuchung nicht stattfinde oder bis zur Beendigung der eingeleiteten Untersuchung mit dem Verfahren und der Entscheidung über die Beleidigung innezuhalten.

192. Der Beweis der Wahrheit der behaupteten oder verbreiteten Tatsache schließt die Bestrafung nach Vorschrift des § 185 nicht aus, wenn das Vorhandensein einer Beleidigung aus der Form der Behauptung oder Verbreitung oder aus den Umständen, unter welchen sie geschah, hervorgeht.

Wahrnehmung berechtigter Interessen.

193. Tadelnde Urteile über wissenschaftliche, künstlerische oder gewerbliche Leistungen, ingleichen Aeußerungen, welche zur Ausführung oder Verteidigung von Rechten oder zur Wahrnehmung berechtigter Interessen gemacht werden, sowie Vorhaltungen und Rügen der Vorgesetzten gegen ihre Untergebenen, dienstliche Anzeigen oder Urteile von seiten eines Beamten und ähnliche Fälle sind nur insofern strafbar, als das Vorhandensein einer Beleidigung aus der Form der Aeußerung oder aus den Umständen, unter welchen sie geschah, hervorgeht.

Antrag.

194. Die Verfolgung einer Beleidigung tritt nur auf Antrag ein. Die Zurücknahme des Antrages (§§ 185 bis 193) ist zulässig.

195. Ist eine Ehefrau beleidigt worden, so hat sowohl sie als ihr Ehemann das Recht, auf Bestrafung anzutragen.

196. Wenn die Beleidigung gegen eine Behörde, einen Beamten, einen Religionsdiener oder ein Mitglied der bewaffneten Macht, während sie in der Ausübung ihres

Berufes begriffen sind oder in Beziehung auf ihren Beruf begangen ist, so haben außer den unmittelbar Beteiligten auch deren amtliche Vorgesetzte das Recht, den Strafantrag zu stellen.

Ermächtigung.

197. Eines Antrages bedarf es nicht, wenn die Beleidigung gegen eine gesetzgebende Versammlung des Reichs oder gegen eine andere politische Körperschaft begangen worden ist. Dieselbe darf jedoch nur mit Ermächtigung der beleidigten Körperschaft verfolgt werden.

Antrag bei wechselseitigen Beleidigungen.

198. Ist bei wechselseitigen Beleidigungen von einem Teile auf Bestrafung angetragen worden, so ist der andere Teil bei Verlust seines Rechts verpflichtet, den Antrag auf Bestrafung spätestens vor Schluß der Verhandlung in erster Instanz zu stellen, hierzu aber auch dann berechtigt, wenn zu jenem Zeitpunkte die dreimonatliche Frist bereits abgelaufen ist.

Retorsion und Kompensation.

199. Wenn eine Beleidigung auf der Stelle erwidert wird, so kann der Richter beide Beleidiger oder einen derselben für straffrei erklären.

Bekanntmachungsbefugnis.

200. Wird wegen einer öffentlich oder durch Verbreitung von Schriften, Darstellungen oder Abbildungen begangenen Beleidigung auf Strafe erkannt, so ist zugleich dem Beleidigten die Befugnis zuzusprechen, die Verurteilung auf Kosten des Schuldigen öffentlich bekanntzumachen. Die Art der Bekanntmachung sowie die Frist zu derselben ist in dem Urteil zu bestimmen.

Erfolgte die Beleidigung in einer Zeitung oder Zeitschrift, so ist der verfügende Teil des Urteils auf Antrag des Beleidigten durch die öffentlichen Blätter bekanntzumachen, und zwar wenn möglich durch dieselbe Zeitung oder Zeitschrift und in demselben Teile und mit derselben Schrift, wie der Abdruck der Beleidigung geschehen.

Dem Beleidigten ist auf Kosten des Schuldigen eine Ausfertigung des Urteils zu erteilen.

Fünfzehnter Abschnitt.

Zweikampf.

Herausforderung und Annahme.

201. Die Herausforderung zum Zweikampf mit tödlichen Waffen sowie die Annahme einer solchen Herausforderung wird mit Festungshaft bis zu sechs Monaten bestraft.

Herausforderung mit Tötungsabsicht.

202. Festungshaft von zwei Monaten bis zu zwei Jahren tritt ein, wenn bei der Herausforderung die Absicht, daß einer von beiden Teilen das Leben verlieren soll, entweder ausgesprochen ist oder aus der gewählten Art des Zweikampfes erhellt.

Kartelltragen.

203. Diejenigen, welche den Auftrag zu einer Herausforderung übernehmen und ausrichten (Kartellträger), werden mit Festungshaft bis zu sechs Monaten bestraft.

Rücktritt.

204. Die Strafe der Herausforderung und der Annahme derselben sowie die Strafe der Kartellträger fällt weg, wenn die Parteien den Zweikampf vor dessen Beginn freiwillig aufgegeben haben.

Zweikampf.

205. Der Zweikampf wird mit Festungshaft von drei Monaten bis zu fünf Jahren bestraft.

Tötung im Zweikampf.

206. Wer seinen Gegner im Zweikampf tötet, wird mit Festungshaft nicht unter zwei Jahren, und wenn der

Zweikampf ein solcher war, welcher den Tod des einen von beiden herbeiführen sollte, mit Festungshaft nicht unter drei Jahren bestraft.

Vorsätzliche Uebertretung der Kampfesregeln.

207. Ist eine Tötung oder Körperverletzung mittels vorsätzlicher Uebertretung der vereinbarten oder hergebrachten Regeln des Zweikampfes bewirkt worden, so ist der Uebertreter, sofern nicht nach den vorhergehenden Bestimmungen eine härtere Strafe verwirkt ist, nach den allgemeinen Vorschriften über das Verbrechen der Tötung oder der Körperverletzung zu bestrafen.

Zweikampf ohne Sekundanten.

208. Hat der Zweikampf ohne Sekundanten stattgefunden, so kann die verwirkte Strafe bis um die Hälfte, jedoch nicht über fünfzehn Jahre erhöht werden.

Straflosigkeit der Kartellträger.

209. Kartellträger, welche ernstlich bemüht gewesen sind, den Zweikampf zu verhindern, Sekundanten sowie zum Zweikampf zugezogene Zeugen, Aerzte und Wundärzte sind straflos.

Anreizung zum Zweikampf.

210. Wer einen andern zum Zweikampf mit einem Dritten absichtlich, insonderheit durch Bezeigung oder Androhung von Verachtung anreizt, wird, falls der Zweikampf stattgefunden hat, mit Gefängnis nicht unter drei Monaten bestraft.

210 a. [betraf **Zweikampf mit Schlägern.** Er war eingefügt durch Ges. v. 26. 5. 33; aufgehoben durch KR Nr. 11.]

Sechzehnter Abschnitt.

Verbrechen und Vergehen wider das Leben.

Vorbemerkung:

I. Die alte Fassung hatte gelautet:

§ 211. Wer vorsätzlich einen Menschen tötet, wird, wenn er die Tötung mit Ueberlegung ausgeführt hat, wegen Mordes mit dem Tode bestraft.

§ 212. Wer vorsätzlich einen Menschen tötet, wird, wenn er die Tötung nicht mit Ueberlegung ausgeführt hat, wegen Totschlags mit Zuchthaus nicht unter fünf Jahren bestraft.

§ 213. Wie unten im Text.

§ 214. Wer bei Unternehmung einer strafbaren Handlung, um ein der Ausführung derselben entgegentretendes Hindernis zu beseitigen oder um sich der Ergreifung auf frischer Tat zu entziehen, vorsätzlich einen Menschen tötet, wird mit Zuchthaus nicht unter zehn Jahren oder mit lebenslänglichem Zuchthaus bestraft.

§ 215. Der Totschlag an einem Verwandten aufsteigender Linie wird mit Zuchthaus nicht unter zehn Jahren oder mit lebenslänglichem Zuchthaus bestraft.

§ 216. Ist jemand durch das ausdrückliche und ernstliche Verlangen des Getöteten zur Tötung bestimmt worden, so ist auf Gefängnis nicht unter drei Jahren zu erkennen.

§ 217. Wie unten im Text.

II. Die Aenderungen durch Ges. v. 4. 9. 41 bestehen in folgendem:

1. Nach der alten Fassung unterschied sich der Mord von dem Totschlag durch die Ueberlegung bei der Ausführung; nach der neuen Fassung unterscheidet er sich entweder nach den Beweggründen oder nach der Art der Ausführung oder nach dem Zweck der Tötung: § 211 Ziffer 2.

2. Die Ausschließlichkeit der Todesstrafe für Mord ist beseitigt.

3. Die §§ 214, 215 sind gestrichen; ihren Besonderheiten kann im Rahmen der §§ 211, 212 Rechnung getragen werden.

4. In § 216 wurde der Versuch für strafbar erklärt, um eine alte Streitfrage zu erledigen.

5. Der Uebergang von den Tatbezeichnungen „Mord" und „Totschlag" zu den Täterworten „Mörder" und „Totschläger" ist nach zwar bestrittener, aber richtiger Auffassung sachlich ohne Bedeutung. Der Gedanke, daß unter § 211 nur falle, wer in seiner Person den kriminalpsychologischen Typ eines „Mörders" verkörpere, war eine Ueberspannung des Gesinnungsstrafrechts, während ein „Totschläger" als Tätertyp überhaupt nicht existiert.

III. Die Neufassung der §§ 211 und 212 ist nicht nationalsozialistischem Denken entsprungen. Mord und Totschlag nicht nach dem psychologischen Merkmal der Ueberlegung, sondern nach ethischen Gesichtspunkten zu unterscheiden, entsprach altem deutschen Recht. Die Carolina (1532) übernahm römisch-italienische Rechtsgedanken, wenn sie die „mutwillige fürsatzliche Totung" Mord nannte, dagegen die Tötung „aus Jähheit und Zorn" Totschlag (römisch-rechtlich: propositum und impetus). Das Unterscheidungsmerkmal der Ueberlegung siegte endgültig im französischen Code pénal von 1810, dort freilich ergänzt durch „hinterlistigen Ueberfall". Von hier ging es durch die deutschen Einzelgesetze hindurch in das Reichsstrafgesetzbuch über. — Das Unterscheidungsmerkmal nach „besonders verwerflicher Gesinnung", das dem Schweizer StGB. von 1937 (1941) zugrundeliegt, war der Ausgangspunkt für die neue deutsche Regelung.

1. Vorsätzliche Tötung : a) Mord.

211.

1. Der Mörder wird mit dem Tode bestraft.

2. Mörder ist, wer

aus Mordlust, zur Befriedigung des Geschlechtstriebes, aus Habgier oder sonst aus niedrigen Beweggründen,

heimtückisch oder grausam oder mit gemeingefährlichen Mitteln oder

um eine andere Straftat zu ermöglichen oder zu verdecken

einen Menschen tötet.

3. Ist in besonderen Ausnahmefällen die Todesstrafe nicht angemessen, so ist die Strafe lebenslanges Zuchthaus.

1. Vorsätzliche Tötung: b) Totschlag.

212. Wer einen Menschen vorsätzlich tötet, ohne Mörder zu sein, wird als Totschläger mit lebenslangem Zuchthaus oder mit Zuchthaus nicht unter fünf Jahren bestraft.

Totschlag unter mildernden Umständen.

213. War der Totschläger ohne eigene Schuld durch eine ihm oder einem Angehörigen zugefügte Mißhandlung oder schwere Beleidigung von dem Getöteten zum Zorne gereizt und hierdurch auf der Stelle zur Tat hingerissen worden oder sind andere mildernde Umstände vorhanden, so tritt Gefängnisstrafe nicht unter sechs Monaten ein.

214 und **215.** [siehe Vorbemerkung vor 211, gestrichen durch Ges. v. 4. 9. 41.]

3. Tötung auf Verlangen.

216. Ist jemand durch das ausdrückliche und ernstliche Verlangen des Getöteten zur Tötung bestimmt worden, so ist auf Gefängnis nicht unter drei Jahren zu erkennen.

Der Versuch ist strafbar.

4. Kindestötung.

217. Eine Mutter, welche ihr uneheliches Kind in oder gleich nach der Geburt vorsätzlich tötet, wird mit Zuchthaus nicht unter drei Jahren bestraft.

Sind mildernde Umstände vorhanden, so tritt Gefängnisstrafe nicht unter zwei Jahren ein.

5. Tötung der Leibesfrucht.

218. Eine Frau, die ihre Frucht im Mutterleib oder durch Abtreibung tötet oder die Tötung durch einen anderen zuläßt, wird mit Gefängnis bestraft.

Ebenso wird ein anderer bestraft, der eine Frucht im Mutterleib oder durch Abtreibung tötet.

Der Versuch ist strafbar.

Wer die im Absatz II bezeichnete Tat ohne Einwilligung der Schwangeren oder gewerbsmäßig begeht, wird mit Zuchthaus bestraft. Ebenso wird bestraft, wer einer Schwangeren ein Mittel oder Werkzeug zur Abtreibung der Frucht gewerbsmäßig verschafft. Sind mildernde Umstände vorhanden, so tritt Gefängnisstrafe nicht unter drei Monaten ein.

I. Der § 218 ist oft geändert worden Anfänglich drohte er gegen die Schwangere Zuchthaus bis zu 5 Jahren (bei mildernden Umständen Gefängnis nicht unter 6 Monaten), gegen den, der ihr gegen Entgelt die Mittel verschafft oder bei ihr angewendet hat, Zuchthaus bis zu 10 Jahren; Zuchthaus bis zu 15 Jahren, wenn der Täter ohne Wissen oder Willen der Schwangeren die Leibesfrucht abgetrieben hatte; Zuchthaus von 10 bis 15 Jahren oder lebenslang, wenn der Tod der Schwangeren verursacht wurde. — Neufassung vom 18. 5. 26 brachte Strafmilderung: Zuchthaus nur bei Gewerbsmäßigkeit oder wenn ohne Einwilligung der Schwangeren begangen; bei der Schwangeren nur Gefängnis. — Die erste nationalsozialistische Fassung vom 26. 5. 33 ließ den § 218 unverändert. Erhebliche Straffsteigerungen brachte das Ges. v. 9. 3. 43: Zuchthaus in schweren Fällen sogar gegen die Schwangere, gegen andere Gefängnis nur in minder schweren Fällen, Todesstrafe bei „fortgesetzter Beeinträchtigung der Lebenskraft des deutschen Volkes".

Im Text wird abgedruckt der § 218 in der Fassung v. 18. 5. 26.

Die letzte Fassung des § 218 v. 18. 3 43 war folgende:

§ 218. Eine Frau, die ihre Leibesfrucht abtötet oder die Abtötung durch einen anderen zuläßt, wird mit Gefängnis, in besonders schweren Fällen mit Zuchthaus bestraft.

Der Versuch ist strafbar.

Wer sonst die Leibesfrucht einer Schwangeren abtötet, wird mit Zuchthaus, in minder schweren Fällen mit Gefängnis bestraft. Hat der Täter dadurch die Lebenskraft des deutschen Volkes fortgesetzt beeinträchtigt, so ist auf Todesstrafe zu erkennen.

Wer einer Schwangeren ein Mittel oder einen Gegenstand zur Abtötung der Leibesfrucht verschafft, wird mit Gefängnis, in besonders schweren Fällen mit Zuchthaus bestraft.

In dieser Fassung ist der § 218 nicht mehr anwendbar, denn abgesehen davon, daß sie zum Teil typisch nationalsozialistisch ist, bringt sie auch lediglich Straferhöhungen für alte Tatbestände, die gemäß Vorbem vor § 13 unanwendbar sind.

II. Die Unterbrechung der Schwangerschaft: Es gibt Fälle, in denen das Wort Abtreibung schon zur Bezeichnung des Tatbestandes unangemessen ist. Es muß hier dahingestellt bleiben, ob in diesen Fällen die Tatbestandsmäßigkeit oder aber die Rechtswidrigkeit zu verneinen ist. Jedenfalls müssen sie u. U. straflos bleiben. Zu trennen sind folgende vier Indikationen, d. h. Anlässe: die medizinische, die eugenische, die soziale und die ethische Indikation. Von einer medizinischen Indikation spricht man, wenn die Schwangerschaft eine Gefahr für Leib oder Leben der Mutter bringen würde; von einer eugenischen, wenn die Geburt eines lebensuntüchtigen Kindes bevorsteht; von einer sozialen Indikation, wenn das Kind nicht ausreichend ernährt werden könnte oder seine Geburt für andere Unterhaltsberechtigte eine schwere Gefährdung ihrer materiellen Lebenslage mit sich bringen würde; von einer ethischen Indikation, wenn die Schwangere ohne oder gegen ihren Willen (Notzucht) das Kind empfangen hatte. Zu den eugenischen, sozialen und ethischen Indikationen kann hier nicht Stellung genommen werden, sie bedürfen einer gesetzlichen Regelung. Die Gedanken, die hier früher maßgebend waren, treffen heute nicht mehr unbedingt zu.

Medizinische Indikation: In den Fällen, in denen eine Schwangerschaftsunterbrechung medizinisch indiziert ist, wurde früher mit dem Gedanken des übergesetzlichen Notstandes gearbeitet, d. h. die Schwangerschaftsunterbrechung wurde als erlaubt erklärt, wenn sie das einzige Mittel war, um die Schwangere aus einer gegenwärtigen Gefahr des Todes oder schweren Gesundheitsschädigung zu befreien, oder wenn sie entweder durch die Schwangere selbst, oder im Fall ihrer mutmaßlichen oder wirklichen Einwilligung durch einen sachverständigen Dritten (der wohl ein Arzt sein müsse) vorgenommen wurde. In diesen Fällen sei die Schwangerschaftsunterbrechung nicht rechtswidrig. Ueber diese Lehre vom übergesetzlichen Notstand vgl. insbesondere 61, 242, 62, 137. Gesetzlich festgelegt wurden dann diese Voraussetzungen durch das Ges. zur Verhütung erbkranken Nachwuchses und dessen Ausführungsverordnungen. Hiernach ist eine Schwangerschaftsunterbrechung aus medizinischen Gründen zulässig, wenn folgende vier Voraussetzungen vorliegen, von denen bei unmittelbarer Gefahr für Leben oder Gesundheit Nr. 3 und 4 fehlen dürfen: 1. ernste Gefahr für Leben oder Gesundheit der Mutter, 2. Vornahme durch einen Arzt nach den Regeln der ärztlichen Kunst, 3. Einwilligung der Mutter, 4. Erklärung einer Gutachterstelle, daß der Eingriff erforderlich ist. Die Erwägungen über übergesetzlichen Notstand sind damit nicht gegenstandslos geworden. Ein Nichtarzt (z. B. eine Hebamme) kann nicht strafbar sein, wenn er, da ein Arzt nicht zu erreichen war, die Schwangerschaft unterbricht und die Frau anderenfalls gestorben wäre. — Das Erbgesundheitsgesetz vom 14. 7 35 ist formell in der sowjetisch besetzten Zone mit sämtlichen AusfVO. und DurchfVO durch Befehl Nr. 6 der SMA. v. 8. 1. 46, in Bayern durch Ges. v. 20. 11. 45 (Bayerisches Gesetz- und Verordnungsblatt 1945/46 S. 1), und in Württemberg-Baden mit Ausnahme des hier allein interessierenden § 14 durch VO v. 14. 7. 46 aufgehoben. In Hessen ist es gemäß Ges. v. 16. 5. 46 vorläufig nicht anzuwenden. Indessen auch dort, wo es formell nicht mehr gilt, ist zwar die Unfruchtbarmachung gesetzlich verboten, der Grundgedanke aber, aus dem das Gesetz die Schwangerschaftsunterbrechung u. U erlaubt hatte, stimmt mit dem früher von der Rechtspr. herausgearbeiteten Gedanken überein; er ist nicht nationalsozialistisch und noch heute verwertbar.

219. Wer zu Zwecken der Abtreibung Mittel, Gegenstände oder Verfahren öffentlich ankündigt oder anpreist oder solche Mittel oder solche Gegenstände an einem allgemein zugänglichen Orte ausstellt, wird mit Gefängnis bis zu zwei Jahren oder mit Geldstrafe bestraft.

Die Vorschrift des Abs. I findet keine Anwendung, wenn Mittel, Gegenstände oder Verfahren, die zu ärztlich gebotenen Unterbrechungen der Schwangerschaft dienen, Aerzten oder Personen, die mit solchen Mitteln oder Gegenständen erlaubterweise Handel treiben, oder in ärztlichen oder pharmazeutischen Fachzeitschriften angekündigt oder angepriesen werden.

220. Wer öffentlich seine eigenen oder fremde Dienste zur Vornahme oder Förderung von Abtreibungen anbietet, wird mit Gefängnis bis zu zwei Jahren oder mit Geldstrafe bestraft.

Die §§ 219 und 220 in der oben wiedergegebenen Fassung beruhen auf dem Gesetz v. 26. 5. 33. Die §§ 111 und 184 genügten nicht, um die öffentlichen Verleitungen zu Abtreibungen zu bekämpfen. § 219 hatte eine Neufassung durch die VO. v. 9. 3. 43 bekommen, die indessen als eine nationalsozialistische Uebertreibung nicht anwendbar ist.

6. Aussetzung.

221. Wer eine wegen jugendlichen Alters, Gebrechlichkeit oder Krankheit hilflose Person aussetzt, oder wer eine solche Person, wenn dieselbe unter seiner Obhut steht oder wenn er für die Unterbringung, Fortschaffung oder Aufnahme derselben zu sorgen hat, in hilfloser Lage vorsätzlich verläßt, wird mit Gefängnis nicht unter drei Monaten bestraft.

Wird die Handlung von leiblichen Eltern gegen ihr Kind begangen, so tritt Gefängnisstrafe nicht unter sechs Monaten ein.

Ist durch die Handlung eine schwere Körperverletzung der ausgesetzten oder verlassenen Person verursacht worden, so tritt Zuchthausstrafe bis zu zehn Jahren und, wenn durch die Handlung der Tod verursacht worden ist, Zuchthausstrafe nicht unter drei Jahren ein.

7. Fahrlässige Tötung.

222. Wer durch Fahrlässigkeit den Tod eines Menschen verursacht, wird mit Gefängnis bestraft.

Die Fassung des § 222 beruht auf VO. v. 2. 4. 40. Diese hat die Strafverschärfung bei Berufsfahrlässigkeit (Abs. 2) gestrichen, im Abs. 1 aber die Strafe allgemein erhöht.

Siebzehnter Abschnitt.

Körperverletzung.

Leichte Körperverletzung.

223. Wer vorsätzlich einen anderen körperlich mißhandelt oder an der Gesundheit beschädigt, wird wegen Körperverletzung mit Gefängnis bis zu drei Jahren oder mit Geldstrafe bestraft.

Ist die Handlung gegen Verwandte aufsteigender Linie begangen, so ist auf Gefängnis nicht unter einem Monat zu erkennen.

Gefährliche Körperverletzung.

223 a. Ist die Körperverletzung mittels einer Waffe, insbesondere eines Messers oder eines anderen gefährlichen Werkzeuges, oder mittels eines hinterlistigen Ueberfalles, oder von mehreren gemeinschaftlich, oder mittels einer das Leben gefährdenden Behandlung begangen, so tritt Gefängnisstrafe nicht unter zwei Monaten ein.

Mißhandlung von Kindern und Wehrlosen.

223 b. Wer Kinder, Jugendliche oder wegen Gebrechlichkeit oder Krankheit Wehrlose, die seiner Fürsorge oder Obhut unterstehen oder seinem Hausstand angehören oder die von dem Fürsorgepflichtigen seiner Gewalt überlassen worden oder durch ein Dienst- oder Arbeitsverhältnis von ihm abhängig sind, quält oder roh mißhandelt oder wer durch böswillige Vernachlässigung seiner Pflicht, für sie zu sorgen, sie an der Gesundheit schädigt, wird mit Gefängnis nicht unter drei Monaten bestraft.

In besonders schweren Fällen ist die Strafe Zuchthaus bis zu fünf Jahren.

§ 223 b beruht auf Ges. v. 26. 5. 33. Er hat alte, lange vor 1933 entstandene Wünsche erfüllt.

Schwere Körperverletzung.

224. Hat die Körperverletzung zur Folge, daß der Verletzte ein wichtiges Glied des Körpers, das Sehvermögen auf einem oder beiden Augen, das Gehör, die Sprache oder die Zeugungsfähigkeit verliert oder in erheblicher Weise dauernd entstellt wird oder in Siechtum, Lähmung oder Geisteskrankheit verfällt, so ist auf Zuchthaus bis zu fünf Jahren oder Gefängnis nicht unter einem Jahre zu erkennen.

225. War eine der vorbezeichneten Folgen beabsichtigt und eingetreten, so ist auf Zuchthaus von zwei bis zu zehn Jahren zu erkennen.

Körperverletzung mit töblichem Ausgang.

226. Ist durch die Körperverletzung der Tod des Verletzten verursacht worden, so ist auf Zuchthaus nicht unter drei Jahren oder Gefängnis nicht unter drei Jahren zu erkennen.

Einwilligung.

226 a. Wer eine Körperverletzung mit Einwilligung des Verletzten vornimmt, handelt nur dann rechtswidrig, wenn die Tat trotz der Einwilligung gegen die guten Sitten verstößt.

§ 226 a ist eingefügt durch Ges. v. 26. 5. 33. Er geht zurück auf Entwurf 1925 und ist von KR. 11 nicht beanstandet worden.

226 b. [betraf die **Zerstörung der Zeugungs- oder Gebärfähigkeit;** er war eingefügt durch VO. v. 9. (18.) 3. 43; aufgehoben durch KR. Nr. 11.]

Raufhandel (Schlägerei).

227. Ist durch eine Schlägerei oder durch einen von mehreren gemachten Angriff der Tod eines Menschen oder eine schwere Körperverletzung (§ 224) verursacht worden, so ist jeder, welcher sich an der Schlägerei oder dem Angriffe beteiligt hat, schon wegen dieser Beteiligung mit Gefängnis bis zu drei Jahren zu bestrafen, falls er nicht ohne sein Verschulden hineingezogen worden ist.

Ist eine der vorbezeichneten Folgen mehreren Verletzungen zuzuschreiben, welche dieselbe nicht einzeln, sondern nur durch ihr Zusammentreffen verursacht haben, so ist jeder, welchem eine dieser Verletzungen zur Last fällt, mit Zuchthaus bis zu fünf Jahren zu bestrafen.

228. Sind mildernde Umstände vorhanden, so ist in den Fällen des § 223 Abs. 2 und § 223 a auf Gefängnis bis zu drei Jahren oder Geldstrafe, in den Fällen der §§ 224 und 227 Abs. 2 auf Gefängnis nicht unter einem Monat, und im Falle des § 226 auf Gefängnis nicht unter drei Monaten zu erkennen.

Vergiftung.

229. Wer vorsätzlich einem anderen, um dessen Gesundheit zu beschädigen, Gift oder andere Stoffe beibringt, welche die Gesundheit zu zerstören geeignet sind, wird mit Zuchthaus bis zu zehn Jahren bestraft.

Ist durch die Handlung eine schwere Körperverletzung verursacht worden, so ist auf Zuchthaus nicht unter fünf Jahren und, wenn durch die Handlung der Tod verursacht worden, auf Zuchthaus nicht unter zehn Jahren oder auf lebenslängliches Zuchthaus zu erkennen.

Fahrlässige Körperverletzung.

230. Wer durch Fahrlässigkeit die Körperverletzung eines anderen verursacht, wird mit Geldstrafe oder mit Gefängnis bis zu drei Jahren bestraft.

Vgl. Fußnote zu § 222.

Buße.

231. In allen Fällen der Körperverletzung kann auf Verlangen des Verletzten neben der Strafe auf eine an denselben zu erlegende Buße erkannt werden.

Eine erkannte Buße schließt die Geltendmachung eines weiteren Entschädigungsanspruches aus.

Für diese Buße haften die zu derselben Verurteilten als Gesamtschuldner.

Antrag.

232. Die Verfolgung leichter vorsätzlicher sowie aller durch Fahrlässigkeit verursachter Körperverletzungen (§§ 223, 230) tritt nur auf Antrag ein, es sei denn daß die Strafverfolgungsbehörde wegen des besonderen öffentlichen Interesses an der Strafverfolgung ein Einschreiten von Amts wegen für geboten erachtet.

Ist das Vergehen gegen einen Angehörigen verübt, so ist die Zurücknahme des Antrages zulässig.

Die in den §§ 195, 196 und 198 enthaltenen Vorschriften finden auch hier Anwendung.

Die durch die Worte „es sei denn . . . . erachtet" gegebene Möglichkeit, leichte und fahrlässige Körperverletzungen von Amts wegen zu verfolgen, wenn ein besonderes öffentliches Interesse hieran besteht, beruht auf VO. v. 2. 4. 40. Sie liegt im Zuge der modernen Verkehrsentwicklung und ist auch durch die Neufassung des § 230 notwendig geworden, denn nach der alten Fassung war bei Berufsfahrlässigkeit ein Strafantrag nicht erforderlich; die Unterscheidung zwischen einfacher und Berufsfahrlässigkeit ist aber wegen ihrer Undurchführbarkeit aufgegeben worden. KR. 11 hat die Neufassung des § 232 nicht beanstandet.

Retorsion.

233. Wenn leichte Körperverletzungen mit solchen, Beleidigungen mit leichten Körperverletzungen oder letztere mit ersteren auf der Stelle erwidert werden, so kann der Richter für beide Angeschuldigte oder für einen derselben eine der Art oder dem Maße nach mildere oder überhaupt keine Strafe eintreten lassen.

Achtzehnter Abschnitt.

Verbrechen und Vergehen wider die persönliche Freiheit.

Menschenraub.

234. Wer sich eines Menschen durch List, Drohung oder Gewalt bemächtigt, um ihn in hilfloser Lage auszusetzen oder in Sklaverei, Leibeigenschaft oder in auswärtige Kriegs- oder Schiffsdienste zu bringen, wird wegen Menschenraubes mit Zuchthaus bestraft.

Muntbruch.

235. Wer eine minderjährige Person durch List, Drohung oder Gewalt ihren Eltern, ihrem Vormund oder ihrem Pfleger entzieht, wird mit Gefängnis bestraft.

Sind mildernde Umstände vorhanden, so kann auf Geldstrafe erkannt werden.

Geschieht die Handlung in der Absicht, die Person zum Betteln oder zu gewinnsüchtigen oder unsittlichen Zwecken oder Beschäftigungen zu gebrauchen, so tritt Zuchthaus bis zu zehn Jahren ein.

Entführung wider Willen.

236. Wer eine Frauensperson wider ihren Willen durch List, Drohung oder Gewalt entführt, um sie zur Unzucht zu bringen, wird mit Zuchthaus bis zu zehn Jahren und, wenn die Entführung begangen wurde, um die Entführte zur Ehe zu bringen, mit Gefängnis bestraft.

Die Verfolgung tritt nur auf Antrag ein.

Entführung mit Willen.

237. Wer eine minderjährige, unverehelichte Frauensperson mit ihrem Willen, jedoch ohne Einwilligung ihrer Eltern, ihres Vormundes oder ihres Pflegers entführt, um sie zur Unzucht oder zur Ehe zu bringen, wird mit Gefängnis bestraft.

Die Verfolgung tritt nur auf Antrag ein.

238. Hat der Entführer die Entführte geheiratet, so findet die Verfolgung nur statt, nachdem die Ehe für nichtig erklärt worden ist.

Freiheitsberaubung.

239. Wer vorsätzlich und widerrechtlich einen Menschen einsperrt oder auf andere Weise des Gebrauches der persönlichen Freiheit beraubt, wird mit Gefängnis oder mit Geldstrafe bestraft.

Wenn die Freiheitsentziehung über eine Woche gedauert hat oder wenn eine schwere Körperverletzung des der Freiheit Beraubten durch die Freiheitsentziehung oder die ihm während derselben widerfahrene Behandlung verursacht worden ist, so ist auf Zuchthaus bis zu zehn Jahren zu erkennen. Sind mildernde Umstände vorhanden, so tritt Gefängnisstrafe nicht unter einem Monat ein.

Ist der Tod des der Freiheit Beraubten durch die Freiheitsentziehung oder die ihm während derselben widerfahrene Behandlung verursacht worden, so ist auf Zuchthaus nicht unter drei Jahren zu erkennen. Sind mildernde Umstände vorhanden, so tritt Gefängnisstrafe nicht unter drei Monaten ein.

Durch Gesetz v. 22. 6. 36 war folgender § 239 a eingefügt worden:

Wer in Erpressungsabsicht ein fremdes Kind durch List, Drohung oder Gewalt entführt oder sonst der Freiheit beraubt, wird mit dem Tode bestraft.

Kind im Sinne dieser Vorschrift ist der Minderjährige unter 18 Jahren.

I. Das durch einen Einzelfall veranlaßte Gesetz ist entbehrlich. Es ist außerdem in der Fassung mißglückt. Denn einerseits muß einfaches Wegtragen eines Kindes auch ohne „List" oder „Drohung" genügen; andererseits kann es nicht genügen, daß der Täter durch irgendwelche auf das entführte Kind bezügliche Drohungen (z. B. seinen Aufenthaltsort nicht anzugeben) sich einen rechtswidrigen Vermögensvorteil verschaffen wollte. Außerdem muß vorausgesetzt werden, daß die auf das Kind bezüglichen Drohungen dessen Schädigung in Aussicht stellen.

II. Die Zulässigkeit des § 239 ist im übrigen auch aus den in Vorbem. vor § 13 dargelegten Gründen zweifelhaft. Die Todesstrafe ist auf alle Fälle unzulässig. Ueber 15 Jahre Zuchthaus würde nicht hinausgegangen werden dürfen

Nötigung.

240. Wer einen anderen rechtswidrig mit Gewalt oder durch Drohung mit einem empfindlichen Uebel zu einer Handlung, Duldung oder Unterlassung nötigt wird wegen Nötigung mit Gefängnis oder mit Geldstrafe, in besonders schweren Fällen mit Zuchthaus oder mit Gefängnis nicht unter sechs Monaten bestraft.

Rechtswidrig ist die Tat, wenn die Anwendung der Gewalt oder die Zufügung des angedrohten Uebels zu dem angestrebten Zweck dem gesunden Volksempfinden widerspricht.

Der Versuch ist strafbar.

I. Der § 240 wird hier in der Neufassung wiedergegeben, die er durch VO. v. 29. 5. 43 erhalten hat. Die alte Fassung hatte gelautet:

„Wer einen anderen widerrechtlich durch Gewalt oder durch Bedrohung mit einem Verbrechen oder Vergehen zu einer Handlung, Duldung oder Unterlassung nötigt, wird mit Gefängnis bis zu einem Jahre oder mit Geldstrafe bestraft. — Der Versuch ist strafbar."

Die Neufassung hat drei Aenderungen im TB. und zwei in der Strafdrohung gebracht:

1) Für „Bedrohung mit einem V. o. V." wurde gesetzt: „Drohung mit einem empfindlichen Uebel"

2) Die streitige Frage, ob es auf die Rechtswidrigkeit des Mittels oder auf die des Zwecks ankomme (die herrsch. A. bejahte das erste), beantwortet der Abs II dahin, daß etwas drittes entscheidend sei, nämlich die Verquickung beider, d. h. die Benutzung dieses Mittels zu diesem Zweck.

3) Die gleichfalls (ebenso wie bei der „Erpressung" des § 253) streitige Frage, ob die „Rechtswidrigkeit" nur nach dem positiven gesetzten Recht zu beurteilen sei, oder ob hier auch außergesetzliche Maßstäbe anzulegen seien, wurde in Abs. II im zweiten Sinn beantwortet.

4) Das Höchstmaß der angedrohten Gefängnisstrafe wurde von 1 Jahr hinaufgesetzt auf 5 Jahre

5) Für besonders schwere Fälle wurde das Mindestmaß des Gefängnisses auf 6 Monate erhöht und außerdem Zuchthaus zur Wahl gestellt.

II. Die Weitergeltung der Neufassung hängt zunächst davon ab, ob ihr formelle Gründe entgegenstehen. Solche könnten in formellen Sperrvorschriften liegen oder in den Worten: „gesundes Volksempfinden".

1 Die Sperrvorschrift der Ziffer 8 der „Allgemeinen Anweisungen an Richter Nr. 1" (vgl Vorbemerkung vor § 13) steht der Weitergeltung nicht entgegen. Denn die Neufassung des § 240 bringt nicht bloß Strafverschärfungen für einen alten TB., sondern neue Tatbestände.

2. Auch die Worte „gesundes Volksempfinden" hindern die Anwendbarkeit der Neufassung nicht Anders: Kammergericht v. 10. 7. 46 und LG. Dortmund v. 16. 4. 46; teilweise auch OLG. Stuttgart v. 26. 6. 46 (letztere beide in SJZ. v. August 1946, S. 120). Hierbei sind die Fragen zu trennen· a) ob die verpönten Worte nur den Abs. II unanwendbar machen (so Stuttgart), oder b) ob die Unanwendbarkeit des Abs. II auch die des Abs. I nach sich zieht (so Kammergericht und Dortmund).

a) KRProkl 3 v. 20. 10. 46 verbietet in Ziffer II 2, eine Handlung „auf Grund von Analogie oder im Hinblick auf das sogenannte gesunde Volksempfinden als strafbar zu erklären". Dem Richter ist hierdurch verboten, die Grenzen der Strafgesetze zu überschreiten und Handlungen zu strafen, die nicht mehr unter den Wortlaut eines Strafgesetzes fallen. Aufgehoben wurde damit insbesondere der § 2, der die Wortverbindung „gesundes Volksempfinden" in Verruf gebracht hatte. Indessen um eine solche Ueberschreitung strafgesetzlicher Schranken handelt es sich in § 240 nicht, sondern um die Auslegungsfrage ist Abs. I im Sinne einer formellen oder materiellen Rechtswidrigkeit zu verstehen? Positivistisch oder übergesetzlich? Diese Frage, die für die §§ 240 und 253 schon immer erörtert wurde (ähnlich wie die Erforderlichkeit der Notwehr, der übergesetzliche Notstand u. a.), entscheidet der neue Abs. II im Sinne der materiellen Rechtswidrigkeit, da das gesetzte Recht hier versagt. Dies ist aber nur eine Auslegungsregel. Sie gibt dem Richter keine Möglichkeit, die er nicht bei vernünftiger Gesetzesauslegung schon ohnehin hätte. Abs. II zieht nur die Konsequenz aus der richtigen Erkenntnis, daß die Auslegung eines Gesetzes nicht eine mathematische oder grammatikalische Aufgabe stellt, sondern ein Sinnproblem. Daß das Anstößige der strafbaren Nötigung in der Inadäquanz zwischen Mittel und Zweck liegt, in der Verwendung dieses Mittels zu diesem Zweck (möge auch das Mittel an sich oder der Zweck an sich verwerflich sein), läßt sich „juristisch", d. h. durch Hinweis auf ein kodifiziertes Recht oder Unrecht, nicht ausdrücken; dies würde in einen unfruchtbaren Kreisschluß führen (wie sich auch bei § 253 gezeigt hat). Der Zirkel konnte nur durch Verwendung eines unjuristischen Wortes durchbrochen werden. Die Wendung „gesundes Volksempfinden" läßt sich unschwer durch die in der Rechtssprache eingebürgerten Worte „gute Sitten" ersetzen, von denen sie auch stammt Mit dem Verbot der KRProkl. 3 hat eine Bestimmung, die nur eine authentische Interpretation, aber keinen neuen Strafgrund bringt, nichts zu tun. — Darüber, daß die Neufassung gerade auch von einem demokratischen Standpunkt aus zu befriedigenden Ergebnissen führt, vgl Anm. III.

b) Auch wenn Abs. II unanwendbar wäre, würde dies dem Weitergelten des Abs. I nicht notwendig entgegenstehen, denn Abs. II gibt, wie oben gesagt, nur eine Auslegungsregel. Sinngemäße Auslegung des Abs I würde in den meisten Fällen zu den gleichen Ergebnissen kommen, die der Abs. II gesetzlich sicherstellen wollte.

III. Auch der Inhalt des neuen § 240 gibt keinen Anlaß, an seiner Weitergeltung zu zweifeln. Das Bestreben, den Tatbestand der Nötigung aufzulockern, ist alt „Widerrechtlich" und „Bedrohung mit einem V. o V." erschienen schon seit langem als zu eng und als zu formaljuristisch Schon die StG.-Entwürfe von 1909, 1913 und 1919 hatten den Kreis strafbarer Drohungen erweitert und die Strafe erhöht E. 1925 tat einen wichtigen Schritt: er fügte dem von ihm übernommenen § 240 a F. einen zweiten TB. an über „Ehrennötigung":

> „Wer einen anderen durch Drohung mit einer Strafanzeige oder mit der Offenbarung einer Tatsache, die geeignet ist, den Ruf zu gefährden, nötigt, sich einer gegen die guten Sitten verstoßenden Zumutung zu fügen. wird mit Gefängnis bestraft, gleichviel, ob das angedrohte Uebel den Bedrohten selbst oder einen seiner Angehörigen treffen soll
>
> In besonders schweren Fällen ist die Strafe Zuchthaus bis zu zehn Jahren"

Ueber diese neue Vorschrift, die ein formell rechtswidriges Nötigungsmittel nicht voraussetzt wohl aber einen sittenwidrigen Nötigungszweck, sagt die amtliche Begründung: „Es gibt Drohungen, deren Verwirklichung nicht den Tatbestand eines Verbrechens oder Vergehens erfüllt, die aber doch den Bedrohten dem schwersten Gewissenszwang unterwerfen In dieser Beziehung kommen hauptsächlich Drohungen mit einer Strafanzeige oder mit der Offenbarung einer Tatsache in Betracht, die geeignet ist, den Ruf des Bedrohten zu gefährden Wer den Willen eines anderen durch derartige Drohungen zu beugen sucht, stellt ihn nicht selten vor die Wahl, sich zu fügen oder seine ganze Zukunft, seine wirtschaftliche Existenz, sein Familienglück zerstört zu sehen"

In der im E. 1925 gegebenen Fassung kam im Jahre 1927 der Nötigungsparagraph an den Reichstag. Hier wurde er zwar nicht mehr verabschiedet, es wurde aber ein im Reichsjustizministerium ausgearbeiteter Vorschlag angenommen, im TB. der Nötigung zwar die Drohung uneingeschränkt neben der Gewalt als Mittel aufzuführen, für die Drohung aber eine Legaldefinition zu geben als: „Drohung mit Gewalt oder mit einem empfindlichen Uebel, wenn es gegen die guten Sitten verstößt, zu dem verfolgten Zweck die Gewalt oder das Uebel anzudrohen" Diese Definition ließ nach unten und nach oben den nötigen Spielraum Sie brachte die zwei entscheidenden Gedanken, einmal. daß das Verquicken dieser Mittel mit diesem

Zweck es ist, was die Tat strafbar macht; und sodann, daß die Rechtswidrigkeit dieser Verquickung nicht in einer juristischen Formel ausgedrückt werden kann, sondern nur durch Bezugnahme auf den übergesetzlichen Gedanken der guten Sitten.

Dies war die Grundlage für den neuen § 240, nur daß hierbei die beiden Vorschriften in eine zusammengezogen wurden und daß an die Stelle der guten Sitten das gesunde Volksempfinden gesetzt wurde, das inzwischen durch den Mißbrauch, der mit dem Analogieparagraphen, dem § 2, getrieben wurde, seinen guten Klang eingebüßt hat. Nationalsozialistisch ist an dieser Entstehungsgeschichte lediglich, daß man im Jahre 1943 den Entschluß faßte, die neue Nötigungsvorschrift sofort und nicht erst im Zuge der allgemeinen Strafrechtsreform einzuführen, da das praktische Bedürfnis nach ihr immer stärker geworden war.

IV. Die Neufassung des § 240 füllt auch heute Lücken aus, die ebenso empfindlich sind, wie sie schon der Begründung von 1925 erschienen. Beispiele bieten die Fälle, in denen unsittliche Zumutungen mit der Androhung persönlicher Nachteile verbunden werden: „Wenn du dich mir nicht hingibst, werde ich dich entlassen“: oder: „werde ich die andere Bewerberin einstellen“; oder: „werde ich anzeigen, daß du eine Unterschlagung begangen hast“; oder: „daß du Pg. warst, aber das Gegenteil versichert hast“ Diese Fälle verdienen zweifellos Strafe, sind auch nach der Neufassung des § 240 strafbar, nach der alten Fassung wären sie es nicht. Weitere Beispiele, die u. U. in das Gebiet der „Erpressung“ führen: „Wenn Du mir nicht Kartoffeln für x RM schwarz verkaufst, zeige ich Dich an, daß Du gewerbsmäßiger Schwarzhändler bist“; oder: „daß Du eine Kuh schwarz geschlachtet hast“. In den genannten Fällen ist zwar die Ausführung der Drohung, also die Zufügung des empfindlichen Uebels, nicht rechtswidrig; es ist aber rechtswidrig (und dies will Abs. II sicherstellen), wenn zu den angegebenen Zwecken mit der Übelszufügung gedroht wird. Strafe dürften auch diejenigen Fälle verdienen, in denen beide Teile gleich stark belastet sind, wie etwa, falls beide ihre Pg.-Eigenschaft verschwiegen haben, die Drohung: „Wenn Du mich anzeigst, zeige ich Dich auch an“. Umgekehrt können nach der Neufassung Fälle straflos gelassen werden, die nach der starren früheren Fassung bestraft werden mußten, in denen es aber nicht als rechtswidrig angesehen werden kann, wenn das Übel zwecks Verhinderung unerfreulicher Handlungen oder Unterlassungen angedroht wird, wie etwa die Androhung einer Tracht Prügel oder anderer Übel, um jemand am Selbstmord oder an der Begehung einer Straftat zu hindern, oder um ungezogene Jungen zur Ordnung zu bringen. Solches der allgemeinen Auffassung durchaus entsprechendes Verhalten bleibt nach § 240 n. F. straflos.

Die Neufassung ist also nicht nur unbedenklich, sondern auch sachlich ein Fortschritt. Wollte man zu der alten Fassung zurückkehren, so müßte sie mindestens durch einen TB. der „Ehrennötigung“ ergänzt werden. Besser aber ist die **allgemeine** Anweisung, die der Abs. II zur Bestimmung dessen gibt, was hier „rechtswidrig“ ist.

V. Verwandte Vorschriften:

1. **§ 253** wurde durch VO v. 29. 5. 43 dem § 240 gleichgeschaltet.

2. Durch die gleiche Verordnung wurde der § 339 gestrichen, da die Nötigung durch Beamte als „besonders schwerer Fall" des § 240 behandelt werden könne Letzteres ist richtig, soweit es sich um „Androhung eines bestimmten Mißbrauchs der Amtsgewalt" handelt. Für den „Mißbrauch der Amtsgewalt" selber ist aber § 240 kein Ersatz.

Bedrohung.

241. Wer einen anderen mit der Begehung eines Verbrechens bedroht, wird mit Gefängnis bis zu sechs Monaten oder mit Geldstrafe bestraft.

Neunzehnter Abschnitt

Diebstahl und Unterschlagung.*)

1. Diebstahl: a) einfacher Diebstahl.

242. Wer eine fremde bewegliche Sache einem anderen in der Absicht wegnimmt, dieselbe sich rechtswidrig zuzueignen, wird wegen Diebstahls mit Gefängnis bestraft.

Der Versuch ist strafbar.

---

*) Auf die Materie dieses Abschnitts beziehen sich auch folgende Bestimmungen:

1) **Gesetz*) betreffend die Bestrafung der Entziehung elektrischer Arbeit** v. 9. 4. 1900 (RGBl. S. 228):

§ 1. Wer einer elektrischen Anlage oder Einrichtung fremde elektrische Arbeit mittels eines Leiters entzieht, der zur ordnungsmäßigen Entnahme von Arbeit aus der Anlage oder Einrichtung nicht bestimmt ist, wird, wenn er die Handlung in der Absicht begeht, die elektrische Arbeit sich rechtswidrig zuzueignen, mit Gefängnis und mit Geldstrafe oder mit einer dieser Strafen bestraft.

Neben der Gefängnisstrafe kann auf Verlust der bürgerlichen Ehrenrechte erkannt werden.

Der Versuch ist strafbar.

§ 2. Wird die im § 1 bezeichnete Handlung in der Absicht begangen, einem anderen rechtswidrig Schaden zuzufügen, so ist auf Geldstrafe oder auf Gefängnis bis zu zwei Jahren zu erkennen.

Die Verfolgung tritt nur auf Antrag ein.

2) **Gesetz über den Verkehr mit Edelmetallen, Edelsteinen und Perlen** in der Fassung v. 29. 6. 26:

§ 4. Wer einen Diebstahl an einem Gegenstand aus Edelmetall (nach § 1: Gold, Silber, Platin und Platinmetalle) begeht, der zum

b) Schwerer Diebstahl.

243. Auf Zuchthaus bis zu zehn Jahren ist zu erkennen, wenn

1. aus einem zum Gottesdienste bestimmten Gebäude Gegenstände gestohlen werden, welche dem Gottesdienste gewidmet sind,
2. aus einem Gebäude oder umschlossenen Raume mittels Einbruchs, Einsteigens oder Erbrechens von Behältnissen gestohlen wird,
3. der Diebstahl dadurch bewirkt wird, daß zur Eröffnung eines Gebäudes oder der Zugänge eines umschlossenen Raumes oder zur Eröffnung der im Innern befindlichen Türen oder Behältnisse falsche Schlüssel oder andere zur ordnungsmäßigen Eröffnung nicht bestimmte Werkzeuge angewendet werden,

---

öffentlichen Nutzen dient oder öffentlich aufgestellt ist, wird wegen schweren Diebstahls (§ 243 StGB.) bestraft.

[3]) **Gesetz über den Verkehr mit unedlen Metallen** v. 23. 7. 26 (28. 6. 29):

§ 17. Wer einen Diebstahl an einem Gegenstand aus unedlem Metall begeht, der zum öffentlichen Nutzen dient oder öffentlich aufgestellt ist, oder der einen Teil eines Gebäudes bildet oder in einem Gebäude zu dessen Ausstattung angebracht ist, wird wegen schweren Diebstahls (§ 243 StGB.) bestraft

Das gleiche gilt für den Diebstahl von Maschinenbestandteilen und sonstigen Betriebsmitteln aus unedlem Metall, deren Wegnahme die gesicherte Fortführung des Betriebes erheblich gefährdet.

[4]) **VO. gegen unbefugten Gebrauch von Kraftfahrzeugen und Fahrrädern** v. 20. 10. 32 (RGBl. I S. 496):

„Wer ein Kraftfahrzeug oder ein Fahrrad gegen den Willen des Berechtigten in Gebrauch nimmt, wird, sofern die Tat nicht nach anderen Vorschriften mit schwererer Strafe bedroht ist, mit Gefängnis bis zu drei Jahren bestraft.

Der Versuch ist strafbar.

Die Verfolgung tritt nur auf Antrag ein. Die Zurücknahme des Antrags ist zulässig.

Wer die Tat gegen seinen Ehegatten oder gegen einen Verwandten absteigender Linie begeht, ist straffrei.

Kraftfahrzeuge im Sinne dieser Verordnung sind die Fahrzeuge, die durch Maschinenkraft bewegt werden, Landkraftfahrzeuge nur insoweit, als sie nicht an Bahngleise gebunden sind."

4. auf einem öffentlichen Wege, einer Straße, einem öffentlichen Platze, einer Wasserstraße oder einer Eisenbahn oder in einem Postgebäude oder dem dazugehörigen Hofraum oder auf einem Eisenbahnhofe eine zum Reisegepäck oder zu anderen Gegenständen der Beförderung gehörende Sache mittels Abschneidens oder Ablösens der Befestigungs- oder Verwahrungsmittel oder durch Anwendung falscher Schlüssel oder anderer zur ordnungsmäßigen Eröffnung nicht bestimmter Werkzeuge gestohlen wird,

5. der Dieb oder einer der Teilnehmer am Diebstahle bei Begehung der Tat Waffen bei sich führt,

6. zu dem Diebstahle mehrere mitwirken, welche sich zur fortgesetzten Begehung von Raub oder Diebstahl verbunden haben oder

7. der Diebstahl zur Nachtzeit in einem bewohnten Gebäude, in welches sich der Täter in diebischer Absicht eingeschlichen oder in welchem er sich in gleicher Absicht verborgen hatte, begangen wird, auch wenn zur Zeit des Diebstahls Bewohner in dem Gebäude nicht anwesend sind. Einem bewohnten Gebäude werden der zu einem bewohnten Gebäude gehörige umschlossene Raum und die in einem solchen befindlichen Gebäude jeder Art, sowie Schiffe, welche bewohnt werden, gleich geachtet.

Sind mildernde Umstände vorhanden, so tritt Gefängnisstrafe nicht unter drei Monaten ein.

c) Diebstahl im zweiten Rückfall.

244. Wer im Inlande als Dieb, Räuber oder gleich einem Räuber oder als Hehler bestraft worden ist, darauf abermals eine dieser Handlungen begangen hat und wegen derselben bestraft worden ist, wird, wenn er einen einfachen Diebstahl (§ 242) begeht, mit Zuchthaus bis zu zehn Jahren, wenn er einen schweren Diebstahl (§ 243) begeht, mit Zuchthaus nicht unter zwei Jahren bestraft.

Sind mildernde Umstände vorhanden, so tritt beim einfachen Diebstahl Gefängnisstrafe nicht unter drei Monaten, beim schweren Diebstahl Gefängnisstrafe nicht unter einem Jahre ein.

Rückfallverjährung.

245. Die Bestimmungen des § 244 finden Anwendung, auch wenn die früheren Strafen nur teilweise verbüßt oder ganz oder teilweise erlassen sind, bleiben jedoch ausgeschlossen, wenn seit der Verbüßung oder dem Erlasse der letzten Strafe bis zur Begehung des neuen Diebstahls zehn Jahre verflossen sind.

Besitz von Diebeswerkzeug.

245 a. Wer Diebeswerkzeug in Besitz oder Gewahrsam hat oder von einem anderen für sich verwahren läßt, nachdem er wegen schweren Diebstahls, Diebstahls im Rückfall, Raubes, gewerbs- oder gewohnheitsmäßiger Hehlerei oder Hehlerei im Rückfall (§§ 243 bis 245, 249 bis 252, 260, 261) rechtskräftig verurteilt worden ist, wird mit Gefängnis nicht unter drei Monaten bestraft, sofern sich nicht aus den Umständen ergibt, daß das Werkzeug nicht zur Verwendung bei strafbaren Handlungen bestimmt ist.

Wer Diebeswerkzeug für einen anderen in Verwahrung nimmt oder einem anderen überläßt, obwohl er weiß oder den Umständen nach annehmen muß, daß das Werkzeug zur Verwendung bei strafbaren Handlungen bestimmt ist, wird, sofern die Tat nicht nach anderen Vorschriften mit schwerer Strafe bedroht ist, mit Gefängnis bestraft.

Das Diebeswerkzeug ist einzuziehen, auch wenn es dem Täter nicht gehört.

In den Fällen des Abs. 1 kommt eine frühere Verurteilung nicht in Betracht, wenn zwischen dem Eintritt ihrer Rechtskraft und der Tat des Abs. 1 mehr als fünf Jahre verstrichen sind. In die Frist wird die Zeit nicht eingerechnet, in der der Täter eine Freiheitsstrafe verbüßt oder auf behördliche Anordnung in einer Anstalt verwahrt wird. Eine ausländische Verurteilung steht einer inländischen gleich, wenn die geahndete Tat nach deutschem Recht ein Verbrechen der im Abs. 1 genannten Art wäre.

§ 245 a wurde durch das Gewohnheitsverbrechergesetz v. 24. 11. 33 eingefügt. Er ist beizubehalten. KR. 11 betrifft ihn nicht.

2. **Unterschlagung.**

246. Wer eine fremde bewegliche Sache, die er in Besitz oder Gewahrsam hat, sich rechtswidrig zueignet, wird wegen Unterschlagung mit Gefängnis bis zu drei Jahren und, wenn die Sache ihm anvertraut ist, mit Gefängnis bis zu fünf Jahren bestraft.

Sind mildernde Umstände vorhanden, so kann auf Geldstrafe erkannt werden.

Der Versuch ist strafbar.

3. **Mildere Fälle (a. Antrag; b. Straflosigkeit).**

247. Wer einen Diebstahl oder eine Unterschlagung gegen Angehörige, Vormünder oder Erzieher begeht, oder wer einer Person, zu der er im Lehrlingsverhältnisse steht, oder in deren häuslicher Gemeinschaft er als Gesinde sich befindet, Sachen von unbedeutendem Werte stiehlt oder unterschlägt, ist nur auf Antrag zu verfolgen. Die Zurücknahme des Antrages ist zulässig.

Ein Diebstahl oder eine Unterschlagung, welche von Verwandten aufsteigender Linie gegen Verwandte absteigender Linie oder von einem Ehegatten gegen den anderen begangen worden ist, bleibt straflos.

Diese Bestimmungen finden auf Teilnehmer oder Begünstiger, welche nicht in einem der vorbezeichneten persönlichen Verhältnisse stehen, keine Anwendung.

4. Nebenstrafen.

248. Neben der wegen Diebstahls oder Unterschlagung erkannten Gefängnisstrafe kann auf Verlust der bürgerlichen Ehrenrechte und neben der wegen Diebstahls erkannten Zuchthausstrafe auf Zulässigkeit von Polizeiaufsicht erkannt werden.

5. Notentwendung.

248 a. Wer aus Not geringwertige Gegenstände entwendet oder unterschlägt, wird mit Geldstrafe oder mit Gefängnis bis zu drei Monaten bestraft.

Die Verfolgung tritt nur auf Antrag ein. Die Zurücknahme des Antrages ist zulässig.

Wer die Tat gegen einen Verwandten absteigender Linie oder gegen seinen Ehegatten begeht, bleibt straflos.

Zwanzigster Abschnitt.

Raub und Erpressung.

1. Raub: a) einfacher

249. Wer mit Gewalt gegen eine Person oder unter Anwendung von Drohungen mit gegenwärtiger Gefahr für Leib und Leben eine fremde bewegliche Sache einem anderen in der Absicht wegnimmt, sich dieselbe rechtswidrig zuzueignen, wird wegen Raubes mit Zuchthaus bestraft.

Sind mildernde Umstände vorhanden, so tritt Gefängnisstrafe nicht unter sechs Monaten ein.

b) Schwerer Raub.

250. Auf Zuchthaus nicht unter fünf Jahren ist zu erkennen, wenn

1. der Räuber oder einer der Teilnehmer am Raube bei Begehung der Tat Waffen bei sich führt,
2. zu dem Raube mehrere mitwirken, welche sich zur fortgesetzten Begehung von Raub oder Diebstahl verbunden haben,

3. der Raub auf einem öffentlichen Wege, einer Straße, einer Eisenbahn, einem öffentlichen Platze, auf offener See oder einer Wasserstraße begangen wird,
4. der Raub zur Nachtzeit in einem bewohnten Gebäude (§ 243 Nr. 7) begangen wird, in welches sich der Täter zur Begehung eines Raubes oder Diebstahls eingeschlichen oder sich gewaltsam Eingang verschafft oder in welchem er sich in gleicher Absicht verborgen hatte oder
5. der Räuber bereits einmal als Räuber oder gleich einem Räuber im Inlande bestraft worden ist. Die im § 245 enthaltenen Vorschriften finden auch hier Anwendung.

Sind mildernde Umstände vorhanden, so tritt Gefängnisstrafe nicht unter einem Jahre ein.

c) **Raub mit Marterung.**

251. Mit Zuchthaus nicht unter zehn Jahren oder mit lebenslänglichem Zuchthaus wird der Räuber bestraft, wenn bei dem Raube ein Mensch gemartert oder durch die gegen ihn verübte Gewalt eine schwere Körperverletzung oder der Tod desselben verursacht worden ist.

d) **Räuberischer Diebstahl.**

252. Wer, bei einem Diebstahl auf frischer Tat betroffen, gegen eine Person Gewalt verübt oder Drohungen mit gegenwärtiger Gefahr für Leib oder Leben anwendet, um sich im Besitze des gestohlenen Gutes zu erhalten, ist gleich einem Räuber zu bestrafen.

2. **Erpressung: a) einfache.**

253. Wer einen anderen rechtswidrig mit Gewalt oder durch Drohung mit einem empfindlichen Uebel zu einer Handlung, Duldung oder Unterlassung nötigt und dadurch dem Vermögen des Genötigten oder eines anderen Nachteil zufügt, um sich oder einem Dritten zu Unrecht zu bereichern, wird wegen Erpressung mit Zuchthaus oder mit Gefängnis nicht unter sechs Monaten bestraft.

Rechtswidrig ist die Tat, wenn die Anwendung der Gewalt oder die Zufügung des angedrohten Uebels zu dem angestrebten Zweck dem gesunden Volksempfinden widerspricht.

I. Der Text bringt die **Neufassung** v. 29. 5. 43. Die **alte** hatte gelautet:

„Wer, um sich oder einem Dritten einen rechtswidrigen Vermögensvorteil zu verschaffen, einen anderen durch Gewalt oder Drohung zu einer Handlung, Duldung oder Unterlassung nötigt, ist wegen Erpressung mit Gefängnis nicht unter einem Monat zu bestrafen.

Der Versuch ist strafbar."

II. Die Neufassung hat folgende **Aenderungen** gebracht:

1. Das **rechtswidrige** der Tat kam nach a. F. nur im **subjektiven** TB. zum Ausdruck: der erstrebte Vermögensvorteil mußte rechtswidrig sein. Der objektive TB. dagegen enthielt, isoliert betrachtet, keinerlei Unwerturteil. Die Auslegung des RGer. ging diesen Weg konsequent weiter: jedwede Drohung, auch mit erlaubten Handlungen („ich werde Dich anzeigen", oder: „ich werde künftig bei der Konkurrenz kaufen" usw.) genüge; und zwar wurde ein Vermögensvorteil schon dann als rechtswidrig angesehen, wenn der Drohende auf ihn keinen rechtlich begründeten Anspruch hatte („wenn Du mir nicht 100 RM schenkst" oder: „wenn Du mir die Ware nicht billiger läßt" usw.). Diese Auslegung gestattete keine sachgemäße Abgrenzung. Erpressung: „Wenn Du mir die Ware nicht billiger läßt, kaufe ich bei der Konkurrenz"; „wenn Du mir nicht 100 RM schenkst, zeige ich Dich an". Die einen halfen im subj. TB. und verlangten, daß der erstrebte Vorteil nicht nur nicht secundum jus, sondern geradezu contra jus erlangt sei; d. h. daß es nicht genüge, daß der Drohende keinen Anspruch auf ihn gehabt habe, sondern daß der VV. auf dem Rechtswege zurückforderbar sein müsse (was aber zu Kreisschlüssen führt, denn zurückforderbar ist er eben dann, wenn er durch Erpressung erlangt war) Die anderen halfen im obj. TB. und verlangten, daß mit einem verkehrswidrigen Uebel gedroht sein müsse. Nur auf dem zweiten Weg konnte der Zirkel durchbrochen werden. Der Begriff „**rechtswidrig**" mußte aufgelöst und **übergesetzlich** bestimmt werden. **Dies bringt der Abs. II des § 253 n. F.** Die Aenderung entspricht der des § 240, mit dem der § 253 im Einklang stehen muß. Entscheidend ist in beiden Bestimmungen, daß weder das Mittel noch das Ziel, an sich betrachtet, unerlaubt zu sein braucht; daß aber die **Benutzung dieses** Mittels zu **diesem** Zweck unangemessen sein muß Wenn die Wendung „gesundes Volksempfinden" durch § 2 als diskreditiert erscheint, so kann man sie, ohne den Sinn zu ändern, ersetzen durch die, aus der sie ihrem Inhalt nach hervorgegangen ist:

„. . . wenn es gegen die guten Sitten verstößt, zu dem angestrebten Zweck Gewalt anzuwenden oder mit der Zufügung des Uebels zu drohen".

Nationalsozialistischen Gedanken entspringt die VO. v. 28. 5. 46 also nicht. Sie lag in der Linie der allgemeinen Rechtsentwicklung.

2. Auch die **Strafdrohung** ist nicht übermäßig streng. Da der TB. die leichtesten Fälle aussondert, ist ein Mindestmaß von sechs (statt einem) Monat angemessen. Die Heraufsetzung des Höchstmaßes (in besonders schweren Fällen) auf Zuchthaus entspricht allen Entwürfen seit 1909.

Wegen dieser Aenderung des Strafrahmens wurde § 254 gestrichen.

III. Ebensowenig wie der Inhalt stehen formelle Gründe der Weitergeltung des § 253 n. F entgegen. Wegen der vor § 13 genannten Sperrvorschriften vgl. Erläut. zu § 240. § 253 bringt einen neuen TB., die Erhöhung der Strafe hindert also seine Weitergeltung nicht. — KR. 11 hat die Neufassung nicht beanstandet.

Das LG. Dortmund in SJZ 1946 Nr. 5, S. 120 beanstandet die Verwendung der Worte „gesundes Volksempfinden". Es hält sie für schlechthin verboten und hält ihretwegen nicht nur den Abs. II, sondern den ganzen § 253 für unanwendbar. So offenbar auch Thür.St.G.B. Hier wird diese Ansicht nicht geteilt. Jene Worte haben hier so wie in § 240 nicht die Bedeutung, eine neue, das Gesetz außer Kraft setzende oder erweiternde **Rechtsquelle** zu eröffnen; sie bringen hier nur eine **Auslegungsregel**, um ein Ergebnis sicherzustellen, zu dem vernünftige Auslegung auch ohnedies kommen könnte. Daß die Worte an einer anderen Stelle kompromittiert sind, kann nicht dahin führen, daß sie hier, wo sie anderes bedeuten, ihre Umgebung infizieren und eine wichtige Bestimmung unanwendbar machen. Sollte man dieses indessen annehmen, so wären die Worte durch die „guten Sitten" zu ersetzen.

254. [betraf **schwere Erpressungsfälle;** gestrichen mit Rücksicht auf die Erweiterung des Strafrahmens in § 253 durch VO. vom 29. 5. 1943.]

b) Räuberische Erpressung.

255. Wird die Erpressung durch Gewalt gegen eine Person oder unter Anwendung von Drohungen mit gegenwärtiger Gefahr für Leib oder Leben begangen, so ist der Täter gleich einem Räuber zu bestrafen.

c) Nebenstrafen.

256. Neben der wegen Erpressung erkannten Gefängnisstrafe kann auf Verlust der bürgerlichen Ehrenrechte und neben der wegen Raubes oder Erpressung erkannten Zuchthausstrafe auf Zulässigkeit von Polizeiaufsicht erkannt werden.

Einundzwanzigster Abschnitt.

Begünstigung und Hehlerei.

1. Begünstigung.

257. Wer nach Begehung eines Verbrechens oder Vergehens dem Täter oder Teilnehmer wissentlich Beistand leistet, um denselben der Bestrafung zu entziehen oder um ihm die Vorteile des Verbrechens oder Vergehens zu sichern, ist wegen Begünstigung mit Geldstrafe oder mit Gefängnis bis zu einem Jahre und, wenn er diesen Beistand seines Vorteils wegen leistet, mit Gefängnis zu bestrafen. Die Strafe darf jedoch, der Art oder dem Maße nach, keine schwerere sein, als die auf die Handlung selbst angedrohte.

Die Begünstigung ist straflos, wenn dieselbe dem Täter oder Teilnehmer von einem Angehörigen gewährt worden ist, um ihn der Bestrafung zu entziehen.

Die Begünstigung ist als Beihilfe zu bestrafen, wenn sie vor Begehung der Tat zugesagt worden ist. Diese Bestimmung findet auch auf Angehörige Anwendung.

257 a. Wer, abgesehen von den Fällen der §§ 120, 121, 122 a, 122 b, vorsätzlich die Vollstreckung einer gegen einen anderen rechtskräftig angeordneten Maßregel der Sicherung und Besserung ganz oder zum Teil vereitelt, wird mit Gefängnis bis zu zwei Jahren oder mit Geldstrafe bestraft.

Der Versuch ist strafbar.

Wird die Tat zugunsten eines Angehörigen begangen, so tritt Straffreiheit ein.

§ 257 a wurde notwendig durch die Einführung der Maßregeln der Sicherung und Besserung.

Schwere Begünstigung (Personenhehlerei).

258. Wer seines Vorteils wegen sich einer Begünstigung schuldig macht, wird als Hehler bestraft, wenn der Begünstigte

1. einen einfachen Diebstahl oder eine Unterschlagung begangen hat, mit Gefängnis,
2. einen schweren Diebstahl, einen Raub oder ein dem Raube gleich zu bestrafendes Verbrechen begangen hat, mit Zuchthaus bis zu fünf Jahren.

Sind mildernde Umstände vorhanden, so tritt Gefängnisstrafe nicht unter drei Monaten ein.

Diese Strafvorschriften finden auch dann Anwendung, wenn der Hehler ein Angehöriger ist.

2. **Sachhehlerei (Partiererei).**

259. Wer seines Vorteils wegen Sachen, von denen er weiß oder den Umständen nach annehmen muß, daß sie mittels einer strafbaren Handlung erlangt sind, verheimlicht, ankauft, zum Pfande nimmt oder sonst an sich bringt oder zu deren Absatze bei anderen mitwirkt, wird als Hehler mit Gefängnis bestraft.

Der Versuch ist strafbar.

Strafbarkeit des Versuchs auf Grund der VO. v. 29. 5. 43. Keine Beanstandung durch KR. 11.

Gewerbs- und gewohnheitsmäßige Hehlerei.

260. Wer die Hehlerei gewerbs- oder gewohnheitsmäßig betreibt, wird mit Zuchthaus bis zu zehn Jahren bestraft.

Sachhehlerei im zweiten Rückfall.

261. Wer im Inlande wegen Hehlerei einmal und wegen darauf begangener Hehlerei zum zweiten Male bestraft worden ist, wird, wenn sich die abermals begangene Hehlerei auf einen schweren Diebstahl, einen Raub oder ein dem Raube gleich zu bestrafendes Verbrechen bezieht, mit Zuchthaus nicht unter zwei Jahren bestraft. Sind mildernde Umstände vorhanden, so tritt Gefängnisstrafe nicht unter einem Jahre ein.

Bezieht sich die Hehlerei auf eine andere strafbare Handlung, so ist auf Zuchthaus bis zu zehn Jahren zu erkennen. Sind mildernde Umstände vorhanden, so tritt Gefängnisstrafe nicht unter drei Monaten ein.

Die in dem § 245 enthaltenen Vorschriften finden auch hier Anwendung.

Nebenstrafen.

262. Neben der wegen Hehlerei erkannten Gefängnisstrafe kann auf Verlust der bürgerlichen Ehrenrechte und neben jeder Verurteilung wegen Hehlerei auf Zulässigkeit von Polizeiaufsicht erkannt werden.

Zweiundzwanzigster Abschnitt.

Betrug und Untreue.

1. Betrug: a) einfacher.

263. Wer in der Absicht, sich oder einem Dritten einen rechtswidrigen Vermögensvorteil zu verschaffen, das Vermögen eines anderen dadurch beschädigt, daß er durch Vorspiegelung falscher oder durch Entstellung oder Unterdrückung wahrer Tatsachen einen Irrtum erregt oder unterhält, wird wegen Betruges mit Gefängnis bestraft, neben welchem auf Geldstrafe sowie auf Verlust der bürgerlichen Ehrenrechte erkannt werden kann.

Sind mildernde Umstände vorhanden, so kann ausschließlich auf die Geldstrafe erkannt werden.

Der Versuch ist strafbar.

In besonders schweren Fällen tritt an die Stelle der Gefängnisstrafe Zuchthaus bis zu zehn Jahren. Ein besonders schwerer Fall liegt insbesondere dann vor, wenn die Tat das Wohl des Volkes geschädigt oder einen anderen besonders großen Schaden zur Folge gehabt oder der Täter besonders arglistig gehandelt hat.

Wer einen Betrug gegen Angehörige, Vormünder oder Erzieher begeht, ist nur auf Antrag zu verfolgen. Die Zurücknahme des Antrages ist zulässig.

Der Abs 4 des § 263 ist eingefügt durch Ges. v. 26. 5. 33. Er war veranlaßt durch die damalige Korruption. Er ist eine nationalsozialistische Uebertreibung. Ueberdies ist seine Anwendbarkeit schon deshalb zweifelhaft, weil er alte Tatbestände unter erhöhte Strafen stellt. Ein neuer TB. liegt nur darin, daß das „Wohl des Volkes" auch dann als geschädigt anzusehen ist, wenn der Schaden ein immaterieller ist, z. B. das Ansehen Deutschlands oder des deutschen Volkes betrifft. Eine umfangreiche Rechtspr. hat sich gerade mit solchen Fällen beschäftigt. Im übrigen vgl. Vorbem. vor § 13.

b) Betrug im zweiten Rückfall.

264. Wer im Inlande wegen Betruges einmal und wegen darauf begangenen Betruges zum zweiten Male bestraft worden ist, wird wegen abermals begangenen Betruges mit Zuchthaus bis zu zehn Jahren und zugleich mit Geldstrafe bestraft.

Sind mildernde Umstände vorhanden, so tritt Gefängnisstrafe nicht unter drei Monaten ein, neben welcher zugleich auf Geldstrafe erkannt werden kann.

Die im § 245 enthaltenen Vorschriften finden auch hier Anwendung.

c) Notbetrug.

264 a. Wer aus Not sich oder einem Dritten geringwertige Gegenstände zum Schaden eines anderen durch Täuschung (§ 263 Abs. 1) verschafft, wird mit Geldstrafe oder mit Gefängnis bis zu drei Monaten bestraft.

Der Versuch ist strafbar.

Die Verfolgung tritt nur auf Antrag ein. Die Zurücknahme des Antrages ist zulässig.

Wer die Tat gegen einen Verwandten absteigender Linie oder gegen seinen Ehegatten begeht, bleibt straflos.

2. Versicherungsbetrug.

265. Wer in betrügerischer Absicht eine gegen Feuersgefahr versicherte Sache in Brand setzt oder ein Schiff, welches als solches oder in seiner Ladung oder in seinem Frachtlohn versichert ist, sinken oder stranden macht, wird mit Zuchthaus bis zu zehn Jahren und zugleich mit Geldstrafe bestraft.

Sind mildernde Umstände vorhanden, so tritt Gefängnisstrafe nicht unter sechs Monaten ein, neben welcher auf Geldstrafe erkannt werden kann.

3. Automatenmißbrauch, Erschleichen freien Eintritts.

265 a. Wer die Leistung eines Automaten, die Beförderung durch ein Verkehrsmittel oder den Zutritt zu einer Veranstaltung oder einer Einrichtung in der Absicht erschleicht, das Entgelt nicht zu entrichten, wird, soweit die Tat nicht nach anderen Vorschriften mit schwererer Strafe bedroht ist, mit Gefängnis bis zu einem Jahre oder mit Geldstrafe bestraft.

Der Versuch ist strafbar.

§ 265 a wurde eingefügt durch das Ges. v. 28. 6. 35. Anlaß war der Automatendiebstahl. Das Gesetz hatte gleichzeitig die Analogie freigegeben. § 265 a muß um so mehr beibehalten werden, als jetzt Analogie verboten ist. KR. 11 hat ihn nicht beseitigt.

Untreue.

266. Wer vorsätzlich die ihm durch Gesetz, behördlichen Auftrag oder Rechtsgeschäft eingeräumte Befugnis, über fremdes Vermögen zu verfügen oder einen anderen zu verpflichten, mißbraucht oder die ihm kraft Gesetzes, behördlichen Auftrags, Rechtsgeschäfts oder eines Treuverhältnisses obliegende Pflicht, fremde Vermögensinteressen wahrzunehmen, verletzt und dadurch dem, dessen Vermögensinteressen er zu betreuen hat, Nachteil zufügt, wird wegen Untreue mit Gefängnis und mit Geldstrafe bestraft. Daneben kann auf Verlust der bürgerlichen Ehrenrechte erkannt werden.

In besonders schweren Fällen tritt an die Stelle der Gefängnisstrafe Zuchthaus bis zu zehn Jahren. Ein besonders schwerer Fall liegt insbesondere dann vor, wenn die Tat das Wohl des Volkes geschädigt oder einen anderen besonders großen Schaden zur Folge gehabt oder der Täter besonders arglistig gehandelt hat.

I. **§ 266** ist eingefügt durch Ges v. 26. 5 33. Er ersetzt den unzulänglichen und viel umstrittenen § 266 a. F., indem er, um keinen Fall straflos zu lassen, zwei nach § 266 a. F. mögliche Auffassungen aneinander reiht Die Lösung war äußerlich; immerhin hatte der neue § 266 aber besser als der alte gestattet, die überhandnehmende Korruption zu bekämpfen. Daß auch er hierzu letzten Endes nicht imstande war, lag weniger an ihm als an seiner unzureichenden Anwendung Nationalsozialistisch war hiernach zwar der Anlaß, nicht aber der Inhalt der Neufassung.

Die Sperrvorschriften der Vorbem. vor § 13 stehen der Neufassung nicht entgegen. § 266 n. F. enthält nicht nur Strafschärfungen, sondern auch Erweiterungen des TB. KR. 11 hat ihn nicht beanstandet.

II. Bedenklich ist Abs. II. Vergl. hierüber Anm. zu § 263. Bei § 266 kommt hinzu, daß hier der **Versuch**, anders als bei § 263, an sich nicht strafbar sein würde, wohl aber „in besonders schweren Fällen". Die Unanwendbarkeit des Abs. II, die hier vertreten wird, läßt den Versuch der Untreue auch in besonders schweren Fällen straflos. Die Rechtspr. hatte sich mehr mit § 266 II (insbesondere: „Wohl des Volkes") beschäftigt als mit § 263 IV. Auf die Streitfrage, wieweit der Abs. II aus Vergehen Verbrechen gemacht hatte, braucht hier nicht näher eingegangen zu werden.

Dreiundzwanzigster Abschnitt.

Urkundenfälschung.

1. Urkundenfälschung.

267. Wer zur Täuschung im Rechtsverkehr eine unechte Urkunde herstellt, eine echte Urkunde verfälscht oder eine unechte oder verfälschte Urkunde gebraucht, wird wegen Urkundenfälschung mit Gefängnis bestraft.

Der Versuch ist strafbar.

In schweren Fällen ist die Strafe Zuchthaus.

§ 267 ist durch VO. v. 29. 5 43 an die Stelle der alten §§ 267 bis 270 getreten. Er bringt durch den Nationalsozialismus nicht veranlaßte Klärungen und Vereinfachungen. KR. 11 hat ihn nicht berührt. Auch steht die Vorbem vor § 13 nicht im Wege. Freilich darf über fünf Jahre Zuchthaus bei Privaturkunden und 10 Jahre Zuchthaus bei öffentlichen Urkunden nicht hinausgegangen werden. Abs. III war unentbehrlich, da die schwere Urkundenfälschung des § 268 gestrichen wurde. § 268 war unbestritten ein Verbrechen. Für Abs. III muß es dabei bleiben, obwohl das RGer. bei derartigen **unbenannten** schweren Fällen nur einen persönlichen Straferhöhungsgrund, also keine Neueinstufung nach § 1 vorgenommen hatte.

268 bis 270. [Betrafen die **schwere Urkundenfälschung, die Blankettfälschung,** den **Gebrauch einer Falschurkunde;** aufgehoben durch VO. vom 29. 5. 1943.]

2. Mittelbare Falschbeurkundung. a) Einfache.

271. Wer vorsätzlich bewirkt, daß Erklärungen, Verhandlungen oder Tatsachen, welche für Rechte oder Rechtsverhältnisse von Erheblichkeit sind, in öffentlichen Urkunden, Büchern oder Registern als abgegeben oder geschehen beurkundet werden, während sie überhaupt nicht oder in anderer Weise oder von einer Person in einer ihr nicht zustehenden Eigenschaft oder von einer anderen Person abgegeben oder geschehen sind, wird mit Gefängnis bis zu sechs Monaten oder mit Geldstrafe bestraft.

b) Schwere mittelbare Falschbeurkundung.

272. Wer die vorbezeichnete Handlung in der Absicht begeht, sich oder einem anderen einen Vermögensvorteil zu verschaffen oder einem anderen Schaden zuzufügen, wird mit Zuchthaus bis zu zehn Jahren bestraft, neben welchem auf Geldstrafe erkannt werden kann.

Sind mildernde Umstände vorhanden, so tritt Gefängnisstrafe ein, neben welcher auf Geldstrafe erkannt werden kann.

c) Gebrauchmachen im Falle der §§ 271, 272.

273. Wer wissentlich von einer falschen Beurkundung der im § 271 bezeichneten Art zum Zwecke einer Täuschung Gebrauch macht, wird nach Vorschrift jenes Paragraphen und, wenn die Absicht dahin gerichtet war, sich oder einem anderen einen Vermögensvorteil zu verschaffen oder einem anderen Schaden zuzufügen, nach Vorschrift des § 272 bestraft.

3. Urkundenunterdrückung und Grenzverrückung.

274. Mit Gefängnis, neben welchem auf Geldstrafe erkannt werden kann, wird bestraft, wer

1. eine Urkunde, welche ihm entweder überhaupt nicht oder nicht ausschließlich gehört, in der Absicht, einem anderen Nachteile zuzufügen, vernichtet, beschädigt oder unterdrückt oder
2. einen Grenzstein oder ein anderes zur Bezeichnung einer Grenze oder eines Wasserstandes bestimmtes Merkmal in der Absicht, einem anderen Nachteil zuzufügen, wegnimmt, vernichtet, unkenntlich macht, verrückt oder fälschlich setzt.

Der Versuch ist strafbar.

4. Stempel-, Post- und Telegraphenwertzeichen.

275. Mit Gefängnis nicht unter drei Monaten wird bestraft, wer

1. wissentlich von falschem oder gefälschtem Stempelpapier, von falschen oder gefälschten Stempelmarken, Stempelblanketten Stempelabdrücken, Post- oder Telegraphen-Freimarken oder gestempelten Briefkuverts Gebrauch macht,
2. unechtes Stempelpapier, unechte Stempelmarken, Stempelblankette oder Stempelabdrücke für Spielkarten, Pässe oder sonstige Drucksachen oder Schriftstücke, ingleichen, wer unechte Post- oder Telegraphen-Freimarken oder gestempelte Briefkuverts in der Absicht anfertigt, sie als echt zu verwenden oder
3. echtes Stempelpapier, echte Stempelmarken, Stempelblankette, Stempelabdrücke, Post- oder Telegraphen-Freimarken oder gestempelte Briefkuverts in der Absicht verfälscht, sie zu einem höheren Werte zu verwenden.

b) Wiederverwendung von Wertzeichen.

276. Wer wissentlich schon einmal zu stempelpflichtigen Urkunden, Schriftstücken oder Formularen verwendetes Stempelpapier oder schon einmal verwendete Stempelmarken oder Stempelblankette, ingleichen Stempelabdrücke, welche zum Zeichen stattgehabter Versteuerung gedient haben, zu stempelpflichtigen Schriftstücken verwendet, wird außer der Strafe, welche durch die Entziehung der Stempelsteuer begründet ist, mit Geldstrafe bestraft.

Gleiche Strafe trifft denjenigen, welcher wissentlich schon einmal verwendete Post- oder Telegraphenwertzeichen nach gänzlicher oder teilweiser Entfernung des Entwertungszeichens zur Frankierung benutzt. Neben dieser Strafe ist die etwa wegen Entziehung der Post- oder Telegraphengebühren begründete Strafe verwirkt.

5. **Gesundheitszeugnisse. a) Formelle Fälschung.**

277. Wer unter der ihm nicht zustehenden Bezeichnung als Arzt oder als eine andere approbierte Medizinalperson oder unberechtigt unter dem Namen solcher Personen ein Zeugnis über seinen oder eines anderen Gesundheitszustand ausstellt oder ein derartiges echtes Zeugnis verfälscht und davon zur Täuschung von Behörden oder Versicherungsgesellschaften Gebrauch macht, wird mit Gefängnis bis zu einem Jahre bestraft.

b) Ausstellen inhaltlich unrichtiger Gesundheitszeugnisse.

278. Aerzte und andere approbierte Medizinalpersonen, welche ein unrichtiges Zeugnis über den Gesundheitszustand eines Menschen zum Gebrauche bei einer Behörde oder Versicherungsgesellschaft wider besseres Wissen ausstellen, werden mit Gefängnis von einem Monat bis zu zwei Jahren bestraft.

c) Gebrauchmachen von unrichtigen Gesundheitszeugnissen.

279. Wer, um eine Behörde oder eine Versicherungsgesellschaft über seinen oder eines anderen Gesundheitszustand zu täuschen, von einem Zeugnisse der in den §§ 277 bis 278 bezeichneten Art Gebrauch macht, wird mit Gefängnis bis zu einem Jahre bestraft.

6. **Aberkennung der bürgerlichen Ehrenrechte.**

280. Neben einer nach Vorschrift der §§ 267, 274, 275, 277 bis 279 erkannten Gefängnisstrafe kann auf Verlust der bürgerlichen Ehrenrechte erkannt werden.

7. **Mißbrauch von Ausweispapieren.**

281. Wer ein Ausweispapier, das für einen anderen ausgestellt ist, vorsätzlich zur Täuschung im Rechtsverkehr gebraucht oder wer zur Täuschung im Rechtsverkehr einem anderen ein Ausweispapier überläßt, das nicht für diesen ausgestellt ist, wird mit Gefängnis, in besonders schweren Fällen mit Zuchthaus bestraft.

Der Versuch ist strafbar.

Einem Ausweispapier stehen Zeugnisse und andere Urkunden gleich, die im Verkehr als Ausweis verwendet werden.

§ 281 ist durch Ges. v. 4. 9. 41 eingefügt. Er ist an die Stelle des § 363 getreten. Er hat dessen Tatbestand erweitert und Uebertretungen zu Vergehen gemacht. KR. 11 hat ihn nicht betroffen.

Vierundzwanzigster Abschnitt

Bankrott.

281 bis 283 sind durch die §§ 239 bis 244 der KO. vom 20. 2. 1877 (17. 5. 1898) ersetzt. Diese werden im folgenden wiedergegeben:

Betrügerischer Bankrott.

KO. 239. Schuldner, welche ihre Zahlungen eingestellt haben oder über deren Vermögen das Konkursverfahren eröffnet worden ist, werden wegen betrügerischen Bankrotts mit Zuchthaus bestraft, wenn sie in der Absicht, ihre Gläubiger zu benachteiligen,

1. Vermögensstücke verheimlicht oder beiseite geschafft haben.
2. Schulden oder Rechtsgeschäfte anerkannt oder aufgestellt haben, welche ganz oder teilweise erdichtet sind,
3. Handelsbücher zu führen unterlassen haben, deren Führung ihnen gesetzlich oblag oder
4. ihre Handelsbücher vernichtet oder verheimlicht oder so geführt oder verändert haben, daß dieselben keine Uebersicht des Vermögenszustandes gewähren.

Sind mildernde Umstände vorhanden, so tritt Gefängnisstrafe nicht unter drei Monaten ein.

Einfacher Bankrott.

KO. 240. Schuldner, welche ihre Zahlungen eingestellt haben oder über deren Vermögen das Konkursverfahren eröffnet worden ist, werden wegen einfachen Bankrotts mit Gefängnis bestraft, wenn sie

1. durch Aufwand, Spiel oder Wette oder durch Differenzhandel mit Waren oder Börsenpapieren übermäßige Summen verbraucht haben oder schuldig geworden sind,
2. in der Absicht, die Eröffnung des Konkursverfahrens hinauszuschieben, Waren oder Wertpapiere auf Kredit entnommen und diese Gegenstände erheblich unter dem Werte in einer den Anforderungen einer ordnungsmäßigen Wirtschaft widersprechenden Weise veräußert oder sonst weggegeben haben,
3. Handelsbücher zu führen unterlassen haben, deren Führung ihnen gesetzlich oblag, oder dieselben verheimlicht, vernichtet oder so unordentlich geführt haben, daß sie keine Uebersicht ihres Vermögenszustandes gewähren, oder
4. es gegen die Bestimmung des Handelsgesetzbuches unterlassen haben, die Bilanz ihres Vermögens in der vorgeschriebenen Zeit zu ziehen.

Neben der Gefängnisstrafe kann in den Fällen der Nr. 1, 2 auf Verlust der bürgerlichen Ehrenrechte erkannt werden.

Sind mildernde Umstände vorhanden, so kann auf Geldstrafe erkannt werden.

Gläubigerbegünstigung.

KO. 241. Schuldner, welche ihre Zahlungen eingestellt haben oder über deren Vermögen das Konkursverfahren eröffnet worden ist, werden mit Gefängnis bis zu zwei Jahren bestraft, wenn sie, obwohl sie ihre Zahlungsunfähigkeit kannten, einem Gläubiger in der Absicht, ihn vor den übrigen Gläubigern zu begünstigen, eine Sicherung oder Befriedigung gewährt haben, welche derselbe nicht oder nicht in der Art oder nicht zu der Zeit zu beanspruchen hatte.

Sind mildernde Umstände vorhanden, so kann auf Geldstrafe erkannt werden.

Schuldnerbegünstigung.

KO. 242. Mit Zuchthaus bis zu zehn Jahren wird bestraft, wer

1. im Interesse eines Schuldners, welcher seine Zahlungen eingestellt hat oder über dessen Vermögen das Konkursverfahren eröffnet worden ist, Vermögensstücke desselben verheimlicht oder beiseite geschafft hat oder
2. im Interesse eines solchen Schuldners oder, um sich oder einem anderen Vermögensvorteil zu verschaffen, in dem Verfahren erdichtete Forderungen im eigenen Namen oder durch vorgeschobene Personen geltend gemacht hat.

Sind mildernde Umstände vorhanden, so tritt Gefängnisstrafe oder Geldstrafe ein.

Stimmenverkauf.

KO. 243. Ein Gläubiger, welcher sich von dem Gemeinschuldner oder anderen Personen besondere Vorteile dafür hat gewähren oder versprechen lassen, daß er bei den Abstimmungen der Konkursgläubiger in einem gewissen Sinne stimme, wird mit Geldstrafe oder mit Gefängnis bis zu einem Jahre bestraft.

KO. 244. Die Strafvorschriften der §§ 239 bis 241 finden gegen die Mitglieder des Vorstandes einer Aktiengesellschaft oder eingetragenen Genossenschaft und gegen die Liquidatoren einer Handelsgesellschaft oder eingetragenen Genossenschaft, welche ihre Zahlungen eingestellt hat oder über deren Vermögen das Konkursverfahren eröffnet worden ist, Anwendung, wenn sie in dieser Eigenschaft die mit Strafe bedrohten Handlungen begangen haben.

Fünfundzwanzigster Abschnitt.

Strafbarer Eigennutz und Verletzung fremder Geheimnisse.

1. Glücksspiel. a) Oeffentliche Veranstaltung.

284. Wer ohne behördliche Erlaubnis öffentlich ein Glücksspiel veranstaltet oder hält oder die Einrichtungen hierzu bereitstellt, wird mit Gefängnis bis zu zwei Jahren und mit Geldstrafe oder mit Geldstrafe bestraft.

Als öffentlich veranstaltet gelten auch Glücksspiele in Vereinen oder geschlossenen Gesellschaften, in denen Glücksspiele gewohnheitsmäßig veranstaltet werden.

1. Glücksspiel. b) Oeffentliches Spielen.

284 a. Wer sich an einem öffentlichen Glücksspiel (§ 284) beteiligt, wird mit Gefängnis bis zu sechs Monaten und mit Geldstrafe oder mit Geldstrafe bestraft.

284 b. In den Fällen der §§ 284, 284 a sind die Spieleinrichtungen und das auf dem Spieltisch oder in der Bank befindliche Geld einzuziehen, sofern sie dem Täter oder einem Teilnehmer gehören. Andernfalls können die Gegenstände eingezogen werden.

1. Glücksspiel. c) Gewerbsmäßiges Glücksspiel.

285. Wer aus dem Glücksspiel ein Gewerbe macht, wird mit Gefängnis und mit Geldstrafe, bei mildernden Umständen mit Gefängnis bis zu einem Jahr und mit Geldstrafe oder mit Geldstrafe bestraft.

285 a. In den Fällen der §§ 284, 284 a und 285 kann neben Gefängnis auf Verlust der bürgerlichen Ehrenrechte und auf die Zulässigkeit von Polizeiaufsicht erkannt werden

Neben der Strafe kann angeordnet werden, daß die Verurteilung auf Kosten des Schuldigen öffentlich bekanntzumachen ist.

Neufassung durch Ges. v. 24. 11. 33, Art. 3, Nr. 16, und vom 23. 3. 34.

1. Glücksspiel. d) Lotterien und öffentliche Ausspielungen.

286. Wer ohne obrigkeitliche Erlaubnis öffentliche Lotterien veranstaltet, wird mit Gefängnis bis zu zwei Jahren oder mit Geldstrafe bestraft.

Den Lotterien sind öffentlich veranstaltete Ausspielungen beweglicher oder unbeweglicher Sachen gleichzuachten.

287. [ist ersetzt durch die §§ 24 ff. des Warenzeichengesetzes vom 5. 5. 1936.]

2. Vollstreckungsvereitelung.

288. Wer bei einer ihm drohenden Zwangsvollstreckung in der Absicht, die Befriedigung des Gläubigers zu vereiteln, Bestandteile seines Vermögens veräußert oder beiseite schafft, wird mit Gefängnis bis zu zwei Jahren oder mit Geldstrafe bestraft. Die Verfolgung tritt nur auf Antrag des Gläubigers ein.

3. Pfandkehrung.

289. Wer seine eigene bewegliche Sache oder eine fremde bewegliche Sache zugunsten des Eigentümers derselben dem Nutznießer, Pfandgläubiger oder demjenigen, welchem an der Sache ein Gebrauchs- und Zurückhaltungsrecht zusteht, in rechtswidriger Absicht wegnimmt, wird mit Gefängnis bis zu drei Jahren oder mit Geldstrafe bestraft.

Neben der Gefängnisstrafe kann auf Verlust der bürgerlichen Ehrenrechte erkannt werden.

Der Versuch ist strafbar.

Die Verfolgung tritt nur auf Antrag ein.

Die Bestimmungen des § 247 Abs. 2 und 3 finden auch hier Anwendung.

4. Gebrauchsanmaßung.

290. Oeffentliche Pfandleiher, welche die von ihnen in Pfand genommenen Gegenstände unbefugt in Gebrauch nehmen, werden mit Gefängnis bis zu einem

Jahre, neben welchem auf Geldstrafe erkannt werden kann, bestraft.

291. [betraf die **Zueignung von Munition**; aufgehoben durch KR. Nr. 11.]

5. Jagd- und Fischereidelikte.

292. Wer unter Verletzung fremden Jagdrechts dem Wilde nachstellt, es fängt, erlegt oder sich zueignet oder eine Sache, die dem Jagdrecht unterliegt, sich zueignet, beschädigt oder zerstört, wird mit Gefängnis bestraft.

In besonders schweren Fällen, insbesondere wenn die Tat zur Nachtzeit, in der Schonzeit, unter Anwendung von Schlingen oder in anderer nicht weidmännischer Weise oder von mehreren mit Schußwaffen ausgerüsteten Tätern gemeinsam begangen wird, ist auf Gefängnis nicht unter drei Monaten zu erkennen.

Wer die Tat gewerbs- oder gewohnheitsmäßig begeht, wird mit Gefängnis nicht unter drei Monaten, in besonders schweren Fällen mit Zuchthaus bis zu fünf Jahren bestraft.

Die §§ 292 bis 296 sind durch das Ges. v. 28. 6. 35 und durch die VO. v. 23. 1. 43 neu gefaßt, indem sie dem Reichsjagdges. von 1934 angepaßt wurden. Solange dies besteht, sind sie unentbehrlich und unbedenklich. KR. 11 hat sie nicht berührt. Wegen der besonders schweren Fälle vgl. Anm. zu § 263.

293. Wer unter Verletzung fremden Fischereirechts fischt oder eine Sache, die dem Fischereirecht unterliegt, sich zueignet, beschädigt oder zerstört, wird mit Gefängnis bis zu zwei Jahren oder mit Geldstrafe bestraft.

In besonders schweren Fällen ist auf Gefängnis nicht unter einem Monat zu erkennen. Ein besonders schwerer Fall liegt namentlich vor, wenn die Tat zur Nachtzeit, in der Schonzeit, durch Anwendung von Sprengstoffen oder schädlichen Stoffen begangen oder wenn der Fischbestand eines Gewässers durch den Fang von Fischen gefährdet wird, die das für die Ausübung des Fischfangs festgesetzte Mindestmaß noch nicht erreicht haben.

Wer die Tat gewerbs- oder gewohnheitsmäßig begeht, wird mit Gefängnis nicht unter drei Monaten bestraft.

294. In den Fällen des § 292 Abs. 1 und des § 293 Abs. 1 wird die Tat nur auf Antrag des Verletzten verfolgt, wenn sie von einem Angehörigen oder an einem Orte begangen worden ist, wo der Täter die Jagd oder die Fischerei in beschränktem Umfang ausüben durfte.

295. Jagd- oder Fischereigeräte, Hunde oder andere Tiere, die der Täter oder ein Teilnehmer zur Jagd oder Fischerei bei sich geführt oder verwendet hat, sind einzuziehen auch wenn sie keinem von ihnen gehören.

Von der Einziehung kann abgesehen werden, wenn die Sache ohne Schuld des Eigentümers zur Tat benutzt worden ist oder die Einziehung eine unbillige Härte für den Betroffenen bedeuten würde.

296. Wer Jagdgerät oder Fischereigerät in Besitz oder Gewahrsam hat oder von einem anderen für sich verwahren läßt, nachdem er wegen gewerbs- oder gewohnheitsmäßiger Wilderei (§ 292 Abs. 3, § 293 Abs. 3) oder mehr als einmal wegen Wilderei (§ 292 Abs. 1, 2, § 293 Abs. 1, 2) rechtskräftig verurteilt worden ist wird mit Gefängnis bestraft, sofern sich nicht aus den Umständen ergibt, daß das Gerät nicht zur Verwendung bei der Wilderei bestimmt ist.

Wer Jagd- oder Fischereigerät für einen anderen in Verwahrung nimmt oder einem anderen überläßt, obwohl er weiß oder den Umständen nach annehmen muß, daß das Gerät zur Verwendung bei der Wilderei bestimmt ist, wird, sofern die Tat nicht nach anderen Vorschriften mit schwererer Strafe bedroht ist, mit Gefängnis bis zu zwei Jahren bestraft.

Das Jagd- oder Fischereigerät ist einzuziehen, auch wenn es dem Täter nicht gehört.

§ 245 a Abs. 4 gilt entsprechend.

296 a. Ausländer, welche in deutschen Küstengewässern unbefugt fischen, werden mit Geldstrafe oder mit Gefängnis bis zu sechs Monaten bestraft.

Neben der Geld- oder Gefängnisstrafe ist auf Einziehung der Fanggeräte, welche der Täter bei dem unbefugten Fischen bei sich geführt hat, ingleichen der in dem Fahrzeug enthaltenen Fische zu erkennen, ohne Unterschied, ob die Fanggeräte und Fische dem Verurteilten gehören oder nicht.

6. Schiffsgefährdung durch Schiffskonterbande.

297. Ein Reisender oder Schiffsmann, welcher ohne Vorwissen des Schiffers, ingleichen ein Schiffer, welcher ohne Vorwissen des Reeders Gegenstände an Bord nimmt, welche das Schiff oder die Ladung gefährden, indem sie die Beschlagnahme oder Einziehung des Schiffes oder der Ladung veranlassen können, wird mit Geldstrafe oder mit Gefängnis bis zu zwei Jahren bestraft.

7. Bruch des Heuervertrages.

298. Ein Schiffsmann, welcher mit der Heuer entläuft, oder sich verborgen hält, um sich dem übernommenen Dienste zu entziehen, wird, ohne Unterschied, ob das Vergehen im Inlande oder im Auslande begangen worden ist, mit Gefängnis bis zu einem Jahre bestraft.

8. Gefährdung des Briefgeheimnisses.

299. Wer einen verschlossenen Brief oder eine andere verschlossene Urkunde, die nicht zu seiner Kenntnisnahme bestimmt ist, vorsätzlich und unbefugterweise eröffnet, wird mit Geldstrafe oder mit Gefängnis bis zu drei Monaten bestraft.

Die Verfolgung tritt nur auf Antrag ein.

9. Verletzung des Berufsgeheimnisses.

300. Rechtsanwälte, Notare, Verteidiger in Strafsachen, Wundärzte, Hebammen sowie die Gehilfen dieser Personen werden, wenn sie unbefugt Privatgeheimnisse offenbaren, die ihnen kraft ihres Amtes, Standes oder Gewerbes anvertraut sind, mit Geldstrafe oder mit Gefängnis bis zu drei Monaten bestraft.

Die Verfolgung tritt nur auf Antrag ein.

I. Für Aerzte gilt § 13 der Reichsärzteordnung vom 13. 12. 35: „§ 13. Ein Arzt, der unbefugt ein fremdes Geheimnis offenbart, das ihm bei Ausübung seines Berufs anvertraut oder zugänglich geworden ist, wird mit Gefängnis bis zu einem Jahr und Geldstrafe oder einer dieser Strafen bestraft.

Dem Arzt stehen seine berufsmäßig tätigen Gehilfen und die Personen gleich, die zur Vorbereitung auf den Beruf an der berufsmäßigen Tätigkeit teilnehmen. Ebenso wird bestraft, wer nach dem Tode des zur Wahrung des fremden Geheimnisses nach Abs. 1 Verpflichteten das von dem Verstorbenen oder aus dessen Nachlaß erlangte Geheimnis unbefugt veröffentlicht.

Der Täter ist straffrei, wenn er ein solches Geheimnis zur Erfüllung einer Rechtspflicht oder sittlichen Pflicht oder sonst zu einem nach gesundem Volksempfinden berechtigten Zweck offenbart und wenn das bedrohte Rechtsgut überwiegt.

Die Tat wird nur auf Antrag des Verletzten verfolgt."

Für Apotheker gilt der mit dem § 13 der Reichsärzteordnung übereinstimmende § 24 der Reichsapothekerordnung vom 18. 4. 37.

Für das Krankenpflegepersonal gilt § 19 der Krankenpflegeverordnung vom 28. 9. 38 und der § 6 der Verordnung über Wochenpflegerinnen vom 7. 2. 43. Vgl. ferner § 10 des Geschlechtskrankheiten-Gesetzes vom 18. 2. 27.

II. Zu RAerzteO. § 13 III betr „gesundes Volksempfinden" gilt das zu §§ 240, 253 Gesagte. Auch hier könnte ohne Aenderung des Inhalts gelesen werden: „zu einem den guten Sitten entsprechenden Zweck".

10. Ausbeutung Minderjähriger.

301. Wer in gewinnsüchtiger Absicht und unter Benutzung des Leichtsinns oder der Unerfahrenheit eines Minderjährigen sich von demselben Schuldscheine, Wechsel, Empfangsbekenntnisse, Bürgschaftsinstrumente oder eine andere, eine Verpflichtung enthaltende Urkunde ausstellen oder auch nur mündlich ein Zahlungsversprechen erteilen läßt, wird mit Gefängnis bis zu sechs Monaten oder mit Geldstrafe bestraft.

Die Verfolgung tritt nur auf Antrag ein.

Schwere Ausbeutung Minderjähriger.

302. Wer in gewinnsüchtiger Absicht und unter Benutzung des Leichtsinns oder der Unerfahrenheit eines Minderjährigen sich von demselben unter Verpfändung der Ehre, auf Ehrenwort, eidlich oder unter ähnlichen

Versicherungen oder Beteuerungen die Zahlung einer Geldsumme oder die Erfüllung einer anderen, auf Gewährung geldwerter Sachen gerichteten Verpflichtung aus einem Rechtsgeschäfte versprechen läßt, wird mit Gefängnis bis zu einem Jahre oder mit Geldstrafe bestraft.

Neben der Gefängnisstrafe kann auf Verlust der bürgerlichen Ehrenrechte erkannt werden.

Dieselbe Strafe trifft denjenigen, welcher sich eine Forderung, von der er weiß, daß deren Berichtigung ein Minderjähriger in der vorbezeichneten Weise versprochen hat, abtreten läßt.

Die Verfolgung tritt nur auf Antrag ein.

11. **Wucher; a) Geldwucher; α) einfacher.**

302 a. Wer unter Ausbeutung der Notlage, des Leichtsinns oder der Unerfahrenheit eines anderen mit Bezug auf ein Darlehen oder auf die Stundung einer Geldforderung oder auf ein anderes zweiseitiges Rechtsgeschäft, welches denselben wirtschaftlichen Zwecken dienen soll sich oder einem Dritten Vermögensvorteile versprechen oder gewähren läßt, welche den üblichen Zinsfuß dergestalt überschreiten, daß nach den Umständen des Falles die Vermögensvorteile in auffälligem Mißverhältnis zu der Leistung stehen, wird wegen Wuchers mit Gefängnis bis zu sechs Monaten und zugleich mit Geldstrafe bestraft. Auch kann auf Verlust der bürgerlichen Ehrenrechte erkannt werden.

11. **Wucher; a) Geldwucher; β) schwerer.**

302 b. Wer sich oder einem Dritten die wucherlichen Vermögensvorteile (§ 302 a) verschleiert oder wechselmäßig oder unter Verpfändung der Ehre, auf Ehrenwort, eidlich oder unter ähnlichen Versicherungen oder Beteuerungen versprechen läßt, wird mit Gefängnis bis zu einem Jahre und zugleich mit Geldstrafe bestraft. Auch kann auf Verlust der bürgerlichen Ehrenrechte erkannt werden.

11. **Wucher; a) Geldwucher; γ) Nachwucher**

302 c. Dieselben Strafen (§§ 302 a, 302 b) treffen denjenigen, welcher mit Kenntnis des Sachverhalts eine Forderung der vorbezeichneten Art erwirbt und entweder dieselbe weiterveräußert oder die wucherlichen Vermögensvorteile geltend macht.

11. **Wucher; a) Geldwucher; δ) gewerbs- und gewohnheitsmäßiger.**

302 d. Wer den Wucher (§§ 302 a bis 302 c) gewerbs- oder gewohnheitsmäßig betreibt, wird mit Gefängnis nicht unter drei Monaten und zugleich mit Geldstrafe bestraft. Auch ist auf Verlust der bürgerlichen Ehrenrechte zu erkennen.

11. **Wucher; b) Sachwucher.**

302 e. Dieselbe Strafe (§ 302 d) trifft denjenigen, welcher mit Bezug auf ein Rechtsgeschäft anderer als der im § 302 a bezeichneten Art gewerbs- oder gewohnheitsmäßig unter Ausbeutung der Notlage, des Leichtsinns oder der Unerfahrenheit eines anderen sich oder einem Dritten Vermögensvorteile versprechen oder gewähren läßt, welche den Wert der Leistung dergestalt überschreiten, daß nach den Umständen des Falles die Vermögensvorteile in auffälligem Mißverhältnis zu der Leistung stehen

I. Hierzu Gesetz zur Aenderung der RStGB. v. 4. 9. 41 (RGBl. I S. 549) § 3. „Der Wucherer (§§ 302 d, 302 e des Strafgesetzbuchs) wird in besonders schweren Fällen mit Zuchthaus bestraft. Daneben kann auf Geldstrafe in unbeschränkter Höhe erkannt werden.'' Nach Vorbem. vor § 13 ist dies Gesetz z. Zt. nicht anwendbar.

II. Vgl. auch Mieterschutzgesetz v. 1. 6. 23 (17. 2. 28) § 49 a: „Wer für die mietweise oder auf Grund eines sonstigen Rechtsverhältnisses erfolgende Ueberlassung von Räumen oder im Zusammenhange damit für sich oder einen anderen einen Mietzins oder eine sonstige Vergütung fordert, annimmt oder sich versprechen läßt, die unter Berücksichtigung der gesamten Verhältnisse als unangemessen anzusehen sind, wird wegen Wuchers mit Räumen mit Geldstrafe oder mit Gefängnis bestraft. Ist die Tat fahrlässig begangen, so ist auf Geldstrafe oder Gefängnis bis zu einem Jahre zu erkennen.

Ebenso wird bestraft, wer für die Vermittlung eines Rechtsgeschäfts der im Abs. 1 Satz 1 bezeichneten Art eine Vergütung fordert, annimmt oder sich versprechen läßt, die unter Berücksichtigung der gesamten Verhältnisse als unangemessen anzusehen ist.

§ 49 b. Die Vorschriften des § 49 a finden auch auf die von Behörden sowie von der Deutschen Reichsbahn-Gesellschaft überlassenen Räume Anwendung.''

Sechsundzwanzigster Abschnitt.

Sachbeschädigung.

Einfache Sachbeschädigung.

303. Wer vorsätzlich und rechtswidrig eine fremde Sache beschädigt oder zerstört, wird mit Geldstrafe oder mit Gefängnis bis zu zwei Jahren bestraft.

Der Versuch ist strafbar.

Die Verfolgung tritt nur auf Antrag ein.

Ist das Vergehen gegen einen Angehörigen verübt, so ist die Zurücknahme des Antrages zulässig.

Beschädigung oder Zerstörung von res sacrae, religiosae, publicae.

304. Wer vorsätzlich und rechtswidrig Gegenstände der Verehrung einer im Staate bestehenden Religionsgesellschaft oder Sachen, die dem Gottesdienst gewidmet sind, oder Grabmäler, öffentliche Denkmäler, Gegenstände der Kunst, der Wissenschaft oder des Gewerbes, welche in öffentlichen Sammlungen aufbewahrt werden oder öffentlich aufgestellt sind, oder Gegenstände, welche zum öffentlichen Nutzen oder zur Verschönerung öffentlicher Wege, Plätze oder Anlagen dienen, beschädigt oder zerstört, wird mit Gefängnis bis zu drei Jahren oder mit Geldstrafe bestraft.

Neben der Gefängnisstrafe kann auf Verlust der bürgerlichen Ehrenrechte erkannt werden.

Der Versuch ist strafbar.

Zerstörung von Bauwerken.

305. Wer vorsätzlich und rechtwidrig ein Gebäude, ein Schiff, eine Brücke, einen Damm, eine gebaute Straße, eine Eisenbahn oder ein anderes Bauwerk, welche fremdes Eigentum sind, ganz oder teilweise zerstört, wird mit Gefängnis nicht unter einem Monat bestraft.

Der Versuch ist strafbar.

Siebenundzwanzigster Abschnitt.

Gemeingefährliche Verbrechen und Vergehen.

1. Brandstiftung; a) schwere.

306. Wegen Brandstiftung wird mit Zuchthaus bestraft, wer vorsätzlich in Brand setzt

1. ein zu gottesdienstlichen Versammlungen bestimmtes Gebäude,
2. ein Gebäude, ein Schiff oder eine Hütte, welche zur Wohnung von Menschen dienen oder
3. eine Räumlichkeit, welche zeitweise zum Aufenthalt von Menschen dient, und zwar zu einer Zeit, während welcher Menschen in derselben sich aufzuhalten pflegen.

b) Besonders schwere Brandstiftung.

307. Die Brandstiftung (§ 306) wird mit Zuchthaus nicht unter zehn Jahren oder mit lebenslänglichem Zuchthaus bestraft, wenn

1. der Brand den Tod eines Menschen dadurch verursacht hat, daß dieser zur Zeit der Tat in einer der in Brand gesetzten Räumlichkeiten sich befand,
2. die Brandstiftung in der Absicht begangen worden ist, um unter Begünstigung derselben Mord oder Raub zu begehen oder einen Aufruhr zu erregen oder
3. der Brandstifter, um das Löschen des Feuers zu verhindern oder zu erschweren, Löschgerätschaften entfernt oder unbrauchbar gemacht hat.

c) Einfache Brandstiftung.

308. Wegen Brandstiftung wird mit Zuchthaus bis zu zehn Jahren bestraft, wer vorsätzlich Gebäude, Schiffe, Hütten, Bergwerke, Magazine, Warenvorräte, welche auf dazu bestimmten öffentlichen Plätzen lagern, Vorräte von landwirtschaftlichen Erzeugnissen oder von Bau- oder Brennmaterialien, Früchte auf dem Felde, Waldungen oder Torfmoore in Brand setzt, wenn diese Gegenstände entweder fremdes Eigentum sind oder zwar dem Brandstifter eigentümlich gehören, jedoch ihrer Beschaffenheit und Lage nach geeignet sind, das Feuer einer der im § 306 Nr. 1 bis 3 bezeichneten Räumlichkeiten oder einem der vorstehend bezeichneten fremden Gegenstände mitzuteilen.

Sind mildernde Umstände vorhanden, so tritt Gefängnisstrafe nicht unter sechs Monaten ein.

d) **Fahrlässige Branderregung.**

309. Wer durch Fahrlässigkeit einen Brand der in den §§ 306 und 308 bezeichneten Art herbeiführt, wird mit Gefängnis und mit Geldstrafe oder mit einer dieser Strafen bestraft; ist durch den Brand der Tod eines Menschen verursacht worden, so beträgt die Gefängnisstrafe mindestens einen Monat.

Das Gesetz v 4. 9. 41 hat die Strafe hinaufgesetzt. Die alte Fassung hatte gelautet: „. . . mit Gefängnis bis zu einem Jahre oder mit Geldstrafe und, wenn durch den Brand der Tod eines Menschen verursacht worden ist, mit Gefängnis von einem Monat bis zu drei Jahren bestraft". Nach der Sperrvorschrift in Vorbem. vor § 13 darf diese Strafänderung nicht angewendet werden. KR. 11 hat freilich den § 309 nicht beanstandet.

Tätige Reue.

310. Hat der Täter den Brand, bevor derselbe entdeckt und ein weiterer als der durch die bloße Inbrandsetzung bewirkte Schade entstanden war, wieder gelöscht, so wird er nicht wegen Brandstiftung bestraft.

In § 310 hat das Ges. v. 28. 6. 35 die Worte: „so wird er nicht wegen Brandstiftung bestraft" an die Stelle der Worte gesetzt: „so tritt Straflosigkeit ein". Es sollte entgegen der herrschenden Meinung sichergestellt werden, daß Strafe unter anderen Gesichtspunkten, z. B. wegen Sachbeschädigung oder Versicherungsbetrug, zulässig ist. KR. 11 hat es nicht beanstandet.

e) **Schutz vor Waldbränden.**

310 a. Wer

1. feuergefährdete Betriebe und Anlagen, insbesondere solche, in denen explosive Stoffe, brennbare Flüssigkeiten oder brennbare Gase hergestellt oder gewonnen werden oder sich befinden, sowie Anlagen oder Betriebe der Land- oder Ernährungswirtschaft,

in denen sich Getreide, Futter oder Streumittel, Heu, Stroh, Hanf, Flachs oder andere land- oder ernährungswirtschaftliche Erzeugnisse befinden,

2. Wald-, Heide- oder Moorflächen, bestellte Felder oder Felder, auf denen Getreide, Heu oder Stroh lagert, durch Rauchen, durch Verwenden von offenem Feuer oder Licht oder deren ungenügende Beaufsichtigung, durch Wegwerfen brennender oder glimmender Gegenstände oder in sonstiger Weise vorsätzlich oder fahrlässig in Brandgefahr bringt,

wird mit Gefängnis und mit Geldstrafe oder mit einer dieser Strafen bestraft.

Der durch Ges. v. 28. 6. 35 eingefügte und durch Ges. v. 4. 9. 41 geänderte § 310 a ist beizubehalten. KR. 11 hat ihn nicht berührt.

Zerstörung durch explodierende Stoffe.

311. Die gänzliche oder teilweise Zerstörung einer Sache durch Gebrauch von Pulver oder anderen explodierenden Stoffen ist der Inbrandsetzung der Sache gleich zu achten.

2. Ueberschwemmung; a) vorsätzliche.

312. Wer mit gemeiner Gefahr für Menschenleben vorsätzlich eine Ueberschwemmung herbeiführt, wird mit Zuchthaus nicht unter drei Jahren und, wenn durch die Ueberschwemmung der Tod eines Menschen verursacht worden ist, mit Zuchthaus nicht unter zehn Jahren oder mit lebenslänglichem Zuchthaus bestraft.

313. Wer mit gemeiner Gefahr für das Eigentum vorsätzlich eine Ueberschwemmung herbeiführt, wird mit Zuchthaus bestraft.

Ist jedoch die Absicht des Täters nur auf Schutz seines Eigentums gerichtet gewesen, so ist auf Gefängnis nicht unter einem Jahre zu erkennen.

b) Fahrlässige Ueberschwemmung.

314. Wer eine Ueberschwemmung mit gemeiner Gefahr für Leben oder Eigentum durch Fahrlässigkeit herbeiführt, wird mit Gefängnis bis zu einem Jahre und, wenn durch die Ueberschwemmung der Tod eines Menschen verursacht worden ist, mit Gefängnis von einem Monat bis zu drei Jahren bestraft.

3. Gemeingefährliche Transportstörung.

315. Wer die Sicherheit des Betriebes einer Eisenbahn oder Schwebebahn, der Schiffahrt oder der Luftfahrt durch Beschädigen, Zerstören oder Beseitigen von Anlagen oder Beförderungsmitteln, durch Bereiten von Hindernissen, durch falsche Zeichen oder Signale oder durch ähnliche Eingriffe oder durch eine an Gefährlichkeit einem solchen Eingriff gleichkommende pflichtwidrige Unterlassung beeinträchtigt und dadurch eine Gemeingefahr herbeiführt, wird mit Zuchthaus bis zu zehn Jahren bestraft. In besonders schweren Fällen ist auf Zuchthaus nicht unter fünf Jahren oder auf lebenslanges Zuchthaus oder auf Todesstrafe zu erkennen.

Wer auf solche Weise die Sicherheit des Betriebes einer Straßenbahn beeinträchtigt und dadurch eine Gemeingefahr herbeiführt, wird mit Gefängis bestraft. Der Versuch ist strafbar. In besonders schweren Fällen ist die Strafe Zuchthaus bis zu zehn Jahren.

Gemeingefahr bedeutet eine Gefahr für Leib oder Leben, sei es auch nur eines einzelnen Menschen oder für bedeutende Sachwerte, die in fremdem Eigentum stehen oder deren Vernichtung gegen das Gemeinwohl verstößt.

Die §§ 315, 316 sind durch Ges. v. 28. 6 35 neu gefaßt, die §§ 319, 320, 322, 323 sind hierbei gestrichen worden. Die neue Regelung ist beizubehalten, KR. 11 hat sie nicht berührt, denn sie enthält neue Tatbestände. Todesstrafe ist gemäß Vorbem. vor § 13 unzulässig.

316. Wer fahrlässig eine der im § 315 Abs. 1 bezeichneten Taten begeht, wird mit Gefängnis nicht unter einem Monat bestraft.

Wer fahrlässig eine der im § 315 Abs. 2 bezeichneten Taten begeht, wird mit Gefängnis bis zu drei Jahren oder mit Geldstrafe bestraft.

4. **Vorsätzliche Gefährdung des Telegraphenbetriebes.**

317. Wer vorsätzlich und rechtswidrig den Betrieb einer zu öffentlichen Zwecken dienenden Telegraphenanlage dadurch verhindert oder gefährdet, daß er Teile oder Zubehörungen derselben beschädigt oder Veränderungen daran vornimmt, wird mit Gefängnis von einem Monat bis zu drei Jahren bestraft.

Fahrlässige Gefährdung des Telegraphenbetriebes.

318. Wer fahrlässigerweise durch eine der vorbezeichneten Handlungen den Betrieb einer zu öffentlichen Zwecken dienenden Telegraphenanlage verhindert oder gefährdet, wird mit Gefängnis bis zu einem Jahre oder mit Geldstrafe bestraft.

Gleiche Strafe trifft die zur Beaufsichtigung und Bedienung der Telegraphenanlagen und ihrer Zubehörungen angestellten Personen, wenn sie durch Vernachlässigung der ihnen obliegenden Pflichten den Betrieb verhindern oder gefährden.

Vorsätzliche oder fahrlässige Gefährdung des Rohrpost- und Fernsprechbetriebes.

318 a. Die Vorschriften in den §§ 317 und 318 finden gleichmäßige Anwendung auf die Verhinderung oder Gefährdung des Betriebes der zu öffentlichen Zwecken dienenden Rohrpostanlagen.

Unter Telegraphenanlagen im Sinne der §§ 317 und 318 sind Fernsprechanlagen mitbegriffen.

319 und **320.** [betrafen **Nebenstrafen;** gestrichen durch Ges. v. 28. 6. 35. Ersatz: §§ 42 l, 145 c sowie Dienststrafrecht.]

5. **Vorsätzliche Beschädigung von Wasserbauten usw.**

321. Wer vorsätzlich Wasserleitungen, Schleusen, Wehre, Deiche, Dämme oder andere Wasserbauten oder Brücken, Fähren, Wege oder Schutzwehre oder dem Bergwerksbetriebe dienende Vorrichtungen zur Wasserhaltung, zur Wetterführung oder zum Ein- und Ausfahren der Arbeiter zerstört oder beschädigt und durch eine dieser Handlungen Gefahr für das Leben oder die Gesundheit anderer herbeiführt, wird mit Gefängnis nicht unter drei Monaten bestraft.

Ist durch eine dieser Handlungen eine schwere Körperverletzung verursacht worden, so tritt Zuchthausstrafe bis zu fünf Jahren und, wenn der Tod eines Menschen verursacht worden ist, Zuchthausstrafe nicht unter fünf Jahren ein.

322 und 323. [Durch Ges. v. 28. 6. 35 gestrichen. Ersatz: § 315 I.]

7. **Vorsätzliche Brunnenvergiftung**

324. Wer vorsätzlich Brunnen oder Wasserbehälter, welche zum Gebrauche anderer dienen oder Gegenstände, welche zum öffentlichen Verkauf oder Gebrauch bestimmt sind, vergiftet oder denselben Stoffe beimischt, von denen ihm bekannt ist, daß sie die menschliche Gesundheit zu zerstören geeignet sind, ingleichen wer solche vergiftete oder mit gefährlichen Stoffen vermischte Sachen wissentlich und mit Verschweigung dieser Eigenschaft verkauft, feilhält oder sonst in Verkehr bringt, wird mit Zuchthaus bis zu zehn Jahren und, wenn durch die Handlung der Tod eines Menschen verursacht worden ist, mit Zuchthaus nicht unter zehn Jahren oder mit lebenslänglichem Zuchthaus bestraft.

Polizeiaufsicht.

325. Neben der nach den Vorschriften der §§ 306 bis 308, 311 bis 313, 315, 321 bis 324 erkannten Zuchthausstrafe kann auf Zulässigkeit von Polizeiaufsicht erkannt werden.

Fahrlässige Begehung der Delikte aus §§ 321 und 324.

326. Ist eine der in den §§ 321 bis 324 bezeichneten Handlungen aus Fahrlässigkeit begangen worden, so ist, wenn durch die Handlung ein Schaden verursacht worden ist, auf Gefängnis bis zu einem Jahr und, wenn der Tod eines Menschen verursacht worden ist, auf Gefängnis von einem Monat bis zu drei Jahren zu erkennen.

8. **Verletzung von Absperrungsmaßregeln;**

a) **gegen ansteckende Krankheiten.**

327. Wer die Absperrungs- und Aufsichtsmaßregeln oder Einfuhrverbote, welche von der zuständigen Behörde zur Verhütung des Einführens oder Verbreitens einer ansteckenden Krankheit angordnet worden sind, wissentlich verletzt, wird mit Gefängnis bis zu zwei Jahren oder mit Geldstrafe bestraft.

Ist infolge dieser Verletzung ein Mensch von der ansteckenden Krankheit ergriffen worden, so tritt Gefängnisstrafe von drei Monaten bis zu drei Jahren ein.

Verletzung der Absperrungsmaßregeln; b) gegen Viehseuchen.

328. Wer die Absperrungs- oder Aufsichtsmaßregeln oder Einfuhrverbote, welche von der zuständigen Behorde zur Verhütung des Einführens oder Verbreitens von Viehseuchen angeordnet worden sind, wissentlich verletzt, wird mit Gefängnis bis zu einem Jahre oder mit Geldstrafe bestraft.

Ist infolge dieser Verletzung Vieh von der Seuche ergriffen worden, so tritt Gefängnisstrafe von einem Monat bis zu zwei Jahren ein.

329. Wer die mit einer Behörde geschlossenen Lieferungsverträge (über Bedürfnisse des Heeres oder der Marine zur Zeit eines Krieges, oder) über Lebensmittel zur Abwendung oder Beseitigung eines Notstandes vorsätzlich entweder nicht zur bestimmten Zeit oder nicht in der vorbedungenen Weise erfüllt, wird mit Gefängnis nicht unter sechs Monaten bestraft; auch kann auf Verlust der bürgerlichen Ehrenrechte erkannt werden.

Liegt der Nichterfüllung des Vertrages Fahrlässigkeit zum Grunde, so ist, wenn durch die Handlung ein Schaden verursacht worden ist, auf Gefängnis bis zu zwei Jahren zu erkennen.

Dieselben Strafen finden auch gegen die Unterlieferanten, Vermittler und Bevollmächtigten des Lieferanten Anwendung, welche mit Kenntnis des Zweckes der Lieferung die Nichterfüllung derselben vorsätzlich oder aus Fahrlässigkeit verursachen.

Durch Ges. v. 24. 4. 34 war § 329 außer Kraft gesetzt und sein Inhalt als § 92 a in den Abschnitt über den „Landesverrat" aufgenommen worden, obwohl die Nichterfüllung von Notstands-Lieferungsverträgen mit Landesverrat nichts zu tun hat. (Vgl. daher auch die Trennung dieser Bestimmungen im Entwurf 1927.) Nachdem nunmehr der gesamte Abschnitt über Landesverrat durch den KR. 11 aufgehoben worden ist, scheint die Strafvorschrift über Nichterfüllung von Notstands-Lieferungsverträgen mit außer Kraft gesetzt zu sein Für diesen besonderen Fall widerspricht es jedoch nicht dem Sinn des Art. IV KR. 11, wenn unter Weglassung der Strafbestimmung bezüglich der Kriegslieferungsverträge § 329 hier wieder aufgenommen wird, da er in der oben zur Anwendung vorgeschlagenen Fassung nicht zu einer aufgehobenen Materie gehört.

9. Verletzung der Regeln der Baukunst.

330. Wer bei der Leitung oder Ausführung eines Baues wider die allgemein anerkannten Regeln der Baukunst dergestalt handelt, daß hieraus für andere Gefahr entsteht, wird mit Geldstrafe oder mit Gefängnis bis zu einem Jahre bestraft.

10. Vollrausch.

330 a. Wer sich vorsätzlich oder fahrlässig durch den Genuß geistiger Getränke oder durch andere berauschende Mittel in einen die Zurechnungsfähigkeit (§ 51 Abs. 1) ausschließenden Zustand versetzt, wird mit Gefängnis oder mit Geldstrafe bestraft, wenn er in diesem Zustand eine mit Strafe bedrohte Handlung begeht.

Die Strafe darf jedoch nach Art und Maß nicht schwerer sein, als die für die vorsätzliche Begehung der Handlung angedrohte Strafe.

Die Verfolgung tritt nur auf Antrag ein, wenn die begangene Handlung nur auf Antrag verfolgt wird.

11. Verschaffung von Rauschgiften an Anstaltsinsassen.

330 b. Wer wissentlich einer Person, die in einer Trinkerheilanstalt oder einer Entziehungsanstalt untergebracht ist, ohne Erlaubnis des Leiters der Anstalt geistige Getränke oder andere berauschende Mittel verschafft, wird mit Gefängnis bis zu drei Monaten oder mit Geldstrafe bestraft.

Die §§ 330 a und 330 b sind eingefügt durch Ges. v. 24. 11. 33. Sie sind nicht nationalsozialistisch und durch KR 11 nicht berührt.

Unterlassene Hilfeleistung.

330 c. Wer bei Unglücksfällen oder gemeiner Gefahr oder Not nicht Hilfe leistet, obwohl dies nach gesundem Volksempfinden seine Pflicht ist, insbesondere wer der polizeilichen Aufforderung zur Hilfeleistung nicht nachkommt, obwohl er der Aufforderung ohne erhebliche eigene Gefahr und ohne Verletzung anderer wichtiger Pflichten genügen kann, wird mit Gefängnis bis zu zwei Jahren oder mit Geldstrafe bestraft.

§ 330 c ist zwar vom nationalsozialistischen Gesetzgeber in Erweiterung des § 360 Nr. 10 durch Ges. v. 28. 6. 35 neu eingefügt. Er hat aber hiermit nur einer allgemeinen Menschenpflicht („edel sei der Mensch, hilfreich und gut") eine rechtliche Sanktion gegeben. Diese vom KR. 11 nicht beanstandete Bestimmung ist daher beizubehalten Wen die Wendung „nach gesundem Volksempfinden" stört, lese „obwohl dies Menschenpflicht wäre". Diese tritt hier an die Stelle der in § 360 Nr. 10 vorausgesetzten polizeilichen Aufforderung.

Achtundzwanzigster Abschnitt.

Verbrechen und Vergehen im Amte.

Pflichtwidrige Geschenkannahme.

331. Ein Beamter, welcher für eine in sein Amt einschlagende, an sich nicht pflichtwidrige Handlung Geschenke oder andere Vorteile annimmt, fordert oder sich versprechen läßt, wird mit Geldstrafe oder mit Gefängnis bis zu sechs Monaten bestraft.

Passive Bestechung im engeren Sinne.

332. Ein Beamter, welcher für eine Handlung, die eine Verletzung einer Amts- oder Dienstpflicht enthält, Geschenke oder andere Vorteile annimmt, fordert oder sich versprechen läßt, wird wegen Bestechung mit Zuchthaus bis zu fünf Jahren bestraft.

Sind mildernde Umstände vorhanden, so tritt Gefängnisstrafe ein.

Einfache aktive Bestechung.

333. Wer einem Beamten
[oder einem Mitgliede der bewaffneten Macht],
Geschenke oder andere Vorteile anbietet, verspricht oder gewährt, um ihn zu einer Handlung, die eine Verletzung einer Amts- oder Dienstpflicht enthält, zu bestimmen, wird wegen Bestechung mit Gefängnis bestraft; auch kann auf Verlust der bürgerlichen Ehrenrechte erkannt werden.

Sind mildernde Umstände vorhanden, so kann auf Geldstrafe erkannt werden.

Passive und aktive Richterbestechung.

334. Ein Richter, Schiedsrichter, Beisitzer einer Arbeitsgerichtsbehörde, Geschworener oder Schöffe, welcher Geschenke oder andere Vorteile fordert, annimmt oder sich versprechen läßt, um eine Rechtssache, deren Leitung oder Entscheidung ihm obliegt, zugunsten oder zum Nachteil eines Beteiligten zu leiten oder zu entscheiden, wird mit Zuchthaus bestraft.

Derjenige, welcher einem Richter, Schiedsrichter, Beisitzer einer Arbeitsgerichtsbehörde, Geschworenen oder Schöffen zu dem vorbezeichneten Zwecke Geschenke oder andere Vorteile anbietet, verspricht oder gewährt, wird mit Zuchthaus bestraft. Sind mildernde Umstände vorhanden, so tritt Gefängnisstrafe ein.

Verfallserklärung.

335. In den Fällen der §§ 331 bis 334 ist im Urteil das Empfangene oder der Wert desselben für dem Staate verfallen zu erklären.

Rechtsbeugung.

336. Ein Beamter oder Schiedsrichter, welcher sich bei der Leitung oder Entscheidung einer Rechtssache vorsätzlich zugunsten oder zum Nachteil einer Partei einer Beugung des Rechtes schuldig macht, wird mit Zuchthaus bis zu fünf Jahren bestraft.

337. ist ersetzt durch § 67 des Gesetzes über die Beurkundung des Personenstandes und die Eheschließung vom 3 11. 35.:

(1) Wer die religiösen Feierlichkeiten einer Eheschließung vornimmt, bevor die Ehe vor dem Standesbeamten geschlossen ist, wird mit Geldstrafe oder mit Gefängnis bestraft.

(2) Eine Bestrafung tritt nicht ein, wenn einer der Verlobten lebensgefährlich erkrankt und ein Aufschub nicht möglich ist.

Beihilfe zur Bigamie.

338. Ein Religionsdiener oder Personenstandsbeamter, welcher, wissend, daß eine Person verheiratet ist, eine neue Ehe derselben schließt, wird mit Zuchthaus bis zu fünf Jahren bestraft.

339. Ein Beamter, welcher durch Mißbrauch seiner Amtsgewalt oder durch Androhung eines bestimmten Mißbrauchs derselben jemand zu einer Handlung, Duldung oder Unterlassung widerrechtlich nötigt, wird mit Gefängnis bestraft.

Der Versuch ist strafbar.

In den Fällen der §§ 106, 107, 167 und 253 tritt die daselbst angedrohte Strafe ein, wenn die Handlung von einem Beamten, wenn auch ohne Gewalt oder Drohung, aber durch Mißbrauch seiner Amtsgewalt oder Androhung eines bestimmten Mißbrauchs derselben begangen ist.

§ 339 ist nicht etwa dadurch überflüssig geworden, daß § 240 in der Neufassung übernommen wurde „Androhung" eines Amtsmißbrauchs fällt zwar unter § 240, aber nur dann, wenn die Ausführung des Amtsmißbrauchs ein „empfindliches Uebel" sein würde. § 339 bleibt also unentbehrlich für Fälle, in denen es dahingestellt bleiben kann, ob das angedrohte Uebel empfindlich war; und sodann für einen mit einer „Androhung" nicht verbundenen tatsächlichen „Mißbrauch der Amtsgewalt". Bei der Aufhebung des § 339 durch VO. v. 29 5. 43 wurden solche Fälle offenbar nicht bedacht.

Körperverletzung im Amte.

340. Ein Beamter, welcher in Ausübung oder in Veranlassung der Ausübung seines Amtes vorsätzlich eine Körperverletzung begeht oder begehen läßt, wird mit Gefängnis nicht unter drei Monaten bestraft. Sind mildernde Umstände vorhanden, so kann die Strafe bis auf einen Tag Gefängnis ermäßigt oder auf Geldstrafe erkannt werden.

Ist die Körperverletzung eine schwere, so ist auf Zuchthaus nicht unter zwei Jahren zu erkennen. Sind mildernde Umstände vorhanden, so tritt Gefängnisstrafe nicht unter drei Monaten ein.

Freiheitsberaubung im Amte.

341. Ein Beamter, welcher vorsätzlich, ohne hierzu berechtigt zu sein, eine Verhaftung oder vorläufige Ergreifung und Festnahme oder Zwangsgestellung vornimmt oder vornehmen läßt oder die Dauer einer Freiheitsentziehung verlängert, wird nach Vorschrift des § 239, jedoch mindestens mit Gefängnis von drei Monaten bestraft.

Hausfriedensbruch im Amte.

342. Ein Beamter, der in Ausübung oder in Veranlassung der Ausübung seines Amtes einen Hausfriedensbruch (§ 123) begeht, wird mit Gefängnis bis zu einem Jahre oder mit Geldstrafe bestraft.

Aussageerpressung.

343. Ein Beamter, welcher in einer Untersuchung Zwangsmittel anwendet oder anwenden läßt, um Geständnisse oder Aussagen zu erpressen, wird mit Zuchthaus bis zu fünf Jahren bestraft.

Verfolgung Unschuldiger.

344. Ein Beamter, welcher vorsätzlich zum Nachteil einer Person, deren Unschuld ihm bekannt ist, die Eröffnung oder Fortsetzung einer Untersuchung beantragt oder beschließt, wird mit Zuchthaus bestraft.

Unzulässige Strafvollstreckung.

345. Ein Beamter, der vorsätzlich eine Strafe oder eine Maßregel der Sicherung und Besserung vollstreckt, die nicht zu vollstrecken ist, wird mit Zuchthaus bestraft.

Ist die Handlung aus Fahrlässigkeit begangen, so tritt Gefängnisstrafe oder Festungshaft bis zu einem Jahre oder Geldstrafe ein.

Begünstigung im Amte.

346. Ein Beamter, der vermöge seines Amtes zur Mitwirkung bei einem Strafverfahren oder bei der Vollstreckung einer Strafe oder einer Maßregel der Sicherung und Besserung berufen ist und wissentlich jemand der im Gesetz vorgesehenen Strafe oder Maßregel entzieht, wird mit Zuchthaus bis zu fünf Jahren bestraft

Sind mildernde Umstände vorhanden, so tritt Gefängnisstrafe nicht unter einem Monat ein.

Entweichenlassen von Gefangenen.

347. Ein Beamter, welcher einen Gefangenen, dessen Beaufsichtigung, Begleitung oder Bewachung ihm anvertraut ist, vorsätzlich entweichen läßt oder dessen Befreiung vorsätzlich bewirkt oder befördert wird mit Zuchthaus bis zu fünf Jahren bestraft. Sind mildernde Umstände vorhanden, so tritt Gefängnisstrafe nicht unter einem Monat ein

Ist die Entweichung durch Fahrlässigkeit befördert oder erleichtert worden, so tritt Gefängnisstrafe bis zu sechs Monaten oder Geldstrafe ein.

Einem Gefangenen steht gleich, wer in Sicherungsverwahrung oder in einem Arbeitshaus untergebracht ist.

Die §§ 345, 346, 347 sind durch das Gewohnheitsverbrecher-Ges v. 24 11 33 geändert worden Die Aenderungen sind im Anschluß an den Abschnitt über Maßregeln der Sicherung und Besserung unentbehrlich KR 11 hat sie nicht beanstandet

Falschbeurkundung und Urkundenfälschung im Amt.

348. Ein Beamter, welcher zur Aufnahme öffentlicher Urkunden befugt, innerhalb seiner Zuständigkeit vorsätzlich eine rechtlich erhebliche Tatsache falsch beurkundet oder in öffentliche Register oder Bücher falsch einträgt, wird mit Gefängnis nicht unter einem Monat bestraft.

Dieselbe Strafe trifft einen Beamten, welcher eine ihm amtlich anvertraute oder zugängliche Urkunde vorsätzlich vernichtet, beiseite schafft, beschädigt oder verfälscht.

Der Versuch ist strafbar.

In schweren Fällen ist die Strafe Zuchthaus.

Die VO. v. 29. 5 43 hat die Abs 3 und 4 des § 348 eingefügt und den § 349 gestrichen Eine oft beklagte Starrheit des Ges wurde damit beseitigt. KR. 11 hat die Aenderung nicht beanstandet.

349. [betraf schwere Fälle des § 348; gestrichen durch VO v 29. 5. 43. Ersatz: § 348 Abs. 4.]

Einfache Amtsunterschlagung.

350. Ein Beamter, welcher Gelder oder andere Sachen, die er in amtlicher Eigenschaft empfangen oder in Gewahrsam hat, unterschlägt, wird mit Gefängnis nicht unter drei Monaten bestraft; auch kann auf Verlust der bürgerlichen Ehrenrechte erkannt werden.

Der Versuch ist strafbar.

Schwere Amtsunterschlagung

351. Hat der Beamte in Beziehung auf die Unterschlagung die zur Eintragung oder Kontrolle der Einnahmen oder Ausgaben bestimmten Rechnungen, Register oder Bücher unrichtig geführt, verfälscht oder unterdrückt oder unrichtige Abschlüsse oder Auszüge aus diesen Rechnungen, Registern oder Büchern, oder unrichtige Belege zu denselben vorgelegt oder ist in Beziehung auf die Unterschlagung auf Fässern, Beuteln oder Paketen der Geldinhalt fälschlich bezeichnet, so ist auf Zuchthaus bis zu zehn Jahren zu erkennen.

Sind mildernde Umstände vorhanden, so tritt Gefängnisstrafe nicht unter sechs Monaten ein.

Gebührenüberhebung.

352. Ein Beamter, Advokat Anwalt oder sonstiger Rechtsbeistand, welcher Gebühren oder andere Vergütungen für amtliche Verrichtungen zu seinem Vorteil zu erheben hat, wird, wenn er Gebühren oder Vergütungen erhebt von denen er weiß, daß der Zahlende sie überhaupt nicht oder nur in geringerem Betrage verschuldet, mit Geldstrafe oder mit Gefängnis bis zu einem Jahre bestraft.

Der Versuch ist strafbar.

Gebührenüberhebung und Verkürzung von Leistungsempfängern.

353. Ein Beamter, welcher Steuern, Gebühren oder andere Abgaben für eine öffentliche Kasse zu erheben hat, wird, wenn er Abgaben, von denen er weiß, daß der Zahlende sie überhaupt nicht oder nur in geringerem Betrage verschuldet, erhebt, und das rechtswidrig Erhobene ganz oder zum Teil nicht zur Kasse bringt, mit Gefängnis nicht unter drei Monaten bestraft.

Gleiche Strafe trifft den Beamten, welcher bei amtlichen Ausgaben an Geld oder Naturalien dem Empfänger vorsätzlich und rechtswidrig Abzüge macht und die Ausgaben als vollständig geleistet in Rechnung stellt.

353 a. [betraf **Verletzung der Amtsverschwiegenheit** durch Beamte usw des Auswärtigen Amtes; aufgehoben durch KR. Nr. 11.]

Bruch der Amtsverschwiegenheit.

353 b. Ein Beamter oder früherer Beamter der unbefugt ein ihm bei Ausübung seines Amtes anvertrautes oder zugänglich gewordenes Geheimnis offenbart und dadurch wichtige öffentliche Interessen gefährdet, wird mit Gefängnis, in besonders schweren Fällen mit Zuchthaus bis zu zehn Jahren bestraft; hat der Täter mit der eingetretenen Gefährdung fahrlässig nicht gerechnet, so ist auf Gefängnis bis zu drei Jahren oder auf Geldstrafe zu erkennen.

Einem Beamten steht eine für eine Behörde tätige Person gleich, die auf die gewissenhafte Erfüllung ihrer Dienstpflicht durch Handschlag oder zur Verschwiegenheit besonders verpflichtet worden ist.

Der Versuch ist strafbar.

Die Tat wird nur mit Zustimmung der dem Täter vorgesetzten Behörde und, wenn er nicht mehr in seinem Amt oder seiner Stellung ist, mit Zustimmung der letzten vorgesetzten Behörde verfolgt. Die Verfolgung von Personen, die zur Verschwiegenheit besonders verpflichtet worden sind, tritt nur auf Anordnung des Reichsministers der Justiz ein.

353 c. Wer, abgesehen von dem Fall des § 353 b, unbefugt ein amtliches Schriftstück, das als geheim oder vertraulich bezeichnet worden ist oder dessen wesentlichen Inhalt ganz oder zum Teil einem anderen mitteilt und dadurch wichtige öffentliche Interessen gefährdet, wird mit Gefängnis bestraft.

Ebenso wird bestraft, wer unbefugt einem anderen eine Mitteilung weitergibt, zu deren Geheimhaltung er von einer zuständigen Stelle besonders verpflichtet worden ist und dadurch wichtige öffentliche Interessen gefährdet.

In besonders schweren Fällen ist die Strafe Zuchthaus bis zu zehn Jahren.

Hat der Täter mit der eingetretenen Gefährdung fahrlässig nicht gerechnet, so ist auf Gefängnis bis zu zwei Jahren oder auf Geldstrafe zu erkennen

Der Versuch ist strafbar.

Der Täter wird nur auf Anordnung des Reichsministers der Justiz verfolgt.

Durch KR. 11 wurde § 353 a (der sogenannte Arnimparagraph) gestrichen. Sein Inhalt ging, soweit es sich um den Abs. 1 handelte, in den §§ 353 b und 353 c, die durch Ges. v. 2. 7 36 geschaffen worden waren auf. Der Abs. 2 des § 353 a, der an Beamte des Auswärtigen Dienstes Eigenmächtigkeiten und irreführende Berichte kriminell ahndete, ist hiermit ersatzlos gestrichen. Dje §§ 353 b und 353 c sind von KR 11 nicht beanstandet.

Verletzung des Briefgeheimnisses.

354. Ein Postbeamter, welcher die der Post anvertrauten Briefe oder Pakete in anderen als den im Gesetz vorgesehenen Fällen eröffnet oder unterdrückt, oder einem anderen wissentlich eine solche Handlung gestattet, oder ihm dabei wissentlich Hilfe leistet, wird mit Gefängnis nicht unter drei Monaten bestraft.

Verletzung des Telegraphen- und Fernsprechgeheimnisses.

355. Telegraphenbeamte oder andere mit der Beaufsichtigung und Bedienung einer zu öffentlichen Zwecken dienenden Telegraphenanstalt betraute Personen, welche die einer Telegraphenanstalt anvertrauten Depeschen verfälschen oder in anderen, als den im Gesetz vorgesehenen Fällen eröffnen oder unterdrücken, oder von ihrem Inhalt Dritte rechtswidrig benachrichtigen, oder einem anderen wissentlich eine solche Handlung gestatten oder ihm dabei wissentlich Hilfe leisten, werden mit Gefängnis bestraft.

Den einer Telegraphenanstalt anvertrauten Depeschen werden Nachrichten gleichgeachtet, die durch eine zu öffentlichen Zwecken dienende Fernsprechanlage vermittelt werden.

Parteiverrat (Prävarikation).

356. Ein Advokat, Anwalt oder ein anderer Rechtsbeistand, welcher bei den ihm vermöge seiner amtlichen Eigenschaft anvertrauten Angelegenheiten in derselben Rechtssache beiden Parteien durch Rat oder Beistand pflichtwidrig dient, wird mit Gefängnis nicht unter drei Monaten bestraft.

Handelt derselbe im Einverständnisse mit der Gegenpartei zum Nachteile seiner Partei, so tritt Zuchthausstrafe bis zu fünf Jahren ein.

Pflichtverletzung des Amtsvorgesetzten.

357. Ein Amtsvorgesetzter, welcher seine Untergebenen zu einer strafbaren Handlung im Amte vorsätzlich verleitet oder zu verleiten unternimmt, oder eine solche strafbare Handlung seiner Untergebenen wissentlich geschehen läßt, hat die auf diese strafbare Handlung angedrohte Strafe verwirkt.

Dieselbe Bestimmung findet auf einen Beamten Anwendung, welchem eine Aufsicht oder Kontrolle über die Amtsgeschäfte eines anderen Beamten übertragen ist, sofern die von diesem letzteren Beamten begangene strafbare Handlung die zur Aufsicht oder Kontrolle gehörenden Geschäfte betrifft.

Nebenstrafe.

358. Neben der nach Vorschrift der §§ 331, 339 bis 341, 352 bis 355 und 357 erkannten Gefängnisstrafe kann auf Verlust der Fähigkeit zur Bekleidung öffentlicher Aemter auf die Dauer von einem bis zu fünf Jahren erkannt werden.

Begriff des Beamten.

359. Unter Beamten im Sinne dieses Strafgesetzes sind zu verstehen alle im Dienste des Reichs oder in unmittelbarem oder mittelbarem Dienste eines deutschen Landes auf Lebenszeit, auf Zeit oder nur vorläufig angestellte Personen, ohne Unterschied, ob sie einen Diensteid geleistet haben oder nicht, ingleichen Notare, nicht aber Advokaten und Anwälte.

In der **sowjetisch** besetzten Zone ist „die Einrichtung des **Berufsbeamtentums** in einen Schwebezustand geraten. Das Land Sachsen kennt als öffentlichen Funktionär nur noch den Angestellten des öffentlichen Dienstes und hat alle spezifischen Beamtenrechte beseitigt Thüringen dagegen hat in einer amtlichen Bekanntmachung sein altes Landesbeamtengesetz als wieder gültig bezeichnet, nachdem ein nur in einzelnen Gebieten veröffentlichter, noch vor dem Kontrollratsgesetz Nr 1 ergangener Befehl des Marschalls Shukow vom 17 9 1945 das Deutsche Beamtengesetz von 1937 in einer Liste aufgehobener Gesetze des früheren Regimes mitaufgeführt hatte." So SJZ. v Sept 1946, S 160.

Neunundzwanzigster Abschnitt

Uebertretungen

360. Mit Geldstrafe bis zu einhundertfünfzig Reichsmark oder mit Haft wird bestraft:

1. . . .
2. . . .
3. . . .
4. wer ohne schriftlichen Auftrag einer Behörde Stempel, Siegel, Stiche, Platten oder andere Formen, welche zur Anfertigung von Metall- oder Papiergeld oder von solchen Papieren, welche nach § 149 dem Papiergelde gleich geachtet werden, oder von Stempelpapier, Stempelmarken, Stempelblanketten, Stempelabdrücken, Post- oder Telegraphenwertzeichen, öffentlichen Bescheinigungen oder Beglaubigungen dienen können, anfertigt oder an einen anderen als die Behörde verabfolgt;
5. wer ohne schriftlichen Auftrag einer Behörde den Abdruck der in Nr. 4 genannten Stempel, Siegel, Stiche, Platten oder Formen oder einen Druck von Formularen zu den daselbst bezeichneten öffentlichen Papieren, Beglaubigungen oder Bescheinigungen unternimmt oder Abdrücke an einen anderen als die Behörde verabfolgt;

6. wer Waren-Empfehlungskarten, Ankündigungen oder andere Drucksachen oder Abbildungen, welche in der Form oder Verzierung dem Papiergelde oder den dem Papiergelde nach § 149 gleich geachteten Papieren ähnlich sind, anfertigt oder verbreitet oder wer Stempel, Stiche, Platten oder andere Formen, welche zur Anfertigung von solchen Drucksachen oder Abbildungen dienen können, anfertigt;
7. wer ohne ausdrückliche Ermächtigung der zuständigen Behörde das Wappen des Reichs oder eines Landes oder den Reichsadler oder den entsprechenden Teil eines Landeswappens führt oder gebraucht oder wer unbefugt eine Dienstflagge des Reichs oder eines Landes gebraucht; den Wappen, Wappenteilen und Flaggen stehen solche gleich, die ihnen zum Verwechseln ähnlich sind;

Neufassung durch Ges. v. 26. 5. 33.

8. wer gegenüber einer zuständigen Behörde oder einem zuständigen Beamten über seinen Namen, seinen Stand, seinen Beruf, sein Gewerbe, seinen Wohnort, seine Wohnung oder seine Staatsangehörigkeit eine unrichtige Angabe macht oder die Angabe verweigert;

Neufassung durch Ges. v. 26 5. 35.

9. wer gesetzlichen Bestimmungen zuwider ohne Genehmigung der Staatsbehörde Aussteuer-, Sterbe- oder Witwenkassen, Versicherungsanstalten oder andere dergleichen Gesellschaften oder Anstalten errichtet, welche bestimmt sind, gegen Zahlung eines Einkaufsgeldes oder gegen Leistung von Geldbeiträgen beim Eintritt gewisser Bedingungen oder Fristen, Zahlungen an Kapital oder Rente zu leisten;
10. . . .
11. wer ungebührlicherweise ruhestörenden Lärm erregt oder wer groben Unfug verübt;

12. wer als Pfandleiher oder Rückkaufshändler bei Ausübung seines Gewerbes den darüber erlassenen Anordnungen zuwiderhandelt, insbesondere den durch Landesgesetz oder Anordnung der zuständigen Behörde bestimmten Zinsfuß überschreitet;
13. . . .

Statt Nr. 13 jetzt: § 9 III Tierschutzges. v. 24. 11. 33, vgl Anhang Nr. 5.

14. . . .

In den Fällen der Nummern 4, 5, 6 kann neben der Geldstrafe oder der Haft auf Einziehung der Vorräte von Waffen oder Schießbedarf, der Stempel, Siegel, Stiche, Platten oder anderen Formen, der Abdrücke oder Abbildungen erkannt werden, ohne Unterschied, ob sie dem Verurteilten gehören oder nicht.

361. Mit Haft wird bestraft:
1. wer, nachdem er unter Polizeiaufsicht gestellt worden ist, den infolge derselben ihm auferlegten Beschränkungen zuwiderhandelt;
2. . . .
3. wer als Landstreicher umherzieht;
4. wer bettelt oder Kinder zum Betteln anleitet oder ausschickt oder Personen, welche seiner Gewalt und Aufsicht untergeben sind und zu seiner Hausgenossenschaft gehören, vom Betteln abzuhalten unterläßt;
5. wer sich dem Spiel, Trunk oder Müßiggang dergestalt hingibt, daß er in einen Zustand gerät, in welchem zu seinem Unterhalte oder zum Unterhalte derjenigen, zu deren Ernährung er verpflichtet ist, durch Vermittlung der Behörde fremde Hilfe in Anspruch genommen werden muß;
6. wer öffentlich in auffälliger Weise oder in einer Weise, die geeignet ist, einzelne oder die Allgemeinheit zu belästigen, zur Unzucht auffordert oder sich dazu anbietet;

Neufassung der Nr. 6 bis 6 c durch Ges. v. 26. 5. 33. Verstärkung des Schutzes der Jugendlichen und des Publikums.

6a. wer gewohnheitsmäßig zum Erwerbe Unzucht treibt und diesem Erwerbe in der Nähe von Kirchen oder in einer Wohnung nachgeht, in der Kinder oder jugendliche Personen zwischen drei und achtzehn Jahren wohnen;

6b. wer gewohnheitsmäßig zum Erwerbe Unzucht treibt und diesem Erwerbe in der Nähe von Schulen oder anderen zum Besuch durch Kinder oder Jugendliche bestimmten Oertlichkeiten oder in einem Hause, in dem Kinder oder jugendliche Personen zwischen drei und achtzehn Jahren wohnen, in einer diese Minderjährigen sittlich gefährdenden Weise nachgeht;

6 c. wer gewohnheitsmäßig zum Erwerbe Unzucht treibt und diesem Erwerbe in einer Gemeinde mit weniger als zwanzigtausend Einwohnern nachgeht, in der die Ausübung der Unzucht zum Erwerbe durch eine zum Schutz der Jugend oder des öffentlichen Anstandes erlassene Anordnung der obersten Landesbehörde verboten ist;

7. wer, wenn er aus öffentlichen Armenmitteln eine Unterstützung empfängt, sich aus Arbeitsscheu weigert, die ihm von der Behörde angewiesene seinen Kräften angemessene Arbeit zu verrichten;

8. wer nach Verlust seines bisherigen Unterkommens binnen der ihm von der zuständigen Behörde bestimmten Frist sich kein anderweitiges Unterkommen verschafft hat und auch nicht nachweisen kann, daß er solches der von ihm angewandten Bemühungen ungeachtet nicht vermocht habe;

9. wer Kinder oder andere unter seiner Gewalt stehende Personen, welche seiner Aufsicht untergeben sind und zu seiner Hausgenossenschaft gehören, von der Begehung von Diebstählen, sowie von der Begehung strafbarer Verletzungen der Zoll- oder Steuergesetze, oder der Gesetze zum Schutze der

Forsten, der Feldfrüchte, der Jagd oder der Fischerei abzuhalten unterläßt. Die Vorschriften dieser Gesetze über die Haftbarkeit für die den Täter treffenden Geldstrafen oder anderen Geldleistungen werden hierdurch nicht berührt;

10. . . .

In den Fällen der Nr. 9 kann statt der Haft auf Geldstrafe bis zu einhundertfünfzig Reichsmark erkannt werden.

Geschärfte Haft.

362. Die nach Vorschrift des § 361 Nr. 3 bis 8 Verurteilten können zu Arbeiten, welche ihren Fähigkeiten und Verhältnissen angemessen sind, innerhalb und, sofern sie von anderen freien Arbeitern getrennt gehalten werden, auch außerhalb der Strafanstalt angehalten werden.

363. [vgl. jetzt § 281.]

Feilhalten verwendeter Stempelmarken usw.

364. Mit Geldstrafe bis zu einhundertfünfzig Reichsmark wird bestraft, wer wissentlich schon einmal verwendetes Stempelpapier nach gänzlicher oder teilweiser Entfernung der darauf gesetzten Schriftzeichen oder schon einmal verwendete Stempelmarken, Stempelblankette oder ausgeschnittene oder sonst abgetrennte Stempelabdrücke der im § 276 bezeichneten Art veräußert oder feilhält.

365. [vgl. jetzt § 29 Ziff. 6 und 7 Gaststättengesetz.]

366. Mit Geldstrafe bis zu einhundertfünfzig Reichsmark oder mit Haft bis zu vierzehn Tagen wird bestraft:

1. wer den gegen die Störung der Feier der Sonn- und Festtage erlassenen Anordnungen zuwiderhandelt;
2. wer in Städten oder Dörfern übermäßig schnell fährt oder reitet, oder auf öffentlichen Straßen oder Plätzen der Städte oder Dörfer mit gemeiner Gefahr Pferde einfährt oder zureitet;

3. wer auf öffentlichen Wegen, Straßen, Plätzen oder Wasserstraßen das Vorbeifahren anderer mutwillig verhindert;
4. wer in Städten mit Schlitten ohne feste Deichsel oder ohne Geläute oder Schelle fährt;
5. wer Tiere in Städten oder Dörfern, auf öffentlichen Wegen, Straßen oder Plätzen oder an anderen Orten, wo sie durch Ausreißen, Schlagen oder auf andere Weise Schaden anrichten können, mit Vernachlässigung der erforderlichen Sicherheitsmaßregeln stehen läßt oder führt;
6. wer Hunde auf Menschen hetzt;
7. wer Steine oder andere harte Körper oder Unrat auf Menschen, auf Pferde oder andere Zug- oder Lasttiere, gegen fremde Häuser, Gebäude oder Einschließungen oder in Gärten oder eingeschlossene Räume wirft;
8. wer nach einer öffentlichen Straße oder Wasserstraße oder nach Orten hinaus, wo Menschen zu verkehren pflegen, Sachen, durch deren Umstürzen oder Herabfallen jemand beschädigt werden kann, ohne gehörige Befestigung aufstellt oder aufhängt oder Sachen auf eine Weise ausgießt oder auswirft, daß dadurch jemand beschädigt oder verunreinigt werden kann;
9. wer auf öffentlichen Wegen, Straßen, Plätzen oder Wasserstraßen Gegenstände, durch welche der freie Verkehr gehindert wird, aufstellt, hinlegt oder liegen läßt;
10. wer die zur Erhaltung der Sicherheit, Bequemlichkeit, Reinlichkeit und Ruhe auf den öffentlichen Wegen, Straßen, Plätzen oder Wasserstraßen erlassenen Polizeiverordnungen übertritt.

Uebertretung der Uferschutzverordnungen.

366 a. Wer die zum Schutze der Dünen und der Fluß- und Meeresufer sowie der auf denselben vorhandenen

Anpflanzungen und Anlagen erlassenen Polizeiverordnungen übertritt, wird mit Geldstrafe bis zu einhundertfünfzig Reichsmark oder mit Haft bestraft.

367. Mit Geldstrafe bis zu einhundertfünfzig Reichsmark oder mit Haft wird bestraft:

1. wer ohne Vorwissen der Behörde einen Leichnam beerdigt oder beiseite schafft oder wer unbefugt einen Teil einer Leiche aus dem Gewahrsam der dazu berechtigten Personen wegnimmt;
2. wer den polizeilichen Anordnungen über vorzeitige Beerdigungen entgegenhandelt;
3. wer ohne polizeiliche Erlaubnis Gift oder Arzneien, soweit der Handel mit denselben nicht freigegeben ist, zubereitet, feilhält, verkauft oder sonst an andere überläßt;
4. wer ohne die vorgeschriebene Erlaubnis Schießpulver oder andere explodierende Stoffe oder Feuerwerke zubereitet;
5. wer bei der Aufbewahrung oder bei der Beförderung von Giftwaren, Schießpulver oder Feuerwerken oder bei der Aufbewahrung, Beförderung, Verausgabung oder Verwendung von Sprengstoffen oder anderen explodierenden Stoffen oder bei Ausübung der Befugnis zur Zubereitung oder Feilhaltung dieser Gegenstände sowie der Arzneien die deshalb ergangenen Verordnungen nicht befolgt;

5a. wer bei Versendung oder Beförderung von leicht entzündlichen oder ätzenden Gegenständen durch die Post die deshalb ergangenen Verordnungen nicht befolgt;

6. wer Waren, Materialien oder andere Vorräte. welche sich leicht von selbst entzünden oder leicht Feuer fangen, an Orten oder in Behältnissen aufbewahrt, wo ihre Entzündung gefährlich werden kann, oder wer Stoffe. die nicht ohne Gefahr einer

Entzündung beieinander liegen können, ohne Absonderung aufbewahrt;

7. . . .

8. wer ohne polizeiliche Erlaubnis an bewohnten oder von Menschen besuchten Orten Selbstgeschosse, Schlageisen oder Fußangeln legt oder an solchen Orten mit Feuergewehr oder anderem Schießwerkzeug schießt oder Feuerwerkskörper abbrennt;

9. wer einem gesetzlichen Verbot zuwider Stoß-, Hieb- oder Schußwaffen, welche in Stöcken oder Röhren oder in ähnlicher Weise verborgen sind, feilhält oder mit sich führt;

10. wer bei einer Schlägerei, in welche er nicht ohne sein Verschulden hineingezogen worden ist, oder bei einem Angriff sich einer Waffe, insbesondere eines Messers oder eines anderen gefährlichen Werkzeuges bedient;

11. wer ohne polizeiliche Erlaubnis gefährliche wilde Tiere hält, oder wilde oder bösartige Tiere frei umherlaufen läßt, oder in Ansehung ihrer die erforderlichen Vorsichtsmaßregeln zur Verhütung von Beschädigungen unterläßt;

12. wer auf öffentlichen Straßen, Wegen oder Plätzen, auf Höfen, in Häusern und überhaupt an Orten, an welchen Menschen verkehren, Brunnen, Keller, Gruben, Oeffnungen oder Abhänge dergestalt unverdeckt oder unverwahrt läßt, daß daraus Gefahr für andere entstehen kann;

13. wer trotz der polizeilichen Aufforderung es unterläßt, Gebäude, welche dem Einsturz drohen, auszubessern oder niederzureißen;

14. wer Bauten oder Ausbesserungen von Gebäuden, Brunnen, Brücken Schleusen oder anderen Bauwerken vornimmt, ohne die von der Polizei angeordneten oder sonst erforderlichen Sicherungsmaßregeln zu treffen;

15. wer als Bauherr, Baumeister oder Bauhandwerker einen Bau oder eine Ausbesserung, wozu die polizeiliche Genehmigung erforderlich ist, ohne diese Genehmigung oder mit eigenmächtiger Abweichung von dem durch die Behörde genehmigten Bauplan ausführt oder ausführen läßt;

16. . . .

In den Fällen der Nr. 8 und 9 kann neben der Geldstrafe oder der Haft auf die Einziehung der Sebstgeschosse, Schlageisen oder Fußangeln sowie der verbotenen Waffen erkannt werden, ohne Unterschied, ob sie dem Verurteilten gehören oder nicht.

368. Mit Geldstrafe bis zu einhundertfünfzig Reichsmark oder Haft bis zu vierzehn Tagen wird bestraft:

1. wer den polizeilichen Anordnungen über die Schließung der Weinberge zuwiderhandelt;
2. wer das durch gesetzliche oder polizeiliche Anordnungen gebotene Raupen unterläßt;
3. wer ohne polizeiliche Erlaubnis eine neue Feuerstätte errichtet oder eine bereits vorhandene an einen anderen Ort verlegt;
4. wer es unterläßt, dafür zu sorgen, daß die Feuerstätten in seinem Hause in baulichem und brandsicherem Zustande unterhalten oder daß die Schornsteine zur rechten Zeit gereinigt werden;
5. wer Scheunen, Ställe, Böden oder andere Räume, welche zur Aufbewahrung feuerfangender Sachen dienen, mit unverwahrtem Feuer oder Licht betritt, oder sich denselben mit unverwahrtem Feuer oder Licht nähert;
6. wer in gefährlicher Nähe von Gebäuden oder feuerfangenden Sachen Feuer anzündet;

Neu gefaßt durch Ges. v. 28. 6. 35

7. wer in gefährlicher Nähe von Gebäuden oder feuerfangenden Sachen mit Feuergewehr schießt oder Feuerwerke abbrennt;

8. wer die polizeilich vorgeschriebenen Feuerlöschgerätschaften überhaupt nicht oder nicht in brauchbarem Zustande hält oder andere feuerpolizeiliche Anordnungen nicht befolgt;
9. wer unbefugt über Gärten oder Weinberge oder vor beendeter Ernte über Wiesen oder bestellte Aecker oder über solche Aecker, Wiesen, Weiden oder Schonungen, welche mit einer Einfriedigung versehen sind, oder deren Betreten durch Warnungszeichen untersagt ist, oder auf einem durch Warnungszeichen geschlossenen Privatwege geht, fährt, reitet oder Vieh treibt;
10. wer zur Jagd ausgerüstet unbefugt ein fremdes Jagdgebiet außerhalb der zum allgemeinen Gebrauch bestimmten Wege betritt;
10a. wer sich mit gebrauchsfertigem Fischereigerät unbefugt auf fremden Fischgewässern oder außerhalb der zum allgemeinen Gebrauch bestimmten Wege an fremden Fischgewässern aufhält;
11. . . .

369. Mit Geldstrafe bis zu einhundertfünfzig Reichsmark oder mit Haft bis zu vier Wochen werden bestraft:
1. Personen, welche ohne obrigkeitliche Anweisung oder ohne Genehmigung des Inhabers einer Wohnung Schlüssel zu Zimmern oder Behältnissen in der letzteren anfertigen oder Schlösser an denselben öffnen, ohne Genehmigung des Hausbesitzers oder seines Stellvertreters einen Hausschlüssel anfertigen oder ohne Erlaubnis der Polizeibehörde Nachschlüssel oder Dietriche verabfolgen;
2. . . .
3 Gewerbetreibende, welche in Feuer arbeiten, wenn sie die Vorschriften nicht befolgen, welche von der Polizeibehörde wegen Anlegung und Verwahrung ihrer Feuerstätten sowie wegen der Art und der Zeit, sich des Feuers zu bedienen, erlassen sind.

370. Mit Geldstrafe bis zu einhundertfünfzig Reichsmark oder mit Haft wird bestraft:

1. wer unbefugt ein fremdes Grundstück, einen öffentlichen oder Privatweg oder einen Grenzrain durch Abgraben oder Abpflügen verringert;
2. wer unbefugt von öffentlichen oder Privatwegen Erde, Steine oder Rasen, oder aus Grundstücken, welche einem anderen gehören, Erde, Lehm, Sand, Grand oder Mergel gräbt, Plaggen oder Bülten haut, Rasen, Steine, Mineralien, zu deren Gewinnung es einer Verleihung, einer Konzession oder einer Erlaubnis der Behörde nicht bedarf, oder ähnliche Gegenstände wegnimmt;
3. [betraf **Handel mit Uniformteilen;** aufgehoben durch KR. Nr. 11]
4. . . .
5. wer Nahrungs- oder Genußmittel oder andere Gegenstände des hauswirtschaftlichen Verbrauchs in geringer Menge oder von unbedeutendem Werte zum alsbaldigen Verbrauch entwendet oder unterschlägt.

   Wer die Tat gegen einen Verwandten absteigender Linie oder gegen seinen Ehegatten begeht, bleibt straflos;
6. wer Getreide oder andere zur Fütterung des Viehes bestimmte oder geeignete Gegenstände wider Willen des Eigentümers wegnimmt, um dessen Vieh damit zu füttern.

In den Fällen der Nr. 5 und 6 tritt die Verfolgung nur auf Antrag ein. Die Zurücknahme des Antrages ist zulässig.

Nebengesetze

1. Gesetz über die Presse.

Vom 7. Mai 1874 (RGBl. S. 65).

III. Verantwortlichkeit für die durch die Presse begangenen strafbaren Handlungen.

§ 20. Die Verantwortlichkeit für Handlungen deren Strafbarkeit durch den Inhalt einer Druckschrift begründet wird bestimmt sich nach den bestehenden allgemeinen Strafgesetzen.

Ist die Druckschrift eine periodische, so ist der verantwortliche Redakteur als Täter zu bestrafen, wenn nicht durch besondere Umstände die Annahme seiner Täterschaft ausgeschlossen wird.

§ 21. Begründet der Inhalt einer Druckschrift den Tatbestand einer strafbaren Handlung, so sind

der verantwortliche Redakteur,
der Verleger,
der Drucker,
derjenige, welcher die Druckschrift gewerbsmäßig vertrieben oder sonst öffentlich verbreitet hat (Verbreiter),

soweit sie nicht nach § 20 als Täter oder Teilnehmer zu bestrafen sind, wegen Fahrlässigkeit mit Geldstrafe oder mit Haft oder mit Festungshaft oder Gefängnis bis zu einem Jahre zu belegen, wenn sie nicht die Anwendung der pflichtgemäßen Sorgfalt oder Umstände nachweisen, welche diese Anwendung unmöglich gemacht haben.

Die Bestrafung bleibt jedoch für jede der benannten Personen ausgeschlossen, wenn sie als den Verfasser oder den Einsender mit dessen Einwilligung die Veröffentlichung geschehen ist, oder, wenn es sich um eine nicht periodische Druckschrift handelt, als den Herausgeber derselben oder als einen der in obiger Reihenfolge vor ihr Benannten eine Person bis zur Verkündigung des ersten Urteils nachweist, welche in dem Bereich der richterlichen Gewalt sich befindet, oder falls sie verstorben ist, sich zur Zeit der Veröffentlichung befunden hat; hinsichtlich des Verbreiters ausländischer Druckschriften außerdem, wenn ihm dieselben im Wege des Buchhandels zugekommen sind.

2. Gesetz zur Bekämpfung der Geschlechtskrankheiten.

Vom 18. Februar 1927 (RGBl. I S. 61). (Auszug.)

§ 1. Geschlechtskrankheiten im Sinne dieses Gesetzes sind Syphilis, Tripper und Schanker ohne Rücksicht darauf, an welchen Körperteilen die Krankheitserscheinungen auftreten.

§ 2. Wer den Beischlaf ausübt, obwohl er an einer mit Ansteckungsgefahr verbundenen Geschlechtskrankheit leidet und dies weiß oder den Umständen nach annehmen muß, wird mit Gefängnis bis zu drei Jahren bestraft, sofern nicht nach den Vorschriften des Strafgesetzbuches eine härtere Strafe verwirkt ist.

Die Verfolgung tritt nur auf Antrag ein. Ist der Täter ein Angehöriger des Antragstellers, so ist die Zurücknahme des Antrages zulässig.

Die Strafverfolgung verjährt in sechs Monaten.

§ 6. Wer weiß oder den Umständen nach annehmen muß daß er an einer mit Ansteckungsgefahr verbundenen Geschlechtskrankheit leidet und trotzdem eine Ehe eingeht ohne dem anderen Teile vor Eingehung der Ehe über seine Krankheit Mitteilung gemacht zu haben, wird mit Gefängnis bis zu drei Jahren bestraft.

Die Verfolgung tritt nur auf Antrag ein. Die Zurücknahme des Antrages ist zulässig.

§ 10. Wer als Beamter oder Angestellter einer Gesundheitsbehörde oder einer Beratungsstelle unbefugt offenbart, was ihm über Geschlechtskrankheiten eines anderen oder ihre Ursache oder über die sonstigen persönlichen Verhältnisse der Beteiligten dienstlich bekanntgeworden ist, wird mit Geldstrafe oder mit Gefängnis bis zu einem Jahre bestraft.

Die Verfolgung tritt nur auf Antrag ein. Den Antrag kann auch die Gesundheitsbehörde stellen.

Die Offenbarung ist nicht unbefugt, wenn sie von einem in der Gesundheitsbehörde oder in einer Beratungsstelle tätigen Arzte oder mit Zustimmung eines solchen Arztes an eine Behörde oder an eine Person gemacht wird, die ein berechtigtes gesundheitliches Interesse daran hat, über die Geschlechtskrankheit des anderen unterrichtet zu werden.

§ 11. Wer zum Zwecke der Heilung oder Linderung von Geschlechtskrankheiten Mittel, Gegenstände oder Verfahren öffentlich oder durch Verbreitung von Schriften Abbildungen oder Darstellungen, wenn auch in verschleiernder Weise, ankündigt oder anpreist oder solche Mittel oder Gegenstände an einem allgemein zugänglichen Orte ausstellt, wird mit Gefängnis bis zu sechs Monaten und mit Geldstrafe oder mit einer dieser Strafen bestraft.

Straflos ist, soweit nicht anderweitige reichs- oder landesrechtliche Vorschriften entgegenstehen, die Ankündigung oder Anpreisung dieser Mittel oder Gegenstände an Aerzte oder Apotheker oder an Personen, die mit solchen Mitteln oder Gegenständen erlaubterweise Handel treiben, oder in wissenschaftlichen, ärztlichen oder pharmazeutischen Fachzeitschriften.

§ 12. Vorträge, Schriften, Abbildungen und Darstellungen, die nur der Aufklärung über die Geschlechtskrankheiten, insbesondere über ihre Erscheinungsformen, dienen, sind straflos, soweit sie nicht unter die Strafbestimmungen des § 7 fallen.

§ 14. Mit Gefängnis bis zu einem Jahre und mit Geldstrafe oder mit einer dieser Strafen wird bestraft, insofern nicht nach den Vorschriften des Strafgesetzbuches eine härtere Strafe verwirkt ist,

1 eine weibliche Person die ein fremdes Kind stillt, obwohl sie an einer Geschlechtskrankheit leidet und

dies weiß oder den Umständen nach annehmen muß;

2. wer ein syphilitisches Kind, für dessen Pflege er zu sorgen hat, von einer anderen Person, als der Mutter stillen läßt, obwohl er die Krankheit des Kindes kennt, oder den Umständen nach kennen muß;
3. wer ein sonst geschlechtskrankes Kind, für dessen Pflege er zu sorgen hat, von einer anderen Person als der Mutter, ohne sie vorher über die Krankheit und die gebotenen Vorsichtsmaßnahmen durch einen Arzt mündlich unterweisen zu lassen, stillen läßt, obwohl er die Krankheit des Kindes kennt oder den Umständen nach kennen muß;
4. wer ein geschlechtskrankes Kind, obwohl er die Krankheit kennt oder den Umständen nach kennen muß, in Pflege gibt, ohne den Pflegeeltern von der Krankheit des Kindes Mitteilung zu machen.

Straflos ist das Stillen oder Stillenlassen eines syphilitischen Kindes durch eine weibliche Person, die selbst an Syphilis leidet.

§ 15. Mit Geldstrafe bis zu einhundertfünfzig Reichsmark oder mit Haft wird bestraft:

1 eine Amme, die ein fremdes Kind stillt, ohne im Besitz eines unmittelbar vor Antritt der Stellung ausgestellten ärztlichen Zeugnisses darüber zu sein, daß an ihr keine Geschlechtskrankheit nachweisbar ist;
2 wer zum Stillen eines Kindes eine Amme in Dienst nimmt, ohne sich davon überzeugt zu haben, daß sie im Besitze des in Nr. 1 bezeichneten Zeugnisses ist;
3. wer, abgesehen von Notfällen, ein Kind, für dessen Pflege er zu sorgen hat, von einer anderen Person als der Mutter stillen läßt, ohne vorher im Besitz eines ärztlichen Zeugnisses darüber zu sein, daß eine gesundheitliche Gefahr für die Stillende nicht besteht.

Die Vorschriften des Absatzes 1 finden im Falle des § 14 Absatz 2 keine Anwendung.

3. Gaststättengesetz.

Vom 28. April 1930 (RGBl. I S. 146). (Auszug.)

§ 16. (1) Verboten ist:

1 an Personen, die das 18. Lebensjahr noch nicht vollendet haben, Branntwein oder überwiegend branntweinhaltige Genußmittel im Betrieb einer Gast- oder Schankwirtschaft oder im Kleinhandel zu eigenem Genusse zu verabreichen;

2. an Personen, die das 16. Lebensjahr noch nicht vollendet haben, in Anwesenheit des zu ihrer Erziehung Berechtigten oder seines Vertreters auch andere geistige Getränke oder Tabakwaren im Betrieb einer Gast- oder Schankwirtschaft zu eigenem Genusse zu verabreichen;

3 geistige Getränke im Betrieb einer Gast- oder Schankwirtschaft oder im Kleinhandel an Betrunkene zu verabreichen;

4. Branntwein oder überwiegend branntweinhaltige Genußmittel durch Automaten feilzuhalten;

5 das Verabfolgen von Speisen in Gast- oder Schankwirtschaften von der Bestellung von Getränken abhängig zu machen oder bei der Nichtbestellung von Getränken eine Erhöhung der Preise eintreten zu lassen;

6 Branntwein oder überwiegend branntweinhaltige Genußmittel auf Turn-, Spiel-, Sportplätzen oder -hallen zu verabreichen.

(2) Landesrechtliche Bestimmungen zum Schutze der Jugend, die über die Ziffern 1 und 2 des Absatzes 1 hinausgehen, bleiben unberührt.

§ 29. Mit Haft und mit Geldstrafe bis zu einhundertfünfzig Reichsmark oder mit einer dieser Strafen wird bestraft, wer

8 den . . . Vorschriften . . . des § 16 zuwiderhandelt.

4. Vierte Verordnung zum Schutze des inneren Friedens.

Vom 8. Dezember 1931 (RGBl. I S. 699 bis 742).

Achter Teil. **Schutz des inneren Friedens.**
Kapitel III. **Verstärkung des Ehrenschutzes.**

§ 1. Steht im Falle der üblen Nachrede (§ 186 des Strafgesetzbuches) der Verletzte im öffentlichen Leben und ist die ehrenrührige Tatsache öffentlich behauptet oder verbreitet worden und geeignet, den Verletzten des Vertrauens unwürdig erscheinen zu lassen, dessen er für sein öffentliches Wirken bedarf, so ist die Strafe Gefängnis nicht unter drei Monaten, wenn der Täter sich nicht erweislich in entschuldbarem gutem Glauben an die Wahrheit der Aeußerung befunden hat.

§ 2. Steht im Falle der Verleumdung (§ 187 des Strafgesetzbuches) der Verletzte im öffentlichen Leben und ist die ehrenrührige Tatsache öffentlich behauptet oder verbreitet worden und geeignet, den Verletzten des Vertrauens unwürdig erscheinen zu lassen, dessen er für sein öffentliches Wirken bedarf, so ist die Strafe Gefängnis nicht unter sechs Monaten.

§ 3. In den Fällen der §§ 1, 2 kann das Gericht neben der Strafe und unabhängig von einer nach § 188 des Strafgesetzbuches zu verhängenden Buße auf eine an die Staatskasse zu entrichtende Buße bis zu einhunderttausend Reichsmark erkennen.

5. Tierschutzgesetz.

Vom 24. November 1933 (RGBl. I S. 987). (Auszug.)

Abschnitt I. **Tierquälerei.**

§ 1. (1) Verboten ist, ein Tier unnötig zu quälen oder roh zu mißhandeln.

(2) Ein Tier quält, wer ihm längerdauernde oder sich wiederholende erhebliche Schmerzen oder Leiden verursacht; unnötig ist das Quälen, soweit es keinem vernünftigen, berechtigten Zwecke dient. Ein Tier miß-

handelt, wer ihm erhebliche Schmerzen verursacht; eine Mißhandlung ist roh, wenn sie einer gefühllosen Gesinnung entspringt.

Abschnitt IV. **Strafbestimmungen.**

§ 9. (1) Wer ein Tier unnötig quält oder roh mißhandelt, wird mit Gefängnis bis zu zwei Jahren und mit Geldstrafe oder mit einer dieser Strafen bestraft.

(2) Wer, abgesehen von den Fällen des Abs. 1, ohne die erforderliche Erlaubnis einen Versuch an lebenden Tieren (§ 5) vornimmt, wird mit Gefängnis bis zu sechs Monaten und mit Geldstrafe oder mit einer dieser Strafen bestraft.

(3) Mit Geldstrafe bis zu einhundertfünfzig Reichsmark oder mit Haft wird, soweit die Tat nicht schon unter die Strafdrohung der Abs. 1, 2 fällt, bestraft, wer vorsätzlich oder fahrlässig

1. einem der Verbote der §§ 2 bis 4 zuwiderhandelt,
2. einer Vorschrift des § 7 zuwiderhandelt;
3. einer vom Reichsminister des Innern oder von einer Landesregierung nach § 14 erlassenen Vorschrift zum Schutze der Tiere zuwiderhandelt,
4. es unterläßt, Kinder oder andere Personen, die seiner Aufsicht unterstehen und zu seiner Hausgemeinschaft gehören, von einer Zuwiderhandlung gegen die Vorschriften dieses Gesetzes abzuhalten.

§ 10. (1) Neben der wegen einer vorsätzlichen Zuwiderhandlung auf Grund von § 9 erkannten Strafe kann auf Einziehung oder auf Tötung des Tieres erkannt werden, wenn es dem Verurteilten gehört. Statt der Einziehung kann angeordnet werden, daß das Tier auf Kosten des Verurteilten bis zur Dauer von drei Monaten anderweit untergebracht und verpflegt wird.

(2) Kann keine bestimmte Person verfolgt oder verurteilt werden, so kann auf Einziehung oder Tötung des Tieres selbständig erkannt werden, wenn im übrigen die Voraussetzungen hierfür vorliegen.

6. Gesetz über Titel, Orden und Ehrenzeichen.

Vom 1. Juli 1937 (RGBl. I S. 725). (Auszug.)

§ 6. (1) Mit Gefängnis bis zu einem Jahr und mit Geldstrafe oder mit einer dieser Strafen wird bestraft,

a) wer unbefugt inländische oder ausländische Amts- oder Dienstbezeichnungen, Titel oder Würden führt,

b) wer unbefugt inländische oder ausländische Orden oder Ehrenzeichen trägt, oder wer Abzeichen, die nach ihrer äußeren Form oder Tragweise den im § 5 genannten Orden und Ehrenzeichen ähneln, trägt, herstellt, anbietet, feilhält, verkauft oder sonst in den Verkehr bringt.

7. Gesetz über Kinderarbeit und über die Arbeitszeit der Jugendlichen (Jugendschutzgesetz).

Vom 30. April 1938 (RGBl. I S. 437). (Auszug.)

§ 24. Strafvorschriften und Zwangsmaßnahmen.

(1) Wer einer Vorschrift dieses Gesetzes oder einer auf Grund dieses Gesetzes ergangenen Verordnung oder Anordnung zuwiderhandelt, wird mit Geldstrafe bis zu einhundertfünfzig Reichsmark oder mit Haft bestraft.

(2) In besonders schweren Fällen ist die Strafe Gefängnis und Geldstrafe oder eine dieser Strafen.

(3) Wer gewissenlos eine Person unter achtzehn Jahren, die durch ein Arbeits- oder Lehrverhältnis von ihm abhängt, durch Ueberanstrengung in ihrer Arbeitskraft schwer gefährdet, wird mit Gefängnis nicht unter drei Monaten bestraft. In besonders schweren Fällen ist die Strafe Zuchthaus.

8. Gesetz gegen Straßenraub mittels Autofallen.

Vom 22. Juni 1938 (RGBl. I S. 651).

[Wer in räuberischer Absicht eine Autofalle stellt, wird mit dem Tode bestraft.]

Das Gesetz ist aufgehoben durch KR. 55 vom 25. Juni 1947.

9. Gesetz über die Führung akademischer Grade.

Vom 7. Juni 1939 (RGBl. I S. 985).

§ 5. (1) Mit Gefängnis bis zu einem Jahre und mit Geldstrafe oder mit einer dieser Strafen wird bestraft,

a) wer unbefugt einen inländischen oder ausländischen akademischen Grad führt,

b) wer unbefugt eine Bezeichnung führt, welche den Anschein erweckt, als handle es sich um einen inländischen oder ausländischen akademischen Grad.

(2) Dieselbe Strafe trifft denjenigen, der sich erbietet, gegen Vergütung den Erwerb eines ausländischen akademischen Grades zu vermitteln.

§ 6. Das Gesetz über Titel, Orden und Ehrenzeichen vom 1. Juli 1937 findet auf akademische Grade keine Anwendung.

10. Kriegswirtschaftsverordnung.

Vom 4. September 1939 (RGBl. I S. 1609) in der Fassung vom 25 März 1942 (RGBl. I S. 147). Auszug.

Vorbemerkung.

„Die Fortgeltung der KWVO. ist anerkannt und nötig. Sie regelt zweierlei, nämlich typische Kriegsverhältnisse und daneben Wirtschaftsfragen, die nicht kriegsbedingt sind. Für typische Kriegsförderungen und Kriegsunterstützungen darf die KWVO. nicht mehr anerkannt werden". So OLG. Kiel v. 7. 2. 46 in SJZ. Nr. 5, S. 118, dazu Anm. S. 124.

Das Landgericht Plauen sagt in seinem Urteil 2OWs 6/46: Die 1 I, III und 1 a I als nazistische Bestimmungen für unanwendbar zu halten, sei unbegründet. „Diese Gesetzesbestimmungen sind als gültig anzusehen. Sie sind weder durch Anordnung des Kontrollrats oder der Sowjetischen Militäradministration, noch durch Verfügung der Sächsischen Landesverwaltung aufgehoben, noch tragen sie nazistischen Charakter. Sie haben, solange die zu den Auswirkungen des Krieges gehörende wirtschaftliche Notlage und die Notwendigkeit strenger Rationierung besteht, ihre volle Berechtigung. Ihr Fortfall wird untragbare Konsequenzen mit sich bringen. Sie wären auch durch andere bestehende Gesetzesbestimmungen nicht zu ersetzen . . .".

Auch das Kammergericht Berlin geht von der Gültigkeit der KWV. aus. So Urteil v. 7. 8. 46 (1 Ss 61/46) betr. "Beiseiteschaffen, Zurückhalt, böswillig". — Ebenso Kammergericht v. 20. 3. 46. (1 SS 8/46 und später.

§ 1. (1) Wer Rohstoffe oder Erzeugnisse, die zum lebenswichtigen Bedarf der Bevölkerung gehören, vernichtet, beiseiteschafft oder zurückhält und dadurch böswillig die Deckung dieses Bedarfs gefährdet, wird mit Zuchthaus oder Gefängnis bestraft. In besonders schweren Fällen kann auf Todesstrafe erkannt werden.

(2) Dieselbe Strafe trifft denjenigen, der Bescheinigungen über eine Bezugsberechtigung oder Vordrucke hierfür beiseiteschafft, nachmacht oder nachgemachte Bescheinigungen oder Vordrucke in den Verkehr bringt oder sich verschafft.

(3) Hat der Täter in der Absicht gehandelt, sich zu bereichern, so ist neben der Strafe aus Abs. 1 oder Abs. 2 auf Geldstrafe zu erkennen. Die Höhe der Geldstrafe ist unbeschränkt, sie muß das Entgelt, das der Täter für die Tat empfangen und den Gewinn, den er aus der Tat gezogen hat, übersteigen An Stelle der Geldstrafe kann auf Vermögenseinziehung erkannt werden.

§ 1 a. (1) Mit Gefängnis und Geldstrafe oder einer dieser Strafen wird bestraft, wer in Ausübung eines Gewerbes oder Berufs

1. für die Bevorzugung eines anderen bei der Lieferung von Waren oder bei Leistungen eine Tauschware oder einen sonstigen Vorteil fordert oder sich oder einem anderen versprechen oder gewähren läßt,

2. die Lieferung einer Tauschware oder einen sonstigen Vorteil anbietet, verspricht oder gewährt, um sich oder einem anderen Waren oder Leistungen bevorzugt zu verschaffen.

(2) Wer nicht in Ausübung eines Gewerbes oder Berufs handelt, bleibt als Teilnehmer an einer nach Abs. 1 strafbaren Handlung straffrei.

§ 1 b. Für die Strafverfolgung gelten in den Fällen des § 1 a die §§ 4, 7 bis 19, 22, 23 der Verbrauchsregelungs-Strafverordnung vom 26. November 1941 (RGBl. I S. 734) entsprechend.

§ 1 c. (1) Rohstoffe und Erzeugnisse, auf die sich die nach den §§ 1, 1 a strafbare Handlung bezieht, können neben der Strafe ohne Rücksicht auf Eigentumsverhältnisse und sonstige Rechte Dritter zugunsten des Reichs eingezogen werden.

(2) Auf die Einziehung kann auch selbständig erkannt werden. Auf das Verfahren finden die §§ 430 bis 432 der Reichsstrafprozeßordnung Anwendung. Zuständig ist auch das Gericht, in dessen Bezirk sich der einzuziehende Gegenstand zur Zeit der Stellung des Antrages befindet.

(3) § 9 Abs. 3 bis 6 der Verbrauchsregelungs-Strafverordnung vom 26. November 1941 (RGBl. I S. 734) gilt entsprechend.

§ 1 d. (1) Wer Geldzeichen ohne gerechtfertigten Grund zurückhält, wird mit Gefängnis, in besonders schweren Fällen mit Zuchthaus bestraft.

(2) Zurückgehaltene Geldzeichen können neben der Strafe ohne Rücksicht auf Eigentumsverhältnisse und sonstige Rechte Dritter zugunsten des Reichs eingezogen werden. § 1 c Abs. 2 dieser Verordnung und § 9 Abs. 3 bis 5 der Verbrauchsregelungs-Strafverordnung finden entsprechende Anwendung.

(3) Wer zurückgehaltene Geldzeichen bei einem Kreditinstitut einzahlt, bevor eine Anzeige erstattet oder eine Untersuchung eingeleitet war, wird nicht wegen Zurückhaltung von Geldzeichen bestraft. Der Einzahlung bei einem Kreditinstitut steht für die Erlangung der Straffreiheit die Selbstanzeige gemäß § 410 der Reichsabgabenordnung gleich.

(4) Die Strafverfolgung tritt nur auf Anordnung des Reichsministers der Justiz ein.

11. Verordnung über Strafen und Strafverfahren bei Zuwiderhandlungen gegen Vorschriften auf dem Gebiet der Bewirtschaftung bezugsbeschränkter Erzeugnisse (Verbrauchsregelungs-Strafverordnung).

in der Fassung vom 26. November 1941 (RGBl. I S. 734; 1942 I S. 138).

Vorbemerkung.

Von der Weitergeltung der VO. gehen als selbstverständlich aus: die Urteile des Kammergerichts Berlin v. 20. 3. 46 (1 Ss 6/46) und v. 3. 7. 46 (1 Ss 22/46 und 35/46).

§ 1. (1) Mit Gefängnis und Geldstrafe, letztere in unbeschränkter Höhe, oder mit einer dieser Strafen wird bestraft, wer in Ausübung eines Gewerbes oder Berufs

1. bezugsbeschränkte Erzeugnisse ohne Bezugsberechtigung, insbesondere ohne gültige Bescheinigung über die Bezugsberechtigung (z. B. Bezugskarte, Bezugschein, Großbezugschein, Punktscheck, Bestellschein, Eintragung in die Kundenliste), bezieht oder abgibt, eine ihm nicht zustehende Bezugsberechtigung für sich ausnutzt oder die Verfügung über eine Bezugsberechtigung einem anderen überläßt oder sich verschafft,
2. durch unrichtige oder unvollständige Angaben eine Bezugsberechtigung erschleicht,
3. dem Verbraucher (Versorgungsberechtigten) bezugsbeschränkte Erzeugnisse vorenthält, zu deren Abgabe er verpflichtet ist,

4. Bescheinigungen über die Bezugsberechtigung entgegennimmt oder Abschnitte abtrennt, ohne Ware zu liefern,
5. gegen Anordnungen der Landeswirtschaftsämter oder Wirtschaftsämter verstößt, die auf Grund ausdrücklicher Ermächtigung erlassen werden und auf die Strafandrohungen dieser Verordnung Bezug nehmen.
6. eine sonstige Zuwiderhandlung gegen die Vorschriften des Zweiten Abschnitts der Verordnung über die öffentliche Bewirtschaftung von landwirtschaftlichen Erzeugnissen oder gegen eine Bestimmung begeht, die auf Grund der Verordnung über die öffentliche Bewirtschaftung von landwirtschaftlichen Erzeugnissen oder einer hierauf beruhenden anderen Vorschrift erlassen worden ist.

Der Versuch ist strafbar.

(2) In leichten Fällen kann auf Geldstrafe bis zu einhundertfünfzig Reichsmark oder auf Haft erkannt werden.

(3) Liegt in den Fällen des Abs. 1 Nr. 6 ausschließlich eine Zuwiderhandlung gegen eine Anordnung einer bewirtschaftenden Stelle auf dem Gebiete der Ernährungswirtschaft vor (§§ 6 und 7 der Verordnung über die öffentliche Bewirtschaftung von landwirtschaftlichen Erzeugnissen vom 27. August 1939 (RGBl. I S. 1521), so tritt die Strafverfolgung nur auf Verlangen der bewirtschaftenden Stelle ein. Das Verlangen ist unzulässig, wenn wegen derselben Handlung eine Ordnungsstrafe (§§ 4 und 20) festgesetzt worden ist. Das Verlangen kann zurückgenommen werden.

§ 2. (1) Mit Geldstrafe bis zu einhundertfünfzig Reichsmark oder mit Haft wird bestraft, wer, ohne in Ausübung Gewerbeseines oder Berufs zu handeln,

1. bezugsbeschränkte Erzeugnisse ohne Bezugsberechtigung bezieht, eine ihm nicht zustehende Bezugsberechtigung für sich ausnutzt oder die Verfügung über eine Bezugsberechtigung sich gegen Entgelt verschafft oder in der Absicht, sich zu bereichern, einem anderen überläßt,
2. eine nach § 1 Abs. 1 Nr. 2 oder 5 strafbare Handlung begeht.
3. eine sonstige Handlung begeht, die in den im Rahmen der öffentlichen Bewirtschaftung von landwirtschaftlichen Erzeugnissen erlassenen Bestimmungen unter Strafe gestellt ist.

(2) Mit dieser Strafe wird ferner bestraft, wer bezugsbeschränkte Erzeugnisse dem eigenen Betrieb entnimmt, ohne hierzu berechtigt zu sein.

(3) Der Versuch ist strafbar.

(4) In schweren Fällen ist die Strafe Gefängnis und Geldstrafe, letztere in unbeschränkter Höhe oder eine dieser Strafen.

§ 3. (1) Mit Gefängnis bis zu zwei Jahren und Geldstrafe in unbeschränkter Höhe oder mit einer dieser Strafen wird bestraft, wer bezugsbeschränkte gewerbliche Erzeugnisse, die zur Ausübung eines Gewerbes oder Berufs zugeteilt oder bestimmt sind, für einen anderen als den im Antrag angegebenen oder sonst bei der Zuteilung vorgesehenen Zweck oder entgegen den Auflagen oder Bestimmungen für ihre Verwendung gebraucht oder verbraucht.

(2) In leichten Fällen kann auf Geldstrafe bis zu einhundertfünfzig Reichsmark oder auf Haft erkannt werden.

§ 4. (1) Besteht bei einer nach §§ 1, 2 oder 3 strafbaren Handlung kein öffentliches Interesse an der Strafverfolgung, so kann das Landeswirtschafts-, Landes- (Provinzial-) Ernährungs-, Wirtschafts- oder Ernährungsamt (im folgenden zusammenfassend Amt genannt) gegen die schuldigen Personen (Täter und Teilnehmer) Ordnungsstrafen bis zur Höhe von eintausend Reichsmark, bei Zuwiderhandlungen, die in Ausübung eines Gewerbes oder Berufs begangen worden sind, bis zur Höhe von fünftausend Reichsmark festsetzen. Das gleiche gilt bei Zuwiderhandlungen gegen eine dem Amt gegenüber bestehende Auskunftspflicht.

(2) Wird die Zuwiderhandlung in einem Geschäftsbetrieb begangen, so können außerdem gegen die Inhaber oder Leiter des Geschäftsbetriebes Ordnungsstrafen bis zur Höhe von fünftausend Reichsmark festgesetzt werden, wenn sie nicht nachweisen, daß sie die im Verkehr erforderliche Sorgfalt zur Verhütung der strafbaren Handlung angewandt haben. Ist Inhaber des Geschäftsbetriebes eine Handelsgesellschaft, eine juristische Person oder sonstige Personenvereinigung, so ist der Nachweis an Stelle des Inhabers von den zur gesetzlichen Vertretung befugten Personen zu führen.

(3) In Fällen von geringerer Bedeutung kann statt der Ordnungsstrafe eine schriftliche Verwarnung ausgesprochen werden. Sie ist gebührenpflichtig. Eine Anfechtung ist nicht zulässig.

(4) Zuständig für die Entscheidung ist das Amt, in dessen Bezirk der Täter seinen Wohnsitz oder Sitz hat oder die strafbare Handlung begangen worden ist. Richtet sich die Strafverfolgung lediglich gegen Leiter oder Angestellte einer Zweigniederlassung oder eines sonstigen Zweigbetriebes, so ist das Amt zuständig, in dessen Bezirk sich die Zweigniederlassung oder der Zweigbetrieb befindet; das gleiche gilt, wenn das Unternehmen seinen Sitz im Ausland hat.

(5) Bei zusammenhängenden Zuwiderhandlungen, welche einzeln zur Zuständigkeit verschiedener Behörden gehören würden, ist jede dieser Behörden zuständig.

(6) Ist hiernach eine Zuständigkeit nicht oder mehrfach begründet, so ist die Behörde zuständig, die zuerst mit der Sache befaßt worden ist Sie kann die Sache an die andere zuständige Behörde abgeben, wenn dies zweckmäßig erscheint. In Zweifelsfällen bestimmt die gemeinsame höhere Behörde die zuständige Behörde.

§ 5. Ist durch eine Handlung, auf die die Voraussetzungen des § 4 Abs. 1 zutreffen, ausschließlich gegen eine Anordnung einer bewirtschaftenden Stelle auf dem Gebiete der Ernährungswirtschaft verstoßen worden (§§ 6 und 7 der Verordnung über die öffentliche Bewirtschaftung von landwirtschaftlichen Erzeugnissen vom 27. August 1939 — RGBl. I S. 1521), so kann das Amt nur dann eine Ordnungsstrafe festsetzen, wenn feststeht, daß von der bewirtschaftenden Stelle weder ein Verlangen nach Strafverfolgung gemäß § 1 Abs. 3 gestellt noch eine Ordnungsstrafe festgesetzt wird.

§ 6. Das Landeswirtschaftsamt oder das Wirtschaftsamt kann im Rahmen der ihm übertragenen Bewirtschaftungsaufgaben Ordnungsstrafen gemäß § 4 Abs. 1 und 2 auch bei Verstößen gegen Anordnungen des Reichswirtschaftsministers, der Reichsstellen oder anderer Stellen, denen die Befugnisse nach §§ 1 und 2 der Verordnung über den Warenverkehr übertragen sind, verhängen, soweit die Verstöße nach der Verordnung über den Warenverkehr strafbar sind und diese Stellen die Durchführung des Ordnungsstrafverfahrens nicht an sich ziehen.

§ 7. (1) Gegen die Ordnungsstrafe kann binnen einer Woche nach Bekanntgabe bei dem Amt, das den Strafbescheid erlassen hat, schriftlich oder mündlich zur Niederschrift Antrag auf gerichtliche Entscheidung gestellt werden. Die Frist wird auch durch den Eingang des Antrages beim Amtsgericht gewahrt.

(2) Der Antrag ist binnen einer Woche dem Amtsgericht zur Entscheidung zuzuleiten. Bis dahin kann das Amt den gegen den Antragsteller ergangenen Strafbescheid zurücknehmen und das Verfahren einstellen oder einen neuen Bescheid erlassen oder die Sache an die Staatsanwaltschaft zur Strafverfolgung abgeben. Der Antragsteller ist zu benachrichtigen.

§ 8. (1) Für das Verfahren vor dem Amtsgericht gelten die Vorschriften der Strafprozeßordnung über das Verfahren vor dem Beschwerdegericht sinngemäß. Das Amtsgericht entscheidet endgültig. Es ist an die im Strafbescheid festgesetzte Ordnungsstrafe nicht gebunden, der Strafbescheid kann auch zum Nachteil des Antragstellers geändert werden.

(2) Hält das Gericht ein öffentliches Interesse an der Strafverfolgung für begründet, so legt es die Sache der Staatsanwaltschaft vor.

(3) Bis zur Entscheidung über den Antrag kann die Staatsanwaltschaft die Verfolgung im Strafverfahren übernehmen.

§ 9. (1) Neben der Strafe können ohne Rücksicht auf Eigentumsverhältnisse und sonstige Rechte Dritter in den Fällen der §§ 1, 2 und 3 die Erzeugnisse, auf die sich die strafbare Handlung bezieht, zugunsten des Reiches eingezogen werden.

(2) Kann keine bestimmte Person verfolgt oder verurteilt werden, so kann auf Verlangen der Staatsanwaltschaft die Einziehung selbständig durch Beschluß angeordnet werden. Gegen den Beschluß findet die sofortige Beschwerde nach Maßgabe der Strafprozeßordnung statt.

(3) Mit der Rechtskraft der Entscheidung gehen das Eigentum und sonstige Rechte auf das Reich über.

(4) Für einen Rechtserwerb, der nach der Rechtskraft der Entscheidung eintritt, gelten die Vorschriften des bürgerlichen Rechts zugunsten derer, die Rechte von einem Nichtberechtigten herleiten.

(5) Für das Recht eines Dritten ist bis zur Höhe des Wertes oder des Erlöses der eingezogenen Erzeugnisse Entschädigung zu gewähren, es sei denn, daß der Dritte von der Straftat Kenntnis hatte oder haben mußte oder von ihr einen Vorteil gehabt hat. Bei der Feststellung, inwieweit ein Recht durch den Wert oder Erlös der eingezogenen Sache gedeckt war, sind vorgehende Rechte auch dann zu berücksichtigen, wenn bei ihnen die Voraussetzungen des Satzes 1 nicht gegeben sind. Der Anspruch verjährt in einem Jahr nach Eintritt der Rechtskraft der Entscheidung. Der Rechtsweg ist zulässig.

(6) § 11 der Verordnung über die öffentliche Bewirtschaftung von Eiern und Eiererzeugnissen vom 7 September 1939 (RGBl. I S. 1732) und § 7 der Verordnung über die öffentliche Bewirtschaftung von Tieren und tierischen Erzeugnissen vom 7. September 1939 (RGBl. I S. 1714) bleiben unberührt.

§ 10. (1) Die Einziehung kann in den Fällen der §§ 4 und 6 vom Amt neben der Ordnungsstrafe ausgesprochen werden.

(2) Ist eine Ordnungsstrafe rechtskräftig verhängt worden, so kann das Amt die Einziehung selbständig aussprechen. Die Vorschriften über den Antrag auf gerichtliche Entscheidung (§§ 7, 8) gelten sinngemäß; eine Ueberleitung in das Strafverfahren findet nicht statt.

(3) Das Amt kann die Verwertung von Erzeugnissen, die der Einziehung unterliegen, zugunsten bezugsberechtigter Verbraucher anordnen, wenn die Entscheidung über die Einziehung wegen Gefahr des Verderbs nicht abgewartet werden kann. Der Erlös tritt an die Stelle der Erzeugnisse.

§ 11. Das Gericht oder das Amt kann anordnen, daß die Bestrafung auf Kosten des Verurteilten öffentlich bekanntgemacht wird. Die Art der Bekanntmachung sowie die Frist, innerhalb deren sie zu erfolgen hat, sind im Urteil oder im Ordnungsstrafbescheid zu bestimmen.

§ 12. Kann eine Ordnungsstrafe nicht beigetrieben werden, so hat das Amtsgericht, das zur Durchführung des Strafverfahrens im ersten Rechtszuge zuständig wäre, auf Verlangen des Amtes als Ersatzfreiheitsstrafe eine dem Verschulden entsprechende Haftstrafe bis zu sechs Wochen festzusetzen. Vor der Entscheidung ist der Betroffene zu hören. Gegen den Beschluß ist die sofortige Beschwerde zulässig.

[Die **§§ 13 bis 19** enthalten Vorschriften über das Ordnungsstrafverfahren.]

§ 20. Soweit die bewirtschaftenden Stellen auf Grund ihrer Befugnisse im Rahmen der öffentlichen Bewirtschaftung von landwirtschaftlichen Erzeugnissen Vorschriften mit Wirkung gegen Nichtmitglieder erlassen, können sie Zuwiderhandlungen gegen diese Anordnungen auch gegenüber Nichtmitgliedern durch Festsetzung von Ordnungsstrafen verfolgen. Auf diese Ordnungsstrafen finden im übrigen die Vorschriften Anwendung, die für die Ordnungsstrafen der bewirtschaftenden Stellen gegen Mitglieder gelten.

(2) Die bewirtschaftenden Stellen können bei Verstößen gegen Anordnungen, die sie im Rahmen der öffentlichen Bewirtschaftung von landwirtschaftlichen Erzeugnissen erlassen haben, in Fällen von geringerer Bedeutung schriftliche Verwarnungen aussprechen. § 4 Abs. 3 Sätze 2 und 3 gelten entsprechend. Die Höhe der Gebühr beträgt eine Reichsmark. Auslagen werden nicht erhoben.

§ 21. (1) Die Verfolgung von Uebertretungen dieser Verordnung (§ 1 Abs. 2, § 2 Abs. 1 und 2 und § 3 Abs. 2) verjährt in einem Jahr. Im übrigen verjährt die Verfolgung von Zuwiderhandlungen gegen diese Verordnung in fünf Jahren.

(2) Die Vorschriften des Reichsstrafgesetzbuches über die Verjährung der Strafverfolgung gelten entsprechend.

(3) Einer richterlichen Handlung, die die Verjährung unterbricht, stehen entsprechende Handlungen der Aemter gleich.

§ 22. In Gemeinden, in denen ein Hauptwirtschafts- (Hauptenährungs-) Amt besteht, stehen diesen die Rechte zu, die in dieser Verordnung dem Wirtschafts- (Ernährungs-) Amt übertragen sind. Das Hauptwirtschafts- (Hauptenährungs-) Amt kann seine Befugnisse auf die Wirtschafts- (Ernährungs-) Aemter seines Bezirks übertragen.

[§ 23. betraf die Anwendung dieser Verordnung in Oesterreich und Sudetenland.]

§ 24. (1) Die Verordnung tritt eine Woche nach der Verkündung in Kraft.

(2) Gleichzeitig treten die §§ 12 bis 14 der Verordnung über die Verbrauchsregelung für lebenswichtige gewerbliche Erzeugnisse vom 14. November 1939 RGBl. I S. 2221) sowie § 34 der Verordnung über die öffentliche Bewirtschaftung von landwirtschaftlichen Erzeugnissen vom 27 August 1939 (RGBl I S. 1521) und § 12 der Verordnung über die Gewährung von Sonderzulagen an Schwer- und Schwerstarbeiter, werdende und stillende Mütter, Kranke und gebrechliche Personen vom 16. September 1939 (RGBl. I S. 1825) außer Kraft.

Hierzu **VO. zur Ergänzung und Aenderung von Vorschriften auf dem Gebiet der Verbrauchsregelung** vom 25. November 1941 (RGBl. I S. 731):

Art. III. (1) Beamte, Angestellte oder Helfer auf dem Gebiete der Verbrauchsregelung, die vorsätzlich entgegen den bestehenden Bestimmungen oder den Anordnungen der zentralen bewirtschaftenden Stellen Bescheinigungen über Bezugsberechtigungen an Gewerbetreibende oder Verbraucher abgeben oder dabei mitwirken, oder Sachverständige, die gegen besseres Wissen auf dem Gebiete der Verbrauchsregelung ein Gutachten abgeben, werden mit Gefängnis und Geldstrafe oder mit einer dieser Strafen bestraft, soweit nicht die Tat nach anderen Vorschriften mit einer schwereren Strafe bedroht ist. Die Strafverfolgung tritt auf Verlangen des Oberbürgermeisters oder Landrats ein, in dessen Geschäftsbereich der Beamte, Angestellte oder Helfer beschäftigt ist oder das Gutachten beigezogen wurde. Das Verlangen kann auch von dem Landeswirtschaftsamt oder Landes- (Provinzial-) Ernährungsamt gestellt werden. Das Verlangen kann zurückgenommen werden

12. Paßstrafverordnung

Vom 27. Mai 1942 (RGBl. I S. 348).

§ 1. (1) Mit Geldstrafe, Haft oder Gefängnis, in besonders schweren Fällen mit Zuchthaus wird bestraft, wer

1. unbefugt eine Grenze überschreitet, insbesondere ohne die zum Grenzübertritt erforderlichen oder bestimmten Urkunden (Paß, Paßersatz, Sichtvermerk, Durchlaßschein u. dgl.) mit sich zu führen,
2. eine Grenze an anderen Stellen als den zugelassenen Grenzübergängen oder außerhalb der festgesetzten Verkehrsstunden überschreitet,
3. sich bei dem Grenzübertritt oder bei der sonst stattfindenden Paßnachschau oder Ausweisnachschau der amtlichen Prüfung entzieht,
4. abgesehen von den in den Nrn. 1 bis 3 bezeichneten Fällen den zur Ueberwachung des Grenzverkehrs erlassenen Anordnungen zuwiderhandelt,
5. Reiseziele, Reisewege oder Fristen oder sonstige Beschränkungen nicht einhält, die ihm in einer für das Ueberschreiten einer Grenze oder für den Aufent-

halt innerhalb einer Grenze erforderlichen oder bestimmten Urkunde vorgeschrieben sind,

6. unbefugt eine zum Grenzübertritt erforderliche oder bestimmte Urkunde führt,

7. als Ausländer der Verpflichtung nicht nachkommt, sich durch einen Paß oder einen zugelassenen Paßersatz über seine Person auszuweisen, oder als gesetzlicher Vertreter eines Ausländers es unterläßt, für die von ihm vertretene Person die erforderlichen Ausweise zu beschaffen oder vorzulegen,

8. den Auflagen zuwiderhandelt, die ihm bei der Ausstellung, Aenderung oder Ergänzung einer zum Grenzübertritt erforderlichen oder bestimmten Urkunde oder beim Grenzübertritt erteilt worden sind.

Neben Haft oder Gefängnis kann auf Geldstrafe, neben Zuchthaus auf Geldstrafe in unbeschränkter Höhe erkannt werden.

(2) In den Fällen des Abs. 1 Nrn. 1, 2, 5, 7 und 8 ist auch die fahrlässige Zuwiderhandlung strafbar. In diesen Fällen ist auf Geldstrafe, Haft oder Gefängnis bis zu drei Monaten zu erkennen.

§ 2. Mit Geldstrafe bis zu einhundertfünfzig Reichsmark und mit Haft oder mit einer dieser Strafen wird bestraft, wer eine zum Grenzübertritt erforderliche oder bestimmte Urkunde verloren hat und vorsätzlich oder fahrlässig den Verlust nicht unverzüglich bei der nächsten Polizeibehörde oder, wenn er sich im Ausland aufhält, bei der nächsten deutschen amtlichen Vertretung daselbst anzeigt.

§ 3. (1) Mit Gefängnis nicht unter sechs Monaten oder mit Zuchthaus wird bestraft, wer

1. eine zum Grenzübertritt erforderliche oder bestimmte Urkunde oder die entsprechenden Formblätter oder

Stempelabdrucke verfälscht oder fälschlich anfertigt, oder wer sich eine solche verfälschte oder fälschlich angefertigte Urkunde oder die entsprechenden Formblätter oder Stempelabdrucke verschafft oder von ihnen Gebrauch macht,

2. zur Täuschung im Rechtsverkehr entweder eine solche Urkunde einem anderen überläßt oder eine solche für einen anderen ausgestellte Urkunde sich verschafft oder gebraucht,
3. sich eine solche Urkunde erschleicht oder wissentlich von einer solchen erschlichenen Urkunde Gebrauch macht,
4. die zur Herstellung solcher Urkunden geeigneten Gegenstände (Formen, Stempel, Stempelabdrucke, Formblattpapier, Formblätter u. dgl.) unbefugt sich verschafft, feilhält oder einem anderen überläßt.

(2) Neben Gefängnis kann auf Geldstrafe, neben Zuchthaus auf Geldstrafe in unbeschränkter Höhe erkannt werden.

§ 4. (1) Mit Geldstrafe, Haft oder mit Gefängnis wird bestraft, wer die Gegenstände (Formen, Stempel, Stempelabdrucke, Formblattpapier, Formblätter u. dgl.), die zur Herstellung der im § 3 Abs. 1 Nr. 1 bezeichneten Urkunden geeignet sind, einem Unbefugten fahrlässig zugänglich macht.

(2) Neben der Freiheitsstrafe kann auf Geldstrafe erkannt werden.

§ 5. (1) Der Versuch ist in den Fällen der §§ 1 und 3 strafbar.

(2) Wer einen anderen zu einer der im Abs. 1 sowie im § 1 Abs. 1 und § 3 bezeichneten Handlung anstiftet oder dazu Hilfe leistet, wird auch dann als Anstifter oder Gehilfe bestraft, wenn die Handlung des anderen nicht oder unabhängig von der Anstiftung oder Beihilfe zur Ausführung gelangt. In diesen Fällen kann

das Mindestmaß der angedrohten Strafe bis auf ein Viertel herabgesetzt werden.

(3) Gleich einem Anstifter wird ferner bestraft, wer sich einem anderen zu einer der im § 1 Abs. 1 und § 3 bezeichneten Handlungen erbietet oder ein solches Anerbieten annimmt oder wer die Begehung einer solchen Handlung verabredet oder in eine ernsthafte Verhandlung darüber eintritt. Abs. 2 Satz 2 gilt entsprechend.

(4) In leichten Fällen kann die Strafe gemildert oder von Strafe abgesehen werden.

§ 6. Die Paßbehörden, die Sichtvermerksbehörden, die Ausländerämter und die Dienststellen der Grenzpolizei sowie ihre vorgesetzten Behörden können nach näherer Weisung des Reichsministers des Innern Versicherungen an Eides Statt abnehmen.

§ 7. Grenze im Sinne dieser Verordnung sind die jeweils bestimmte Sichtvermerksgrenze (Außengrenze) und die Grenzen, die Gebiete innerhalb der Sichtvermerksgrenze voneinander trennen und für deren Ueberschreiten eine besondere Erlaubnis vorgeschrieben ist (Binnengrenzen).

Nr. 13. Reichsjugendgerichtsgesetz (Auszug).

Vom 6. November 1943 (RGBl. I S. 635). (Auszug.)

Ob das alte JGG. v. 16 2. 23 oder das neue RJGG. v. 6. 11. 43 oder ob je nach dem Inhalt der einzelnen Vorschriften bald das alte, bald das neue Gesetz angewendet werden soll, ist zweifelhaft. Für Gerichtsverfassung und Verfahren verdient das alte Gesetz den Vorzug. Denn beide müssen in den allgemeinen Rahmen, der am 30. 1. 33 bestand, eingefügt werden Unten werden nur die Bestimmungen des RJGG. v 6 11. 43 über das materielle Strafrecht und über die mit ihm zusammenhängenden Vorschriften über Strafregister und über Rehabilitation abgedruckt. Hier handelt es sich um folgende Neuerungen:

1. Neuregelung der Altersstufen:
   a) Herabsetzung der Grenze absoluter Strafunmündigkeit von 14 auf 12 Jahre in § 3, II, 2,
   b) Herabsetzung der Grenze voller Strafmündigkeit in § 20, I und II.

2. Abschaffung der kurzzeitigen (weniger als drei Monate betragenden) Freiheitsstrafe sowie der Geldstrafe: § 5, I.
3. Einführung der relativ unbestimmten Verurteilung: § 6.
4. Einführung des Jugendarrestes. § 8
5. Mehrfache Betonung, daß auch bei Kindern und Jugendlichen Zweck der Strafe „Ahndung" und „Sühne" sei, obwohl auch der Erziehungsgedanke nicht zu kurz kommen solle (§ 2, III. § 5, II.
6. Bei Tatmehrheit (§ 74 StGB.) Einheitsstrafe, nicht Gesamtstrafe: § 14.
7. Milderung des mit der Strafe verbundenen Makels
   a) durch Aenderungen der Strafregisterverordnung vom 27. 2. 34 und des Straftilgungsgesetzes vom 10. 4. 20/17. 11. 39 in §§ 69, 70,
   b) dadurch, daß neben der gesetzlichen Rehabilitation die richterliche eingeführt wurde: §§ 71 ff.

Typisch nationalsozialistisch ist § 1, II, der unbedenklich weggelassen werden kann.

Die übrigen Neuerungen tragen zum Teil alten, lebhaft erörterten Reformforderungen Rechnung; so Nr. 2, 3, 4, 7. Andere gehen umgekehrt hinter das fortschrittliche alte JGG. wieder zurück; so Nr. 5 und die Nichtaufnahme des § 10 alter Fassung über die „Probezeit". Nr. 6 nahm einen Gedanken vorweg, der für das neue StGB. geplant war.

Nr. 1 enthält eine Verquickung von allgemein kriminalpolitischen Forderungen (Täterschuld, nicht Tatschuld) mit nationalsozialistischen Gedanken (Schwere der Tat, Schutz des Volkes, Herabsetzung der Altersgrenzen mit dem Ergebnis: Gefängnis für Kinder, Zuchthaus und Todesstrafe für Jugendliche). Da sich hier ohne eine Gesetzesänderung, die hier nicht in Betracht kommt, Richtiges von Falschem nicht trennen läßt, müssen § 3, II. Satz 2 sowie der ganze § 20 als unanwendbar gelten.

Andererseits können die §§ 10 bis 13 und § 15 des alten JGG unbeschadet der §§ 58, 59 des neuen RJGG. noch angewendet werden Denn der Kampf gegen die bedingte Strafaussetzung auch gegenüber Jugendlichen war vorwiegend nationalsozialistisch Gegen die Beibehaltung des § 6 RJGG bestehen keine Bedenken Die „unbestimmte Verurteilung" ist eine alte Forderung der allgemeinen Strafrechtsreform Für Jugendliche ist sie bereits vorgeschlagen worden im Entwurf 1927 (1930) und im Entwurf zu einem Strafvollzugsgesetz von 1930 Für Oesterreich war sie seit 28 7. 28 geltendes Recht Auch im englischen (Borstalanstalten) und in den amerikanischen Rechten wird sie angewendet

Aehnliches gilt für den Jugendarrest. Er wird von der deutschen Reformbewegung, obwohl lebhaft umstritten, seit 1916 gefordert Gegenüber den Verfehlungen von Jugendlichen den Strafmakel für die Zukunft tunlichst zu beseitigen, entspricht gleichfalls alten Forderungen. Die richterliche Rehabilitation (§§ 71 ff.) ist neben der gesetzlichen (§ 70) nicht überflüssig. Straffreies Verhalten genügt hier nicht. Voraussetzung ist einwandfreie Führung und positive Bewährung. Bestimmungen, die Bezug nehmen auf nationalsozialistische Behörden (z. B. §§ 72, III, 73, I) sind gegenstandslos.

Erster Teil.
Verfehlung Jugendlicher und ihre Folgen

Erster Abschnitt
Allgemeine Vorschriften

§ 1. Anwendungsbereich.

(1) Dieses Gesetz gilt, wenn ein Jugendlicher eine Verfehlung begeht, die strafrechtlicher Ahndung unterliegt. Jugendlicher ist, wer zur Zeit der Tat vierzehn, aber noch nicht achtzehn Jahre alt ist.

(2) Das Gesetz gilt für Deutsche. Auf Angehörige anderen Volkstums wird es sinngemäß angewendet, soweit nicht etwas anderes bestimmt ist.

§ 2. Die Folgen der Jugendstraftat.

(1) Die Straftat eines Jugendlichen wird mit Strafe oder mit Zuchtmitteln geahndet.

(2) Aus Anlaß der Straftat können Erziehungsmaßregeln angeordnet werden.

(3) Von Strafe und Zuchtmitteln wird abgesehen, wenn Erziehungsmaßregeln oder die Unterbringung in einer Heil- oder Pflegeanstalt die Ahndung durch den Richter entbehrlich machen.

§ 3. Verantwortlichkeit.

(1) Ein Jugendlicher ist strafrechtlich verantwortlich, wenn er zur Zeit der Tat nach seiner sittlichen und geistigen Entwicklung reif genug ist, das Unrecht der Tat einzusehen und nach dieser Einsicht zu handeln. Zur Erziehung eines Jugendlichen, der mangels Reife strafrechtlich nicht verantwortlich ist, kann der Richter dieselben Maßnahmen anordnen wie der Vormundschaftsrichter.

(2) Wer unter vierzehn Jahren eine Verfehlung begeht, ist strafrechtlich nicht verantwortlich.

Ist der Täter zur Zeit der Tat wenigstens zwölf Jahre alt, so wird er wie ein Jugendlicher zur Verantwortung gezogen, wenn der Schutz des Volkes wegen der Schwere der Verfehlung eine strafrechtliche Ahndung fordert; die Vorschriften über jugendliche Schwerverbrecher werden nicht angewendet.

Zweiter Abschnitt

Die Strafe

§ 4. Jugendgefängnis.

(1) Die Strafe für Jugendliche ist Jugendgefängnis.

(2) Der Richter verhängt Jugendgefängnis, wenn das Bedürfnis der Volksgemeinschaft nach Schutz und Sühne wegen der Größe der Schuld oder wegen der schädlichen Neigungen des Jugendlichen, die in der Tat hervorgetreten sind, eine Strafe fordern.

§ 5. Dauer des Jugendgefängnisses.

(1) Das Mindestmaß der Jugendgefängnisstrafe beträgt drei Monate, das Höchstmaß zehn Jahre; die Strafrahmen des allgemeinen Strafrechts gelten nicht.

(2) Bei der Strafbemessung muß der Richter berücksichtigen, daß die Strafe eine nachhaltige erziehliche Wirkung gewährleisten soll.

§ 6. Jugendgefängnis von unbestimmter Dauer.

(1) Der Richter verhängt Jugendgefängnis von unbestimmter Dauer, wenn eine Jugendgefängnisstrafe von mindestens neun Monaten, höchstens jedoch vier Jahren geboten ist und sich wegen der schädlichen Neigungen des Jugendlichen, die in der Tat hervorgetreten sind, nicht voraussehen läßt, welche Strafdauer erforderlich ist, um ihn durch die Erziehung wieder in die Volksgemeinschaft einzuordnen.

(2) Der Richter setzt im Urteil das Mindestmaß der Strafe fest; es beträgt mindestens neun Monate. Das Höchstmaß beträgt vier Jahre; der Richter kann ein geringeres Höchstmaß bestimmen, doch soll dann der Unterschied zwischen dem Mindest- und dem Höchstmaß nicht weniger als zwei Jahre betragen.

Dritter Abschnitt.

Zuchtmittel

§ 7. Arten und Anwendung

(1) Der Richter ahndet die Straftat mit Zuchtmitteln, wenn Jugendgefängnis nicht geboten ist, dem Jugendlichen aber eindringlich zum Bewußtsein gebracht werden muß, daß er für das von ihm begangene Unrecht einzustehen hat.

(2) Zuchtmittel sind

1. der Jugendarrest,
2. die Auferlegung besonderer Pflichten,
3. die Verwarnung.

(3) Zuchtmittel haben nicht die Rechtswirkungen einer Strafe; sie werden nicht in das Strafregister eingetragen und begründen nicht die Anwendung von strafrechtlichen Rückfallvorschriften.

§ 8. Jugendarrest.

(1) Der Jugendarrest ist Dauerarrest, Freizeitarrest oder Kurzarrest.

(2) Der Dauerarrest beträgt mindestens eine Woche und höchstens vier Wochen. Er wird nach vollen Tagen oder Wochen bemessen.

(3) Der Freizeitarrest wird für die allwöchentliche Freizeit des Jugendlichen verhängt und auf mindestens eine Freizeit und höchstens vier Freizeiten bemessen.

(4) Der Kurzarrest wird aus besonderen Gründen, namentlich wenn die sofortige Vollstreckung notwendig ist, statt des Freizeitarrestes verhängt; er beträgt mindestens einen Tag und höchstens sechs Tage und wird nach vollen Tagen bemessen.

(5) Einmaliger Kurzarrest bis zu drei Tagen und Freizeitarrest können nebeneinander verhängt werden.

§ 9. Auferlegung besonderer Pflichten.

Als besondere Pflichten kann der Richter vor allem die Wiedergutmachung des Schadens und die Entschuldigung auferlegen. Auch kann er bei leichten Verfehlungen eine Geldbuße festsetzen, wenn anzunehmen ist, daß sie der Jugendliche aus Mitteln zahlt, über die er selbständig verfügen darf. Die Geldbuße fällt dem Reich zu, wenn sie nicht im Urteil zugunsten einer gemeinnützigen Einrichtung auferlegt wird.

§ 10. Verwarnung.

Durch die Verwarnung soll dem Jugendlichen das Unrecht der Tat eindringlich vorgehalten werden.

Vierter Abschnitt

Erziehungsmaßregeln.

§ 11. Arten.

Erziehungsmaßregeln sind

1 die Erteilung von Weisungen,

2. die Schutzaufsicht,

3. die Fürsorgeerziehung.

§ 12. Weisungen.

(1) Weisungen sind Gebote und Verbote, die die Lebensführung des Jugendlichen regeln und dadurch seine Erziehung fördern und sichern sollen. Der Richter kann namentlich den Jugendlichen anweisen, eine Lehr- oder Arbeitsstelle anzunehmen oder bei einer Familie oder in einem Heim zu wohnen, und ihm verbieten, einen bestimmten Aufenthaltsort zu verlassen, mit bestimmten Personen zu verkehren, Gast- oder Vergnügungsstätten zu besuchen, geistige Getränke zu genießen oder zu rauchen.

(2) Der Richter erteilt die Weisungen im Einvernehmen mit der Jugendgerichtshilfe.

§ 13. Schutzaufsicht und Fürsorgeerziehung.

Die Voraussetzungen der Schutzaufsicht und der Fürsorgeerziehung richten sich nach den Vorschriften über Jugendwohlfahrt.

Fünfter Abschnitt

Mehrere Straftaten

§ 14. Mehrere Straftaten eines Jugendlichen.

(1) Auch wenn ein Jugendlicher mehrere Straftaten begangen hat, setzt der Richter nur eine Strafe, ein Zuchtmittel oder eine Erziehungsmaßregel derselben Art fest. Die gesetzlichen Höchstgrenzen der Jugendgefängnisstrafe und des Jugendarrestes dürfen nicht überschritten werden. Soweit es dieses Gesetz zuläßt (§ 18), können Maßnahmen mit der Strafe verbunden oder ungleichartige Zuchtmittel und Erziehungsmaßregeln nebeneinander angeordnet werden.

(2) Ist gegen den Jugendlichen wegen eines Teils der Straftaten bereits rechtskräftig eine Strafe, ein Zuchtmittel oder eine Erziehungsmaßregel festgesetzt worden, aber noch nicht vollständig verbüßt, ausgeführt oder sonstwie erledigt, so wird unter Einbeziehung des Urteils in gleicher Weise nur auf eine Strafe oder Maßnahme erkannt. Eine Strafe, für die eine Probezeit läuft, darf nur einbezogen werden, wenn die Entlassung oder die Strafaussetzung widerrufen wird. Aus besonderen Gründen kann der Richter davon absehen, schon abgeurteilte Straftaten in die neue Entscheidung einzubeziehen; dabei kann er Zuchtmittel und Erziehungsmaßregeln für erledigt erklären, wenn er auf Strafe erkennt. Wird auf Jugendgefängnis erkannt, so steht eine Anrechnung bereits verbüßten Jugendarrestes im Ermessen des Richters.

§ 15. Mehrere Straftaten in verschiedenen Altersstufen.

Auf mehrere Straftaten, die teils vor, teils nach Vollendung des achtzehnten Lebensjahres begangen sind, wird ausschließlich das Jugendstrafrecht angewendet, wenn das Schwergewicht bei der im jugendlichen Alter begangenen Straftat liegt; anderenfalls wird ausschließlich das allgemeine Strafrecht angewendet, jedoch eine Einheitsstrafe nach den Grundsätzen des § 14 gebildet.

Sechster Abschnitt

Gemeinsame Vorschriften

§ 16. Nebenstrafen und Nebenfolgen.

(1) Auf Verlust der bürgerlichen Ehrenrechte, Unfähigkeit zur Bekleidung öffentlicher Aemter oder Zulässigkeit von Polizeiaufsicht darf nicht erkannt werden.

(2) Der Gewinn, den der Jugendliche aus der Tat erlangt, und das Entgelt, das er für sie erhalten hat, können für verfallen erklärt werden; ist an die Stelle des ursprünglich erlangten Gegenstandes ein anderer getreten, so kann dieser für verfallen erklärt werden.

§ 17. Unterbringung in einer Heil- oder Pflegeanstalt.

Als Maßregel der Sicherung und Besserung im Sinne des allgemeinen Strafrechts kann nur die Unterbringung in einer Heil- oder Pflegeanstalt angeordnet werden.

§ 18. Verbindung von Strafen und Maßnahmen.

(1) Der Richter kann neben Jugendgefängnis besondere Pflichten auferlegen, Weisungen erteilen und die Schutzaufsicht anordnen; auf andere Zuchtmittel und auf Fürsorgeerziehung kann er neben Jugendgefängnis nicht erkennen.

(2) Zuchtmittel und Erziehungsmaßregeln, ebenso mehrere Zuchtmittel oder mehrere Erziehungsmaßregeln können nebeneinander angeordnet werden.

(3) Der Richter kann neben Jugendgefängnis, Zuchtmittel und Erziehungsmaßregeln auf Nebenstrafen und Nebenfolgen erkennen.

§ 19. Nichterfüllung von Pflichten und Weisungen.

Kommt der Jugendliche Pflichten oder Weisungen, die ihm der Richter auferlegt hat, schuldhaft nicht nach, so kann Jugendarrest verhängt werden.

Siebenter Abschnitt.

Anwendung des allgemeinen Strafrechts.

§ 20. Jugendliche Schwerverbrecher.

(1) War der Jugendliche zur Zeit der Tat sittlich und geistig so entwickelt, daß er einem über achtzehn Jahre alten Täter gleichgestellt werden kann, so wendet der Richter das allgemeine Strafrecht an, wenn das gesunde Volksempfinden es wegen der besonders verwerflichen Gesinnung des Täters und wegen der Schwere der Tat fordert.

(2) Dasselbe gilt, wenn der Jugendliche zur Zeit der Tat nach seiner sittlichen und geistigen Einstellung zwar einem Erwachsenen nicht gleichgestellt werden kann, aber die Gesamtwürdigung seiner Persönlichkeit und seiner Tat ergibt, daß er ein charakterlich abartiger Schwerverbrecher ist und der Schutz des Volkes diese Behandlung fordert.

Vierter Teil

Strafregister

§ 69. Anwendung des Straftilgungsgesetzes und der Strafregisterverordnung.

(1) Verurteilungen zu Jugendgefängnis werden im Strafregister vermerkt. Auf die Vermerke werden, soweit nicht etwas anderes bestimmt ist, die für die Gefängnisstrafe geltenden Vorschriften des Gesetzes über beschränkte Auskunft aus dem Strafregister und die Tilgung von Strafvermerken und der Strafregisterverordnung angewendet.

(2) Die Anordnung von Zuchtmitteln und Erziehungsmaßregeln wird dem Strafregister nur mitgeteilt, wenn sie mit einer Verurteilung zu Jugendgefängnis verbunden ist. Entscheidungen, durch die das Verfahren gegen einen Jugendlichen wegen mangelnder Reife eingestellt wird, werden dem Strafregister nicht mitgeteilt.

(3) Der Tag, an dem die Strafe verbüßt ist, wird bei Jugendgefängnis dem Strafregister stets mitgeteilt.

§ 70. Beschränkte Auskunft und Tilgung.

(1) Für Vermerke über Jugendgefängnis beträgt die Frist, nach deren Ablauf nur noch beschränkt Auskunft aus dem Strafregister erteilt wird,

1. drei Jahre, wenn auf höchstens sechs Monate Jugendgefängnis allein oder mit Nebenstrafen erkannt worden ist, mit Ausnahme der Fälle, in denen die Unterbringung in einer Heil- oder Pflegeanstalt angeordnet worden ist,
2. fünf Jahre in allen übrigen Fällen.

Die Frist der Nr. 1 beginnt mit dem im Strafregister vermerkten Tag der Verurteilung. Die Frist der Nr. 2 beginnt mit dem Tag, an dem die Strafe verbüßt, verjährt oder erlassen und eine Unterbringung in einer Heil- oder Pflegeanstalt erledigt ist. Hat sich nach Ablauf einer Probezeit die Strafe oder die Unterbringung in einer Heil- oder Pflegeanstalt erledigt, ohne daß die Strafaussetzung oder Entlassung auf Probe widerrufen worden ist, so wird die Probezeit in die Frist der Nr. 2 eingerechnet.

(2) Die Frist, nach deren Ablauf Vermerke über Jugendgefängnis getilgt werden, beträgt

1. zwei Jahre, wenn auf höchstens sechs Monate Jugendgefängnis allein oder in Verbindung mit

Nebenstrafen erkannt worden ist, mit Ausnahme der Fälle, in denen die Unterbringung in einer Heil- oder Pflegeanstalt angeordnet worden ist.

2. vier Jahre in allen übrigen Fällen. Die Frist beginnt mit dem Tage, von dem ab nur noch beschränkt Auskunft erteilt wird.

Fünfter Teil

Beseitigung des Strafmakels durch Richterspruch

§ 71. Voraussetzungen.

(1) Hat ein zu Jugendgefängnis Verurteilter durch einwandfreie Führung und durch Bewährung im Dienste der Volksgemeinschaft bewiesen, daß er ein ordentlicher Volksgenosse geworden ist, so erklärt der Jugendrichter auf Antrag des Verurteilten, seines gesetzlichen Vertreters oder des Erziehungspflichtigen den Strafmakel für ausgelöscht. Dies kann auch auf Antrag des Staatsanwalts geschehen.

(2) Die Anordnung kann frühestens zwei Jahre seit der Verbüßung oder dem Erlaß der Strafe ergehen. Hat sich der Verurteilte der Beseitigung des Strafmakels besonders würdig gezeigt, so kann die Anordnung auch schon früher getroffen werden. Ist die Strafe auf Probe ausgesetzt oder der Verurteilte auf Probe entlassen worden, so kann die Anordnung nicht vor Beendigung der Probezeit ergehen.

§ 72. Verfahren.

(1) Zuständig ist der Jugendrichter des Gerichts, dem die vormundschaftlichen Erziehungsaufgaben für den Verurteilten obliegen und, wenn der Verurteilte volljährig ist, der Jugendrichter, in dessen Bezirk der Verurteilte seinen Wohnsitz hat.

(2) Der Jugendrichter beauftragt mit den Ermittlungen über die Führung des Verurteilten und seine

Bewährung im Dienst der Volksgemeinschaft vorzugsweise die Stelle, die den Verurteilten nach der Verbüßung der Strafe betreut hat. Er kann eigene Ermittlungen anstellen. Er hört den Verurteilten und, wenn dieser minderjährig ist, seinen gesetzlichen Vertreter und den Erziehungspflichtigen, ferner die Schule und die Polizeibehörde.

(3) Der Jugendrichter gibt dem Kreisleiter der NSDAP. oder bei Verurteilten, die im jugenddienstpflichtigen Alter stehen, dem Gebietsführer der HJ. Gelegenheit zur Stellungnahme.

(4) Nach Abschluß der Ermittlungen äußert sich der Staatsanwalt. Will der Jugendrichter von dem Antrag des Staatsanwalts abweichen, so legt er die Sache unter Angabe seiner Gründe der Jugendkammer zur Entscheidung vor; diese entscheidet endgültig.

§ 73. Entscheidung.

(1) Der Beschluß des Jugendgerichts, durch den der Strafmakel für ausgelöscht erklärt wird, wird dem Verurteilten durch den Jugendrichter verkündet. Zeit und Ort der Verkündung werden dem Erziehungspflichtigen, dem gesetzlichen Vertreter und dem Staatsanwalt mitgeteilt. Bei Minderjährigen erhält auch die Jugendgerichtshilfe Mitteilung. Der Jugendrichter kann, wenn das Erscheinen des Verurteilten vor ihm nicht möglich oder mit Schwierigkeiten verbunden ist, einen anderen Jugendrichter um die Verkündung ersuchen oder dem Verurteilten den Beschluß zustellen lassen. Auch wenn der Beschluß verkündet worden ist, erhält der Verurteilte eine Ausfertigung.

(2) Das Jugendgericht lehnt die Beseitigung des Strafmakels ab, wenn der Verurteilte ihrer nicht würdig ist. Hält es die Voraussetzungen für eine Beseitigung des Strafmakels noch nicht für gegeben, so kann es die Entscheidung um höchstens zwei Jahre aufschieben. Die Beschlüsse werden begründet und dem Verurteilten bekanntgemacht; sie sind unanfechtbar.

§ 74. Wirkung.

(1) Hat das Jugendgericht den Strafmakel für ausgelöscht erklärt, so darf sich der Verurteilte als unbestraft bezeichnen und jede Auskunft über Tat und über die Strafe verweigern. Der Richter und der Staatsanwalt können aus besonderen Gründen anordnen, daß der Verurteilte vor ihnen Auskunft geben muß. Dies soll dann nicht öffentlich geschehen.

(2) Der Beschluß, durch den der Strafmakel für ausgelöscht erklärt wird, wird in das Strafregister und in die polizeilichen Listen eingetragen. Ueber die Verurteilung wird nur noch dem Strafrichter, dem Staatsanwalt und der Sicherheitspolizei für die Strafverfolgung auf ausdrückliches Ersuchen Auskunft erteilt. In polizeilichen Führungszeugnissen darf die Verurteilung nicht genannt werden.

§ 75. Widerruf.

Stellt sich vor der Tilgung der Strafe heraus, daß der Verurteilte der Beseitigung des Strafmakels nicht würdig ist, so wird die Anordnung mit Zustimmung des Staatsanwalts widerrufen. Der Beschluß wird begründet und dem Verurteilten bekanntgemacht; er ist unanfechtbar. Wird der Verurteilte wegen einer neuen Straftat rechtskräftig schuldig gesprochen, so ist der erkennende Richter zuständig, im übrigen das Jugendgericht, das die Anordnung erlassen hat.

Sachregister.

Die nicht fettgedruckten Ziffern bezeichnen die Paragraphen, die fettgedruckten die Nummern des betr. Nebengesetzes. Ein Strich — bedeutet: Wiederholung des betr. Stichworts, F bedeutet: Fußnote zu . . .; Tiefgestellte Ziffer bedeutet: Ziffer des betr. Paragraphen; römische Ziffer bedeutet: Absatz des betr. Paragraphen.

A

Abbildungen, Unbrauchbarmachung von — 41, 42; beleidigende — 186, 187, 200, unzüchtige — 184; das Schamgefühl verletzende — 184 a; dem Papiergeld ähnliche — 360_6; Einziehung von — 360.
Abbrennen von Feuerwerkskörpern 367_8, 368_7.
Abdruck, unbefugter 360_5.
Aberkennung der bürgerlichen Ehrenrechte s. Ehrenrechte.
Abgaben, übermäßiges Erheben von — 353.
Abgeordneter, Straffreiheit von — 11; Gewalttätigkeiten gegen — 105, 106; Beeinflussung von Wahlen 107 bis 109.
Abhalten, unterlassenes — vom Betteln 361_4; von strafbaren Handlungen 361_9.
Abhänge, unverwahrte 367_{12}.
Abhängigkeit der Strafbarkeit der Teilnahme 3. Abschnitt Vorbemerkung.
Abhängigkeitsverhältnis, Mißbrauch des — zur Unzucht 174, 175 a.
Ablösen von amtlichen Siegeln 136; Gepäckdiebstahl mittels — der Befestigungsmittel 243_4.
Abolition siehe Niederschlagung.
Abpflügen fremder Grundstücke 370_1.
Abreißen von Bekanntmachungen usw. 134.
Absatz, Mitwirken zum — 259.
Abschieben falschen Geldes 148.
Abschneiden von Befestigungsmitteln beim Gepäckdiebstahl 243_4.
Absehen von Strafe 139, 157, 158, 175.

Absicht, 124, 146, 147, 202, 235, 242, 243$_7$, 249, 250$_4$, 263, 265 a 268, 275$_2$, $_3$, 288, 307$_2$. 313, 349; KO 239 240$_2$ 241; betrügerische — 265; gewinnsüchtige — 133, 169, 301, 302, rechtswidrige — 267. 289, räuberische — **8;** Erpressungsabsicht 239 a.
Absperrungsmaßregeln, Verletzen von — 327, 328.
Abstimmung der Konkursgläubiger KO. 243.
Abtötung der Leibesfrucht 218.
Abtreibung 218; Anpreisung von Mitteln zur — 219; Anbieten von Diensten zur — 220.
Abweichung vom behördlich genehmigten Bauplan 367$_{15}$
Abwendung des Erfolges bei beendetem Versuch 46$_1$.
Acker, unbefugtes Betreten eines — 368$_9$.
Adel, unbefugte Annahme von — 360$_8$.
Akademische Grade **9.**
Akten. Beschädigung usw. von — 133
Aktien, Fälschen von — 149, 360$_6$.
Aktiengesellschaft, Strafbarkeit des Vorstandes der — KO. 244.
Akzessorität 3. Abschnitt Vorbemerkung.
Alkohol 330 a, 330 b.
Alter des Täters Einfluß auf Strafbarkeit 173, **2,** 1 ff.
Alternativfeststellung 2 b.
Amme, ohne ärztliches Zeugnis **2,** 15.
Amt, öffentl., Unfähigkeit, Verlust 31, 33—36, 358; Widerstand gegen Ausübung eines — 113; Beleidigung im — 196; Nötigung im — 339; KV. im — 340; Freiheitsberaubungen — 341; Hausfriedensbruch im — 342; Begünstigung im — 346; Falschbeurkundung — 348; Unterschlagung im — 350 351; Verschwiegenheit im Auswärtigen — 353 a.
Amtlich aufbewahrte. übergebene Urkunden vernichten usw. — 133; Erbrechen von — Siegeln 136; — Verschluß aufheben 136.
Amtsanmaßung 132.
Amtsausübung, Widerstand gegen — 113, 117; unbefugte — 132.
Amtsdelikt, im Ausland begangen 4$_1$.
Amtsgeheimnis 300. 353 a, 353 b, 353 c 354 355.
Amtsgewalt, Mißbrauch der — 339.
Amtshandlung, Nötigung zur — 114.

Amtskleidung, unbefugtes Tragen von — 132 a.
Amtspflicht, Verletzung als Inhalt einer falschen Anschuldigung 164; — bei Körperverletzung 230, 232; bei Tötung 222; — im Telegraphenbetrieb 318; — bei Bestechung 332.
Amtsunterschlagung 350, 351.
Amtsvorgesetzter, Pflichtverletzung des — 357.
Analogie 2 F.
Anbieten, Kindern unzüchtige Schriften — 184_2, 184 a.
Andenken Verstorbener beschimpfen 189.
Androhung eines gemeingefährlichen Verbrechens 126; — des Mißbrauchs der Amtsgewalt 339; siehe auch Bedrohung und Drohung.
Anfertigen von Werkzeug für Münzverbrechen 151.
Angabe, falsche, zwecks Verleitung zur Auswanderung 144.
Angehörige, Begriff 52; Notstand bezüglich — 54; Totschlag 213; KV. an — 232; Diebstahl, Unterschlagung 247, 248 a; Begünstigung, Hehlerei 257, 258; Betrug 263, 264 a; Jagdvergehen 294; Sachbeschädigung 303; Mundraub 370_5.
Angelegenheiten, Erörterung von — des Staates durch Geistliche 130 a.
Angelöbnis, eidliches 162.
Angriff, Abwehr eines — als Notwehr 53; — auf Hoheitszeichen 103 a, 135; — gegen Beamte 113; — gegen Forstbeamte und Jagdberechtigte 117—119; — von Gefangenen 122; gemeinsamer — 227; — mit Waffen 367_{10}.
Anhängigkeit von Strafverfahren 164.
Ankauf durch strafbare Handlung erlangter Sachen 259.
Ankündigung unzüchtiger Schriften 184_1; — von Gegenständen die zum unzüchtigen Gebrauch bestimmt sind 184_3; öffentl — zwecks unzüchtigen Verkehrs 184_4; öffentl — von Gegenständen, die zur Abtreibung bestimmt 219; dem Papiergeld ähnliche — 360_6; — von Mitteln zur Heilung von Geschlechtskrankheiten **2, 11.**
Anlage, Beschädigung von — 304; elektrische — 242 F.
Anlegen von Feuerstätten 369_3.
Anleiten zum Betteln 361_4.

Annahme des Erbietens zur Begehung eines Verbrechens 49 a; — der Aufforderung zur Begehung eines Verbrechens 49 a; — einer Herausforderung zum Zweikampf 201; Straflosigkeit der — einer Herausforderung 204; von Vorteilen seitens Beamter 331; unbefugte — von Titeln usw. 360_8

Anordnungen, Ungehorsam gegen — 110; Widerstand gegen — der Verwaltungbehörden 113; — der Obrigkeit verächtlich machen 131; — der Behörde zwecks Verhütung von ansteckenden Krankheiten 327; von Seuchen 328; — über Zinsfuß 360_{10}; — über Sonntagsruhe 366_1; — über Bauten 367_{14}; über Schließung der Weinberge 368_1; — über Raupen 368_2; feuerpolizeiliche — 368_8.

Anpreisen, unzüchtiger Schriften 184_1; — von Gegenständen, die zum unzüchtigen Gebrauch: 184_3 zur Verhütung von Geschlechtskrankheiten: 184_3 a, zur Abtreibung: 219, bestimmt.

Anrechnung im Ausland vollzogener Strafen 7; — der Untersuchungshaft 60.

Anreizung von Bevölkerungsklassen zu Gewalttätigkeiten 130; — zum Zweikampf 210.

Anschaffen von Stempeln usw zum Zwecke eines Münzverbrechens 151.

Anschlag, öffentlicher, zwecks Aufforderung zu strafbaren Handlungen 110 111; Abreißen öffentl. angeschlagener Bekanntmachungen 134; — von unzüchtigen Schriften 184; als Verbreitung **1**, 3.

Anschuldigung, falsche 164, 165.

Ansichbringen von durch strafbare Handlung erlangten Sachen 259

Anstalten, Unzucht in — 174_2; unbef. Errichtung von — 360_9; Entziehungsanstalt, Trinkerheilanstalt 42c, f; Heil- oder Pflegeanstalt **42** b, f.

Ansteckende Krankheiten, Verletzung von Absperrungsmaßregeln gegen — 327.

Anstiftung 48, 49 a, 50, 111, 159.

Antrag bei im Ausland begangenen Delikten 4, 5_3; Frist des — 61, 62; Berechtigung zum — 62, 65; Unteilbarkeit des — 63; Zurücknahme des — 64.

194, 247, 248 a; Straf— des Vorgesetzten 196; Entbehrlichkeit des — 197.
Anvertraute, Unzucht mit — Personen 174_1; — Sachen unterschlagen 246; — Briefe oder Pakete, Depeschen öffnen usw. 354, 355; — Urkunden vernichten 348; in — Angelegenheit pflichtwidrig handeln 356.
Anwalt, Geheimnisbruch durch — 300; Gebührenüberhebung durch — 352; Untreue des — 356; kein Beamter 359.
Anwaltschaft öffentl. Amt 31.
Anzeige von Behörden usw. beschädigen 134, Versäumung der — 139.
Apotheker, Verletzung des Berufsgeheimnisses 300.
Arbeit der Gefangenen 15, 16, 362; gemeinnützige — 362.
Arbeitsbücher, Fälschung von — 363.
Arbeitshaus 42 d, 42 f, 42 h, 42 i, 70, 122 a, 347.
Arbeitskraft 7.
Arbeitsscheu 361_7.
Arbeitszwang 15, 16, 42 i, 362.
Aergernis durch Gotteslästerung 166; — durch unzüchtige Handlung 183; — durch Mitteilungen aus Gerichtsverhandlungen 184 b.
Arrestbruch 137.
Arzt beim Zweikampf 209; unzüchtige Handlungen durch — 174_2; Fälschung von Gesundheitszeugnissen durch — 277; Verletzung des Berufsgeheimnisses 300.
Asyl 42 d, f.
Aszendenten, Totschlag an — 215; KV. an — 223, 228; Beischlaf mit — 173; Kuppelei durch — 181; Kindesaussetzung durch — 221; Diebstahl und Unterschlagung von — 247; Betrug an — 263; Pfandkehr von — 289.
Aufbewahrung, amtliche — 133.
Aufenthaltsbeschränkung 39_1, 361.
Aufforderung zur Begehung eines Verbrechens 49 a; — zum Ungehorsam 110; — zu Straftaten 111; — bei Auflauf 116; — bei Hausfriedensbruch 123; — zum Meineid 159; zum Ausbessern von Gebäuden 367_{13}.

Aufgabe der Ausführung beim nicht beendeten Versuch 46_1; — des Zweikampfes 204.
Auflauf 116.
Aufrechnung von Beleidigungen 199; — von KV. 233.
Aufreizung zum Klassenkampf 130.
Aufruhr 115, 116_2; Brandstiftung zwecks — 307_2.
Aufsicht 174.
Aufsichtsmaßregeln verletzen 327, 328.
Auftrag, Uebernahme eines — zur Herausforderung 203.
Aufwand, übermäßiger, KO. 240.
Aufzüge, Sprengung von — 107 a.
Auge, Verlust des — 224.
Ausbesserung von Gebäuden 367_{13-15}.
Ausbeutung einer Dirne 181 a; — Minderjähriger 301; schwere — Minderjähriger 302; — der Notlage usw eines anderen 302 a, 302 e.
Ausbildung 174.
Ausbruch von Gefangenen 122.
Auseinandersprengung gesetzgebender Versammlung 105
Ausführung oder Verteidigung von Rechten 193.
Ausgabe von Inhaberpapieren unerlaubte 145 a.
Ausgießen auf die Straße 366_8.
Ausland, Begriff 8; Bestrafung im — begangener Straftaten 4—7; feindliche Handlungen gegen befreundete ausländische Staaten 102; Entlaufen der Schiffsleute im — 298
Ausländer, Bestrafung von — 4, 296 a.
Auslegung, sinngemäße, der Strafgesetze 2 F.
Auslieferung von Deutschen 9.
Ausnutzung einer Ausstellung 174.
Aussageerpressung 343.
Aussage, uneidliche 153.
Aussetzung 221; — in hilfloser Lage (Menschenraub) 234.
Ausspielung, unerlaubte 286.
Ausstellen unzüchtiger Schriften 184_1; — von Mitteln gegen Geschlechtskrankheiten 184 Ziff. 3 a. für Abtreibungen 219; unerlaubtes — von Inhaberpapieren 145 a.
Aussteuerkassen, unbefugte Errichtung von — 360_9.
Auswanderung, Verleitung zur 144.
Auswärtiges Amt 353 a.

Ausweispapier 281.
Autofalle 8.
Automatenmißbrauch 265 a.
Autorität, öffentl. Zeichen der — beschädigen 135; — Zeichen eines fremden Staates beschimpfen usw. 103 a.
Axt, Angriff mit — 117.

B

Bande 243_6, 250_2; s. auch Verbindung.
Bandendiebstahl 243_6.
Banknoten, Fälschen von — 149, 360_6.
Bankrott (280 ff.); KO. 239 ff.; betrügerischer — KO. 239; einfacher — KO. 240.
Baukunst, Verletzung der Regeln der — 330.
Baumaterialien, Brandstiftung 308, 325.
Bauwerke zerstören 305; Ausführung von — 330, $367_{14, 15}$.
Beamter, Begriff 359; Widerstand gegen — 113; Nötigung von — 114, 133; Teilnahme an Verb. 128. 129; Anzeigen von — beschädigen 134; Versicherung auf Diensteid 155_3; Unzucht von — 174_2; Beleidigung von — 196; fahrlässige Tötung, KV. von — 232; vorsätzliche Tätlichkeit eines — 232, 340; — Delikte 331—359; Bestechung 331, 332, 333; Rechtsbeugung durch — 336; Nötigung durch — 339; KV. durch — 340; Freiheitsberaubung durch — 341; Erpressung von Aussagen durch — 343; unbefugte Untersuchung eines — 344; unzulässige Strafvollstreckung durch — 345; Begünstigung durch — 346; Entweichenlassen von Gefangenen durch — 347; Unterschlagung durch — 350, 351; Gebührenüberhebung durch — 352, 353; Pflichtverletzung eines — 357.
Bedrohung mit einer strafbaren Handlung 106, 107; — mit der Begehung eines Verbrechens 241; mit Gewalt 113. 117; mit einem Verbrechen oder Vergehen 240; — mit Mord, Brandstiftung, Ueberschwemmung 254, siehe auch Androhung, Drohung.
Beerdigung, heimliche 367_1; vorzeitige 367_2.

Befehl, öffentlich angeschlagener — beschädigen usw. 134; Anreizung zum Ungehorsam gegen militärische — 112; Widerstand gegen Vollstreckung von — 113.
Befestigungsmittel, Ablösung von — 243_4.
Beförderung, Gegenstand der — 243_4.
Befreiung von Gefangenen 120; **durch** Beamte 347.
Befriedetes Besitztum, Eindringen in — 123, 124.
Befriedigung, Vereitelung der — eines Gläubigers 288; vorzugsweise — seitens des Gemeinschuldners KO. 241.
Befugnis zur Bekanntmachung 200.
Begünstigung, beim Verwandtendiebstahl 247, persönliche — 257; hinsichtlich Maßregeln der Sicherung und Besserung 257 a; schwere — 258; — von Gläubigern und Schuldnern im Konkurs KO. 241, 242; — im Amt 346.
Behältnis, Diebstahl mittels Erbrechen von — 243_2; Oeffnen von — mit falschem Schlüssel 243_3; feuergefährliches — 367_6; unbefugte Anfertigung von Schlüsseln zu — 369_1.
Behauptungen von erdichteten Tatsachen 131; — von nicht nachweislich wahren Tatsachen 186; — unwahrer Tatsachen wider besseres Wissen 187; Form der — als Beleidigung 192.
Behörde, Nötigung von — 114; Anzeigen von — beschädigen 134; Anzeige an — 139; Anzeige bei — 191; Adressat bei der falschen Anschuldigung 164; Beleidigung von — 196; Täuschung von — 277 bis 280, 363. S. auch „Amt", „Beamte".
Beihilfe 49, 257, im Amt von Vorgesetzten 357.
Beischlaf zwischen Verwandten 173; Nötigung zum außerehelichen — 176, 177; Verleitung zum außerehelichen — 179; unbescholtenes Mädchen zum — verführen 182; von Geschlechtskranken 2, 5.
Beiseiteschaffen amtlich verwahrter Gegenstände 133; — gepfändeter Sachen 137; — von Familienhabe 170 a; — von Vermögensstücken KO. 239_1, 242, 288; — von Urkunden 274_1; im Amt 348, 349.
Beistand als Begünstigung 257.
Beitreibbarkeit einer Geldstrafe 28 a.

Bekanntmachungen, Abreißen von — 134; — von Strafurteilen 165, 200, 285 a.
Belehrung über Zeugnisverweigerungsrecht 157_2.
Beleidigung von Gesandten 104; — von fremden Landesherren 103; — im allgemeinen 185—200; von Beamten und Behörden 196; — von Verstorbenen 189; wechselseitige — 198; Buße 188; Retorsion 199, 233.
Bemächtigen eines Menschen 234.
Berechnung bei Strafzeit 19, 21.
Berechtigte Interessen 193.
Bergwerk, Brandstiftung 308, 309; Gefährdung eines — 321.
Berichtigung einer falschen Aussage 158.
Beruf, Vergehen in Ausübung des —s 130 a; Beleidigung im — 196; Vernachlässigung von —spflicht 300; Untersagung der —sausübung 42 a, 42 l, 145 c.
Berufsgeheimnis, Verletzung des — 300.
Beschädigung von Hoheitszeichen 103 a, 135; — von amtl. Siegeln 136; — von amtl. Bekanntmachungen 134; — von Urkunden 133; — im Amt 348, 274_1; — von Gräbern 168, 304; — von Schiffen, Brücken usw. 305, 321; — von Sachen 303; — von res sacrae, religiosae, publicae 304; — von Eisenbahnanlagen 315; — von Telegraphenanlagen 317; — von Wasserbauten 321; — mittels Pulver 311. 325; — an der Gesundheit 223; — durch Tiere 366.
Beschimpfen, Hoheitszeichen 103 a, 135; das Reich usw 134 a, 134 b; Gotteslästerung 166; Religionsgesellschaften 166; Andenken Verstorbener 189; s. auch Unfug.
Beschlagnahme, Entziehung 137; — des Vermögens 140
Beschneiden von Metallstücken 150.
Beschuldigen einer strafbaren Handlung oder der Verletzung einer Amtspflicht 164.
Besitz 246; — von Diebeswerkzeug 245 a; — von Wildereigerät 296.
Besitztum, befriedetes 123, 124.
Besonders leichter Fall 175 II; — schwerer Fall 49 b, 139, 139 a, 189, 218, 223 b, 240, 263, 266, 281,

292, 293, 302 d, 302 e, 315, 353 b, 353 c; **7** 24 II, III; 10 1 I, II, 1 d.
Besserung, Maßregeln der — 42 a ff.
Bestechung, passive 331, 332; aktive — 333; — von Richtern 334.
Bestürzung bei der Notwehrüberschreitung 53.
Beteiligung am Raufhandel 227; — am Glücksspiel 284 a; — am Verkehrsunfall 139 a.
Betreten von Scheunen mit Feuer 368_5; — von Gärten 368_9; — fremden Jagdgebiets 368_{10}.
Betreuung 174.
Betrieb, Gefährdung der —ssicherheit 315, 316.
Betroffenwerden auf frischer Tat 252.
Betrug 263; — gegen Angehörige 263; — im Rückfall 264; — aus Not 264 a; Versicherungs— 265.
Betteln 42 d, 361_4., 362; Raub von Kindern zum — 235; Anleitung, Nichtabhaltung von Kindern 361_4.
Beurkundung, falsche öffentliche 261; — bei Wahlen 108.
Bewaffneter Haufen, Bildung von — 127; — Macht, Widerstand gegen — 113; Bel. von Mitgl. der — Macht 196.
Beweggründe, niedrige 211.
Bewegliche Sachen 242, 246, 249.
Beweis der Wahrheit bei Bel. 190—192.
Beweisregeln 186, 245, 259; **1** 20.
Bewohntes Gebäude 243_7, 250_4; — Orte 367_8.
Bewußtlosigkeit 51, 176_2, 177.
Bigamie 171; Beihilfe 338.
Bilanzziehung, unterlassene 240_4.
Bilder, unzüchtige 184.
Blankettfälschung, Gebrauch gefälschter oder schon verwendeter Stempelblankette 275, 276, 364.
Blasphemie 166.
Bleikugeln, Zueignung 291.
Blutschande 173.
Bordell 180 II.
Böswillig, 103 a, 134, 135, 170 a, 223 b; **10** 1
Brandstiftung, schwere 306; besonders schwere — 307; einfache — 308; fahrlässige — 309; — an einer versicherten Sache 265.
Brennmaterialien als Objekt der Brandstiftung 308.

Briefgeheimnis, Gefährdung des — 299; Verletzung des — 354, 358.
Briefmarken, Fälschung 275.
Bruch des Heuervertrages 298.
Brücken, vorsätzliche Beschädigung von — 305, 321. 325; fahrlässige Beschädigung von — 326; Außerachtlassen von Sicherungsmaßregeln beim Bau von — 367_{14}.
Brunnen, Bau ohne erforderliche Sicherungsmaßregeln 367_{14}; Unverdecktlassen von — 367_{12}; Vergiftung von — 324, 325; fahrl. Vergiftung von — 326.
Bücher, Fälschung von — zwecks Amtsunterschlagung 351.
Bürgschaftsinstrumente Minderjähriger 301.
Buße 188, 231.

D

Darlehn, Ausbeutung 302 a.
Darstellung, Unbrauchbarmachung von — 41, 42; Verbreitung von beleidigenden — 186, 187, 200; unzüchtige — 184; Ueberlassen von —, die das Schamgefühl verletzen 184 a.
Deiche, Beschädigung von — 321, 325, 326.
Denkmäler beschädigen 304.
Depeschenfälschung 355.
Desertion s. Fahnenflucht.
Deutscher, Auslandstaten 3; Nichtauslieferung — 9.
Diebeswerkzeug 245 a.
Diebstahl, einfacher 242; schwerer — 243; — im Rückfall 244; — gegen Angehörige 247, 248; — aus Not 248 a; räuberischer — 252; Gebrauchs — 242 F, 290; Begünstigung beim — 258_1; bei schwerem — 258_2, 261; Diebeswerkzeug 245 a.
Diensteid 155_3, 359.
Dienstpflicht, Verletzung der — bei Bestechung 332, 333.
Dienstpflichtverletzung, Verdächtigung wegen — 164; s. auch Amtspflichtverletzung.
Diensträume, Eindringen in — 123.
Dienststelle des Staates 145 d

Dietrich, Diebstahl mittels — 243_3, 245 a; unerlaubte Verabfolgung von — 369_1.
Differenzhandel, Verlust durch — KO. 240_1.
Dingpflicht, Verletzung der — 138.
Dividendenscheine s. Zinsscheine.
Doppelehe 171, 338.
Dreiteilung der strafbaren Handlungen 1.
Drogen, Handeln mit — 367_3.
Drohende Verbrechen, Nichtanzeige von — 139.
Drohung als Mittel zur Anstiftung 48; Handeln unter dem Einfluß von — als Strafausschließungsgrund 52; — als Mittel der Nötigung v. Beamten 114; — als Mittel der Hinderung der Religionsausübung 167; — der Vornahme unzüchtiger Handlungen 176_1; — des Beischlafes 177; — des Menschenraubes 234; — der Entführung 235, 236; — des räuberischen Diebstahls 252; — der Erpressung 253 bis 255; s. auch Androhung und Bedrohung.
Drucker 1 21.
Drucksachen, papiergeldähnliche — anfertigen 360_6.
Druckschriften, strafbarer Inhalt **1** 20 ff.
Duchesne-Paragraph 49 a.
Duell s. Zweikampf.
Duldung 176_1, 177, 240, 253.
Dünenschutz 366 a.

E

Ehe, Entführung zwecks — 236, 238; —erschleichung 170; — eingehen 171; — durch Geschlechtskranke 2 6.
Ehebruch 172.
Ehefrau, Beleidigung der — 195.
Ehegatte 170 a; — als Antragsberechtigter 189, 232; Diebstahl u. Unterschlagung unter — 247; Mundraub 370_5; Notbetrug 264 a; Notentwendung 248 a; s. auch Ehemann und Angehörige.
Ehehindernis, gesetzliches, verschweigen 170.
Ehemann, Antragsrecht des — 195; Kuppelei durch — 181_2.
Ehre 185 ff.

Ehrenhafte Beweggründe 20.
Ehrenrechte, Verlust der — 32—37; — bei Versuch 45, — bei Gesamtstrafe 76.
Ehrenwörtliche Verpflichtung 302, 302 b,
Ehrenzeichen, Verlust der — 33; Unfähigkeit zur Erlangung von — 34.
Eid, fahrl. Falsch— 163; s. auch Meineid.
Eidesbruch 162.
Eidesgleiche Beteuerungen 155.
Eigennutz, strafbarer 284 bis 302 e; grober — 170 a.
Eigenschaften, persönliche, Einfluß auf die Strafbarkeit 50.
Eigentum 289, 308.
Einbruchsdiebstahl 243_2.
Eindringen in fremde Wohnungen, Geschäftsräume usw. 123; — von Beamten 342.
Einfahren von Pferden auf öffentlichen Straßen 366_2.
Einfriedigung, unbef Gehen über Aecker mit — 368_9.
Einfuhrverbote 327, 328.
Einrichtungen, religiöse, beschimpfen 166; — für Glücksspiel bereitstellen 284.
Einschleichen bei Diebstahl 243_7; — bei Raub 250_4.
Einsicht in das Unerlaubte der Tat 51, 58.
Einsperrung, widerrechtliche 239, — im Amt 341.
Einsteigen zum Stehlen 243_2.
Einwilligung, bei KV 226 a.
Einziehung im allgem. 40, 42; — bei Münzfälschung 152; — bei Glücksspiel 284 a; — bei Jagd- u. Fischereivergehen 295—296 a; — bei Bestechung 335; — bei Uebertretungen 360, 367, 369.
Eisenbahn, -Zerstörung 305; -Betriebsgefährdung 315 f; Diebstahl, Raub in — 243_4, 250_3.
Elektrizitätsgesetz 242 F
Eltern, Angehörige 52; Blutschande 173; Kuppelei 181_2; Antragsrecht der — 182; KV. 223, 228; Diebstahl 247, 370_5; Betteln, Stehlen usw. von Kindern 361_9; s auch Angehörige.
Empfindliches Uebel 240, 253.
Entführung 236, 237.
Entgelt, Ueberlassung von unzüchtigen oder schamlosen Schriften gegen — 184, 184 a.

Enthauptung 13.
Entlassung, vorläufige, s. Gefangene; — aus der Unterbringung 42 h
Entlassungsgericht 42 f F
Entmannung 42 k.
Entschädigung s. Buße 188.
Entsprechende Anwendung von Strafgesetzen s. Analogie
Entstellung, dauernde durch Körperverletzung 224; — wahrer Tatsachen 263.
Entweichenlassen von Gefangenen 121; — durch Beamte 347; — von in einer Anstalt Untergebrachten 122 b
Entwendung geringwertiger Gegenstände 248 a, 264 a; — von Nahrungs- u. Genußmittel usw. 370_5.
Entziehung von Sachen der Verstrickung 137; — von Minderjährigen ihrem Gewalthaber 235; — der Bestrafung 257; — durch Beamte 346; — vom Schiffsdienst 298; — der Unterhaltspflicht 170 b.
Entziehungsanstalt 42 c und 42 f
Erbieten zur Begehung eines Verbrechens 49 a.
Erbrechen von Siegeln 136; — von Behältnissen 243_2.
Erde graben 370_2.
Erdichtete Forderungen aufstellen KO. 239_2; — geltend machen 242_2.
Erfolg, Strafverschärfung bei schwererem — (sog. erfolgsqualifizierte Verbrechen) 118 178, 221 III, 224, 226. 229 II, 239 III. 251, 307 Nr. 1, 321 II. 324, 326
Ergreifen, Tötung bei — auf frischer Tat 214.
Erklärung, falsche Beurkundung einer — 271.
Erlaß der Strafe bei Rückfall 245.
Ermächtigung der beleidigten gesetzgebenden Körperschaften zur Strafverfolgung 197
Ermessen, pflichtgemäßes — 157
Erneuerungsscheine, Fälschen von — 149; unbefugte Anfertigung von — 360_6.
Ernstlichkeit der Aufforderung des Verlangens des Getöteten 216.
Ernte, Schutz nicht beendeter — 368_9.
Eröffnen eines Gebäudes 243_3; — von Briefen und Paketen 354; — von Depeschen 355.
Erpressung, einfache 253; räuberische — 255; — von Geständnissen und Aussagen 343.

Errichtung, unerlaubte, von Aussteuerkassen 360_9; — von Feuerstätten 368_3.
Ersatzfreiheitsstrafe 29.
Erschleichung der Ehe 170; — außerehelichen Beischlafs 179; — freien Eintritts 265 a.
Erweislichkeit bei Beleidigung 186.
Erwerb von Wucherforderungen 302 c.
Erzieher, Unzucht von — mit Zöglingen 174_2; Kuppelei durch — 181_2; Diebstahl u. Unterschlagung 247; Betrug 263.
Erziehungsmaßregeln 13 11.
Erziehungspflicht, Vernachlässigung der — 170 d.
Eßwaren, Entwendung von — 370_5.
Explodierende Stoffe beimischen 293; Zerstörung durch — 311, 367_{4-6}; s. auch Sprengstoff.

F

Fähigkeitszeugnisse, Fälschung von — 363.
Fahnenflucht, Verleitung, Erleichterung, Beistandleisten zur — 141.
Fahren über fremde Fluren 368_9; übermäßig schnelles — 366_{2-4}.
Fahrlässige Tötung 222.
Fahrlässigkeit 59; strafbar 121, 163, 222, 230, 232, 309, 314, 316, 318, 319, 326, 345, 347.
Fahrräder, unbefugter Gebrauch 242 F.
Fall, besonders schwerer, besonders leichter, s. unter besonders.
Falsch (s. auch fälschen, nachmachen, unwahr, unrichtig, echt, unecht): Geld 145 ff.; aussagen 153, 156; schwören 154; eidesstattlich versichern 156; anschuldigen 164; Schlüssel $243_{3\,4}$; Tatsachen 263; beurkunden 271. 348 I; Zeichen, Signale 315; — ferner: Rechnungsführung 351; Inhaltsbezeichnung 351; Grenzstein 274.
Falscheid, Verleitung zum — 160; fahrlässiger — 163.
Falschmünzerei 146—152.
Fälschung von Wahlen 108; — von Geld 146—149; — von Urkunden 267, 348; — von Stempelpapier.

Wertzeichen usw. 275; — von Attesten 277; — von Depeschen 355.
Familienhabe 170 a.
Feilhalten von unzüchtigen Schriften 184_1; — von vergifteten Gegenständen 324.
Feindliche Handlungen gegen befreundete Staaten 102 bis 104.
Feldfriedensbruch 368_9.
Feldpolizeigesetz 361_9.
Fernsprechanlagen 317, 318, 318 a, 355.
Festnahme, vorläufige — Entlassener 25; Unterbrechung der Verjährung durch — 72; widerrechtliche Festnahme 341, 358.
Festungshaft 1, 17, 19, 20, 21, 44, 70, 75, 104—107, 130 a, 211 ff., 345.
Feuer $368_{5, 6}$; s. auch Brandstiftung; -löschgerät 307_3, 368_8; -stätte $368_{3, 4}$, 369_3; -werk $367_{4, 5, 8}$ 368_7.
Fischen, unberechtigtes, zur Nachtzeit 293; durch Ausländer in Küstengewässern 296 a; durch Kinder 361_9.
Flucht, s. Fahnenflucht, Führerflucht.
Flußuferschutz 366 a.
Folgen, beabsichtigte bei Körperverletzung 225.
Forderung, erdichtete, Geltendmachen im Konkurs 242_2; ausbeuterische — sich abtreten lassen 302; Ausbeutung bei Stundung einer — 302 a.
Form der Aeußerung als Beleidigung 192, 193.
Formelle Beleidigung 185.
Formen, Unbrauchbarmachung von — 41, 42; Anfertigung von — für Münzverbrechen 151; unbefugte Anfertigung von — 360_{4-6}.
Forstbeamte, Forstberechtigte, Widerstand 117—119.
Forstfrevel von Kindern 361_9.
Fortgesetzte Begehung von Diebstahl und Raub 243_6, 250_2; Begehen von Verbrechen s. Bande.
Fortkommen, nachteilige Folgen für — 188.
Frachtgut, Diebstahl 243_4.
Frachtlohn, versicherter 265.
Frauensperson, Nötigung einer — zu unzüchtigen Handlungen 176_2, zum außerehelichen Beischlaf 176_3, 177: Verleitung einer — zu außerehelichem Beischlaf 179; Ausbeutung des unsittlichen Erwerbs einer — 181 a.

Freie Städte, Gewalt gegen deren Senate usw. 105, 106.
Freiheit, Verbrechen und Vergehen wider die persönliche — 234 ff.
Freiheitsberaubung 239; — im Amt 341, 358.
Freiheitsstrafe 14—36; Umwandlung von — in Geldstrafe 27 b; Geldstrafe neben — 27 a
Freimarken, Fälschung von — 275; unbefugte nochmalige Verwendung von — 364.
Freisprechung, ungerechtfertigte 346; s. auch rechtskräftige Freisprechung.
Freiwillig: Aufgeben des Zweikampfs 204; s auch „Rücktritt", „Reue".
Frieden, Störung des — 126; Gefährdung des — 130, 130 a.
Fristbewilligung bei Geldstrafen 28; — bei Bekanntmachungsbefugnis 200.
Früchte auf dem Felde 308.
Frühgeburt s Abteibung.
Führerflucht 139 a.
Führungszeugnisse, Fälschung von — 281.
Funkanlagen 318 a_1; 355_1.
Furcht bei Notwehrüberschreitung 53.
Fürsorgepflicht 170 d; Körperverletzung bei — 223 b.
Fußangeln legen 367_8.
Futterdiebstahl 370_6.

G

Gärten, Werfen von Steinen usw. in — 366_7; unbefugtes Betreten von — 368_9.
Gaststättengesetz 3.
Gebäude, Diebstahl aus — $243_{2,\ 3,\ 4,\ 7}$; Raub aus — 250_4; Zerstörung von — 305; Brandstiftung an zu gottesdienstlichen Versammlungen bestimmten — 306_1 an bewohnbaren — 306_2; unterlassene Ausbesserung von 367 $_{13-15}$; Werfen von Steinen gegen — 366_7; Gefährdung von — durch Feuer $368_{6,\ 7}$.
Gebärfähigkeit 226 b.
Gebräuche, religiöse, beschimpfen 166.

Gebrauchmachen von einer falschen Beurkundung 273; — von gefälschten Gesundheitszeugnissen 277; — von unrichtigen Gesundheitszeugnissen 279.
Gebrauchsdiebstahl 242 F. 290.
Gebrauchsrecht, Verletzung eines 289
Gebrechlichkeit, Aussetzung bei — 221; Körperverletzung bei — 223 b.
Gebührenüberhebung 352, 358
Geburt, Tötung gleich in oder nach der — 217
Gefahr, 52, 54. 176. 177. 249. 252. 255; gemeine — 312 ff. 330 c. 366_2.
Gefährdung 130. 130 a. 145. 170 b—d 184 a. 184 b. 187 189. 223 a. 297. 299. 317. 318. 318 a, 321 324 ff., 353 b, 366 Nr. 5, 367 Nr. 6, 368 Nr. 6; **2,** 5, 6.
Gefährliche Körperverletzung 223 a; — Werkzeug 223 a.
Gefangene, Behandlung 15 bis 17; vorläufige Entlassung 23—26; Befreiung von — 120. 121; durch Beamte 347; Meuterei von — 122; Unzucht mit — $174_{2,\ 3}$.
Gefängnisstrafe 16, 19, 21—26, 29, 70, 75, 78; Wahl zwischen — und Festungshaft 20
Gegenseitigkeit, verbürgte 102, 130
Gegenstand, amtlich aufbewahrter — 133; zu unzüchtigem Gebrauch bestimmter — 184_3; zur Abtreibung bestimmter — 219; Stehlen von dem Gottesdienst gewidmetem — 243_1; Diebstahl an — der Beförderung 243_4; Entwendung von geringwertigem — 248 a; Verschaffen von geringwertigem — durch Betrug 264 a; in Pfand genommene — gebrauchen 290; — der Verehrung beschädigen usw 304; Anzünden fremder und eigener, aber gefahrbringender — 308; zu öffentlichem Verkauf bestimmter — 324; den freien Verkehr hindernder — 366_9; giftiger usw. — $367_{5,\ 5a}$; — des hauswirtschaftlichen Verbrauchs 370_5; zur Viehfütterung dienender — 370_6.
Geheimbündelei 128.
Geheimnis, Verrat von Privat — 300; betr. Geschlechtskrankheiten 2 10, s. auch Amtsgeheimnis; Berufs-, Betriebs-, Brief-
Gehilfe 49, 50, 257; von Rechtsanwälten 300.
Gehör, Verlust des — durch KV. **224,** 225.

Gehorsam, Aufforderung zur Versagung des — 112; unbedingter — in Verbindungen 128.
Geisteskranker 51; Strafantrag 65; Mißbrauch von — zum Beischlaf 176_2.
Geisteskrankheit mittels Körperverletzung 224.
Geistige Getränke, Verabfolgung von — 330 a, 330 b.
Geistliche Friedensstörung 130 a; unzüchtige Handlungen von — 174_1, Kuppelei durch — 181_2, Beleidigung von — 196
Geld 146; falsches und verrufenes — 146—152; Unterschlagung von — im Amt 350; 351; Zurückhaltung von — **10** 1.
Geldstrafe 1: Höchst- und Mindestbetrag der — 27, 27 a; anstatt Freiheitsstrafe 27 b; Bemessung der — 27 c; Teilzahlung und Fristbewilligung bei — 28; Beitreibung der — 28 a; Tilgung der — durch freie Arbeit 28 b; Freiheitsstrafe an Stelle von — 29; Vollstreckung der — in Nachlaß 30; Verjährung der — 70, 71; — bei Realkonkurrenz 78.
Gelegenheit zur Unzucht 180.
Geltungsgebiet der StrR.-Sätze, räumliches 3—9; persönliches 10; zeitliches 2 a.
Gemeindewehr, Widerstand gegen — 113.
Gemeine Gefahr 312—315; 330 c; 366_2; — Not 92 a; — Gebrauch 368_{10}.
Gemeingefährliche Verbrechen 306 ff.; Androhung von — Verbrechen 126; Nichtanzeige — Verbrechen 139.
Gemeinschaft, häusliche 247.
Gemeinschaftliche Ausführung eines Delikts 47; — Widerstand 119; — Gefangenenmeuterei 122; — Hausfriedensbruch 123; — schwerer Hausfriedensbruch 124; — Begehung einer Körperverletzung 223 a; — Begehung von Diebstählen 243_6, — Begehung von Jagdfrevel 292; — Begehung von Raub 250_2.
Genossenschaft, Strafbarkeit des Vorstandes einer — KO 244.
Genußmittel, Entwendung von — 370_5.
Gepäck, Diebstahl von — 243_4.
Gepfändete Sachen beiseiteschaffen usw. 137.
Gerichte, Widerstand 113.
Gerichtsverhandlung, Mitteilung aus — 184 b.

Gesamtschuldner bei Buße 231.
Gesamtstrafe 74, 76; Unzulässigkeit der — 78; nachträgliche — 79.
Gesandte, Beleidigung von — 104; Amtsverletzung von — 353 a.
Geschäftsträger, Beleidigung 104.
Geschäftsunfähiger, Antrag des — 65.
Geschenke annehmen für nicht pflichtwidrige Handlung 331; für pflichtwidrige 332; — anbieten für Amtspflichtverletzung 333; — durch Richter 334.
Geschlechtskrankheiten, Bekämpfung der — 2.
Geschwister, Blutschande 173; s. auch Angehörige.
Geschworene, falsche Entschuldigung des — 138; Bestechung von — 334.
Geschworenendienst, Unfähigkeit zum — 31.
Gesellschaft, unerlaubte Errichtung einer — 360_9
Gesetz als Rechtserkenntnisquelle 2 F; Rückwirkung des — 2 a; Aufforderung zum Ungehorsam gegen — 110; Hinderung der Vollziehung von — 129.
Gesetzgebende Versammlung, Sprengen oder Nötigen einer — 105, 106, 339; Beleidigung einer — 197.
Gesetzlicher Vertreter Antragsrecht des — 65.
Gesindediebstahl 247.
Geständnisse erpressen 343.
Gesundheit schädigen 223 b; — zerstören 229.
Gesundheitsgefährdung 229, 324—328.
Gesundheitszeugnisse, Fälschung von 277; Ausstellen, Gebrauchmachen von unrichtigen — 278, 279.
Gewahrsam: „Besitz oder —" 245 a, 246; an einer Leiche 168.
Gewahrsamsbruch 133.
Gewalt, Begriff 48, 52, 106, 107, 107 a, 113, 114 116, 117, 120, 176_1, 177, 234—236, 239 a, 240, 249, 251—253; 255, 339, $361_{4\ 9}$.
Gewaltsam 105, 122, 250_4.
Gewalttätigkeiten bei Versammlungen 107 a; — von Gefangenen 122; — bei schwerem Hausfriedensbruch 124; bei Landfriedensbruch 125; — von Bevölkerungsklassen 130.
Gewerbe 181 a, 222, 230, 284, 300, 304 360_{12}, Untersagung der Ausübung eines — 42 l, 145 c.

Gewerbepflicht, Verletzung der — bei Tötung 222, bei KV. 230, bei Geheimnisbruch 300.
Gewerbliche Leistungen, Kritik 193.
Gewerbsmäßig 175 a 181 a. 260. 285 292 f. 302 d 302 e.
Gewinnanteilscheine, Fälschen von — 149.
Gewinnsucht 27 a.
Gewinnsüchtige Absicht 133 169, 301 302; — Zwecke 325.
Gewissenlos 170 c, 170 d.
Gewohnheitsmäßig 150, 180, 181 181 a, 260, 284, 302 d, 302 e.
Gewohnheitsrecht 2 a F.
Gewohnheitsverbrecher, Strafschärfung 20 a und Vorbemerkung dazu; Sicherungsmaßnahmen 42 a, 42 e, 42 i.
Gift 229, 234, $367_{3,\ 5}$; Rauschgift: 42 c, 330 a.
Gläubigerbegünstigung KO 241.
Gläubigerbenachteiligung durch Vollstreckungsvereitelung 288.
Glücksspiel 284 ff.; öffentliches Veranstalten von — 284; Beteiligen an öffentlichem — 284 a; gewerbsmäßiges — 285, 360_{14}.
Gottesdienst, Störung des — 167, 339; dem — gewidmete Gegenstände stehlen 243_1, beschädigen 304, anzünden 306.
Gotteslästerung 166.
Grab 168, 304.
Grausam 211, 223 b.
Grenzverrückung 274_2.
Gröbliche Vernachlässigung der Erzeugerpflichten 170 d.

H

Habgier 211.
Haft 1, 18, 19, 28, 29, 70_6, 77, 78, 185, 186.
Handelsbücher, Unterlassung der Führung von — $239_{3,\ 4}$, 240_3.
Handelsgesellschaften, Verantwortlichkeit der — KO. 244.
Handlung, Einheit und Mehrheit 73 ff., mit Strafe bedrohte — 42 b, 48, 49, 330 a; strafbare — 111, 164.

Haufen, bewaffneter 127.
Hausdiebstahl 247.
Hausfriedensbruch 123, 124; — im Amt 342.
Hausgemeinschaft 247.
Hausschlüssel, unbefugtes Anfertigen 369_1.
Hausstand, Angehörige 223 b.
Haussuchung 39_3.
Hebamme, Verletzung des Berufsgeheimnisses 300.
Hehlerei 258, 259; gewerbs- und gewohnheitsmäßige — 260; im Rückfall 261, 244; Nebenstrafe bei — 262.
Heil- oder Pflegeanstalt 42 b, 42 f.
Heimtückisch 211.
Herabwürdigen 186, 187, 189.
Herausforderung zum Zweikampf 201, 202, 203, 204, 210 a.
Herausgeber 41, **1,** 21.
Herstellen von unzüchtigen Schriften usw. zwecks Verbreitung 184_1; — von Abtreibungsmitteln 219.
Hervorgebrachte, durch Verbrechen — Sachen 40.
Heuer, entlaufen mit der — 298.
Heuervertrag, Bruch — 298.
Hilfe, Versagen der — 170 c; öffentl. — 170 b.
Hilfeleistung bei Schwangerschaft, Niederkunft 170 c; bei Unglücksfällen 330 c.
Hilflose, Unzucht mit 174_2; Aussetzung von — 221; in — Lage aussetzen 234.
Hinderung von Parlamentsmitgliedern und Wahlberechtigten 106, 107.
Hinterlist bei Kuppelei 181; KV. mittels hinterlistigen Ueberfalls 223 a.
Hochverrat 80 ff.
Hoheitszeichen, beschädigen 135, — beschimpfen 134 b.
Hütte, bewohnbare, anzünden 306_2, 308.

J

Idealkonkurrenz 73
Inhaberpapiere, unerlaubte Ausgabe von — 145 a; Fälschung von — 149.
Inhaberschuldverschreibungen fälschen 149.
Inland 3, 8, 244, 250_5, 261, 264, 298.

Innehalten mit dem Strafverfahren 191; — mit Verfahren wegen falscher Anschuldigung 164.
Interessen, Wahrnehmung berechtigter — 193.
Interimsscheine fälschen 149. Internationales StrR. 3 ff.
Inverkehrbringen falschen Geldes 147. 148; — verringerten Geldes 150.
Inzest 173.
Irrtum bei Anstiftung 48; als Schuldausschließungsgrund 59; — zwecks Beischlaf 179.
Jagdbeamte, Widerstand gegen — 117—119.
Jagdberechtigte, Widerstand gegen 117—119.
Jagdfrevel 292; Einziehung bei Jagdfrevel 295.
Jagdgeräte, Einziehung 295 f.
Jugendarrest 13 F und 8.
Jugendgefängnis 13 4
Jugendgerichtsgesetz 13, 14.
Jugendlicher, Strafantrag des — 65; Unzucht mit — 173. 174_1, 176_3; Gefährdung von — durch schamlose Schriften 184_2; Aussetzung von — 221; Mißhandlung — 223 b.
Jugendschutz, Arbeitskraft **7.**

K

Kanzelmißbrauch 130 a.
Kartelltragen 203; 209.
Keller, unverdeckter 367_{12}.
Kenntnis von Tatumständen 59; — von Tat und Täter bei Antragsfrist 61.
Kind unterschieben 169; Gefährdung eines — bei Niederkunft und Geburt 170 c; durch Vernachlässigung 170 d; Unzucht mit — 173 174_1, 176_3; Kuppelei an — 181_2; — als Antragsberechtigte 189; Aussetzung von —ern 223 b; Raub von —ern 235; 239 a. Stillen eines geschlechtskranken Kindes, oder durch eine geschlechtskranke Frau **2** 14; durch eine Amme **2** 15; Nichtabhaltung von Tierquälerei **5.**
Kinderarbeit 7.
Kindesmißhandlung 223 b.
Kindesraub, erpresserischer 239 a.
Kindestötung 217.

Kirche, Aufreizung in der — durch Geistliche 130 a; Beschimpfung der — 166; Störung des Gottesdienstes 167; Diebstahl 243_1; Brandstiftung 306_1; Sachbeschädigung 304.
Klassen der Bevölkerung, Aufreizung von — 130.
Kollektivpersönlichkeiten, Beleidigung von 196, 197.
Kommunalbeamte 359.
Komplott 49 b.
Konkurrenz 73 ff.
Konkursstrafrecht KO 239 ff. (hinter 280).
Konterbande 297.
Körperverletzung beim Zweikampf 207; — im allgemeinen 223—233; leichte — 223; gefährliche — 223 a; schwere — 224. 225; — mit tödlichem Ausgang 226; fahrlässige — 230; Buße bei — 231; Antrag bei 232; Retorsion bei — 233; — im Amt 340; — als Folge 118, 221, 227, 229, 239, 251, 321. 325.
Kraftfahrzeuge, unbefugten Gebrauch von — 242 F.
Krankheit, Aussetzung bei — 221, Körperverletzung bei 223 b; Absperrungsmaßregeln gegen — 327.
Kreditgeben an Minderjährige 301. 302
Kredit gefährden durch Verleumdung 187
Kreditwucher, einfacher 302 a; schwerer — 302 b; Nachwucher 302 c; gewerbs- und gewohnheitsmäßiger — 302 d.
Kriegsbedürfnisse 127.
Kriegsdienst 234.
Kundgebungen, Sprengung von 107 a.
Kunstgriffe, hinterlistige zwecks Unzucht 181_1
Künstlerische Leistungen, Kritik von — 193.
Kuppelei 180; schwere 181.
Küstengewässer, Verordnung für den Schiffsverkehr in — 145; Fischen in — 296 a.

L

Ladung eines Schiffes, versicherte 265; Gefährdung durch Konterbande 297.
Lähmung mittels Körperverletzung 224.
Landesverrat 88 ff.

Landfriedensbruch 125.
Landstreicher 42 d, 361_3, 362.
Landzwang 126; — als Mittel der Erpressung 254.
Lärm, Erregung von — zur Störung des Gottesdienstes 167; ruhestörender — 360_{11}.
Lästern 166.
Lasttier, Bewerfen mit Steinen usw. 366_7.
Leben, Verbrechen und Vergehen wider das — 211 bis 222.
Lebensbedarf, Gefährdung des — 170 b.
Lebensmittel s. Eßwaren.
Lebensunterhalt beziehen 181 a.
Legitimationspapiere, Fälschen von 363.
Lehm, unbefugtes Graben 370 Nr. 2.
Lehrer, Unzucht von — mit Schülern 174_1; Kuppelei von — 181_2.
Lehrling, Diebstahl des — 247.
Leibeigenschaft, Bringen in — 234.
Leiche, Diebstahl von — 168; heimliche Beerdigung von — $367_{1, 2}$.
Leichtsinn 301; Ausbeutung des — 301, 302 302 a, 302 c.
Licht, Unvorsichtigkeit mit — 368_5.
Liquidatoren, Strafbarkeit von — KO. 244.
List als Mittel des Menschenraubes 234 235; — als Mittel zur Entführung 236.
Löschen eines Brandes 310.
Löschgeräte, Entfernung von — 307_3, 368_8.
Lotsensignale, Uebertretung der VO. über — 145.
Lotterien, öffentliches Veranstalten von — 286.

M

Macht, bewaffnete — 113, 116, 120, 196, 333.
Mädchen, unbescholtenes, verführen 182.
Martern bei Raub 251.
Maßregeln der Sicherung und Besserung, Abschn. 1 a des I. Teils StGB., F.
Meineid, 154; Milderungsgründe bei — 157, 158; Berichtigung eines — 158; Nebenstrafe bei — 161; s. auch Fußnote zur Ueberschrift des 9. Abschn.

Meinung, öffentliche 186, 187, 189.
Menschenmenge 116. 124 125; öffentlich vor einer — 110. 130 a.
Menschenraub, Nichtanzeige von drohendem — 139 234.
Messer als Werkzeug zur Körperverletzung 223 a.
Metalle, Verkehr mit — 242 F.
Meuterei 122.
Mietwucher 302 e F.
Milde, Anwendung des mildesten Gesetzes 2.
Mildernde Umstände 105 II. 113 II 114 II. 115 II 117 III, 118 II. 125 II. 146 II, 154 171 II. 174 II 176 II. 177 II. 179 II. 180 I, 181 III 181 a II, 187 II 189 II. 213. 217 II. 218 IV. 228. 235 II, 239 III 243 II. 244 II, 246 II 249 II. 250 II 258 II 261 II 263 II. 264 II. 265 II. 268 II. 272 II. 308 II 332 II. 333 II 334 II, 340 I 346 II. 351 II; KO 239. 240 241. 242
Minderjährige, Antragsrecht des — 65; unzüchtige Handlung mit — 174_1; Raub von — 235 237; Ausbeutung von — 301, 302.
Mißbrauch eines Abhängigkeitsverhältnisses 174; — der Amtsgewalt 339; — einer Frauensperson 176_2, 177
Mißhandlung, Totschlag durch — provoziert 213; körperliche — 223; — Wehrloser 223 b; — durch Beamte 340; — von Tieren 5.
Mißverhältnis zwischen Leistung und Gegenleistung 302 a, 302 e.
Mitglieder gesetzgebender Versammlung 105 106; — der bewaffneten Macht 113 333; — von unerlaubten Verbindungen 128. 129; — von Religionsgesellschaften 155_1; — des Vorstandes einer A.-G. oder Genossenschaft KO. 244.
Mitschuldiger des Ehebrechers 172.
Mittäter 47. 50.
Mitteilungen öffentlicher, auch nichtöffentlicher Gerichtsverhandlungen 184 b.
Mittel, zur Abtreibung verschaffen 218; anbieten 219.
Mittelbare Falschbeurkundung 271; schwere — Falschbeurkundung 272.
Mitwirken mehrerer zum Diebstahl 243_6; — zum Raub 250_2; — zum Absatz 259.

Mord 211; Nichtanzeige von drohendem — 139; Bedrohung mit — 254; Brandstiftung in —absicht 307_2, 325.
Mundraub 370_5.
Munition, widerrechtliche Zueignung von — 291.
Münzverfälschung 146; —verringerung 150.
Münzverbrechen 4_1; Nichtanzeige von drohendem — 139, 146 ff., 360_{4-6}.
Mutter, Beistand der — 34_6; Tötung ihres unehelichen Kindes durch — 217; Abtreibung 218; Aussetzung durch — 221.

N

Nachgemachtes Geld in Verkehr bringen 147, 148.
Nachlaß, Vollstreckung einer Geldstrafe in den — 30.
Nachmachen von Geld 146 ff.
Nachrede, üble 186.
Nachschlüssel unbefugt verabfolgen 369_1.
Nachstellen, dem Wild — 292.
Nachteil zufügen 253, 266, 274_1.
Nachtzeit, Diebstahl zur — 243_7; Raub bei — 250_4, Jagdfrevel bei — 292; unbefugtes Fischen bei — 293.
Nachwucher 302 c.
Nahrung des Kindes 170 d.
Nahrungsmittel, Entwenden usw. 370_5.
Namen, falsche Führung eines — 360_8.
Nebenstrafen 76.
Nichtanzeige drohender Verbrechen 139.
Niederkunft 170 c.
Niederreißen, Unterlassung des — von Gebäuden 367_{13}.
Not 248 a, 264 a; Hilfeverweigerung bei — 330 c.
Notar 300, 359.
Notariat 31.
Notbetrug 264 a.
Notentwendung 248 a.
Nötigung 52, 105, 114, 122, 176_1, 177, 240, 253, 339.
Notsignale 145.
Notstand 54, 157.

Notwehr 53.
Notzucht 177, 178.
Nulla poena sine lege 2 F.
Nutzen, Gegenstände zum öffentlichen — 304.
Nutznießer, Schutz des — gegenüber Eigentümer 289.

O

Obdachlosigkeit 361_8.
Obhut, Unzucht von Beamten mit den ihrer — Anvertrauten 174_2; Aussetzung 221; KV. 223 b.
Objektives Verfahren 42.
Obrigkeit, Auffordern zum Ungehorsam gegen die — 110; Verächtlichmachen von Anordnungen der — 131.
Obrigkeitliche Anordnung 110; — Erlaubnis 286; — Anweisung 369_1.
Offenbaren von Geheimnissen 300.
Offenbarungseid 162.
Oeffentlich anbieten 41; — zusammenrotten 124, 125; — bekanntmachen 165, 200; — behaupten 131; — anschlagen 134; — beschimpfen 134 b, 166; — begehen 186, 187, 200; — anpreisen 219; — veranstalten 286; — Amt 31, 33—36, 128, 129, 132, 358; — Angelegenheit 34_4, 108, 109; — Anstalt 174_3; — Anstand 361_6 c; — Aergernis 183; — Arbeit 15; — Armenmittel 361_7; — Ausstellung 110; — Beglaubigung $360_{4, 5}$; — Blätter 200; — Buch 271; — Denkmäler 304; — Dienst 123, 124; — Friede 126, 130, 130 a; — Kasse 353; — Veranstaltung (Glücksspiel-Lotterie) 284, 286; — Meinung 186, 187, 189; — Nutzen 304; — Ordnung 123—145; — Papiere 360_5; — Pfandleiher 290; — Straße 116, $366_{2, 3, 5, 8-10}$; — Urkunde 271, 348; — Verkauf 324; — Wahl 33; — Wasserstraße $366_{3, 8, 9, 10}$; — Weg 116, 243_4, 250_3, 304, $366_{3, 5, 9, 10}$, 367_{12}, 368_{10}, $370_{1, 2}$; — Wohl 25; — Zeichen 103 a, 135; — Zusammenrottung 115; — Zweck 317, 318, 318 a, 320, 355; — auffordern oder anreizen 110, 111.

Oeffnungen, unverdeckte 367_{12}.
Onanie, wechselseitige 175.
Orden, Verlust der — 33; Unfähigkeit zur Erlangung von 34_3; unbefugtes Tragen von — 360_8, **6.**
Ordnung, s. öffentliche Ordnung.
Ordnungsstrafe gegen Zeugen, Schöffen u. Geschworene 138.

P

Päderastie 175, 175 a.
Paket 351, 354.
Papiergeld, nachmachen 146, 360_{4-6}.
Parlamentsmitglieder, gewaltsame Entfernung 105; Hinderung 106, 339.
Parteien, beide — im Prozeß beraten 356.
Partiererei 259.
Paßstrafverordnung **12.**
Pässe fälschen 275_2, **12.**
Personalprinzip 3 Vorbemerkung.
Personenhehlerei 258.
Personenstand, Verletzung des — 169.
Pfand, zum — nehmen als Hehlerei 259.
Pfandkehrung 289.
Pfandleiher, furtum usus durch — 290; Zinsüberschreitung durch — 360_{12}.
Pferde einreiten mit gemeiner Gefahr 366_2.
Pflegebefohlener 174_1, 181_2.
Pflegeeltern 52.
Pflegekinder s. Angehörige.
Pfleger 34_6, 235, 237.
Pflichtverletzung des Amtsvorgesetzten 357.
Pflichtwidrigkeit s. auch Fahrlässigkeit 331, 356.
Platten, Unbrauchbarmachung von — 41, 42; — zur Anfertigung von Geld 151, 152, 360_{4-6}.
Platz, öffentlicher — 116, 243_4, 250_3, 304, 308, 366_2 $366_{3, 5, 9, 10}$, 367_{12}.
Plünderung 125.
Politische Körperschaft, Beleidigung einer — 197
Polizei, Angehöriger der — 132 F.

Polizeiaufsicht, Zulässigkeit 38; Wirkung der — 39; — bei Versuch 44, 45; einzelne Fälle: 115, 122, 125, 146, 180, 181, 181 a, 184, 248, 256, 262, 325, 361_1.
Polizeibehörde, höhere Landes- 38, 39_1.
Polizeiverordnung 366_1, 366 a.
Postbeamter, Verletzung des Briefgeheimnisses durch — 354, 358.
Postdiebstahl 243_4.
Postgebäude, Diebstahl in einem — 243_4.
Postpakete öffnen 354.
Postwertzeichen, Fälschung von — 276; — unbefugt anfertigen $360_{4, 5}$; gebrauchte — verwenden 364.
Prävarikation 356.
Presse, Gesetz über die — 1; durch die — begangene strafbare Handlungen 1, 20 ff.
Privatweg betreten 368_9, $370_{1, 2}$.
Probezeit 14 10 ff.
Prostitution 175 a Ziffer 4, 181 a, 351 Ziffer 6 a, b, c; 42 b.
Publikationsbefugnis s. Bekanntmachung.
Publikum 184.
Pulver, Zerstörung einer Sache durch Gebrauch von — 311.

Q

Quälen von Kindern, Wehrlosen und Abhängigen 223 b; Tiere — **5** 1, 9.
Quittungen, Fälschen von — 149.

R

Rädelsführer 115, 125.
Rasen, unbefugtes Graben von — 370_2.
Rat, pflichtwidriger 356.
Raub, Nichtanzeige von drohendem — 139; Kindes— 239 a; Rückfall bei Raub 244, 250_5; einfacher — 249; schwerer — 250; — mit Marterung 251; Begünstigung beim — 258, 261; Brandstiftung zum Zwecke des — 307; Nebenstrafe bei — 256.

Räuberische Absicht bei Autofalle 8.
Räuberische Erpressung 255.
Raubmord 251.
Rauchen im Wald und auf der Heide 310, 310 a.
Raufhandel 227.
Räume, Eindringen in abgeschlossene — 123; —, welche zum öffentl. Dienst oder Verkehr bestimmt sind, 123, 124; Diebstahl aus umschlossenen — $243_{2, 3}$.
Räumliches Geltungsgebiet der Strafrechtssätze 3—9.
Räumlichkeit, zum Aufenthalt von Menschen dienende, Brandstiftung in 306_3.
Raumwucher 302 e F.
Raupen 368_2.
Rauschtat 42 c, 51, 330 a.
Realkonkurrenz 74.
Rechnung, falsche, zwecks Amtsunterschlagung 351, 353.
Rechtsanwalt, Verletzung des Berufsgeheimnisses 300; Gebührenüberhebung 352, 358; Prävarikation 356.
Rechtsbeistand, Gebührenüberhebung durch — 352; Untreue des — 356.
Rechtsbeugung 336.
Rechtsgeschäft, ausbeuterisches mit Minderjährigen 302; Ausbeutung bei darlehnsähnlichen — 302 a; Ausbeutung bei anderen — 302 e; —, errichtete, anerkennen oder aufstellen KO. 239_2.
Rechtskraft 36.
Rechtskräftige Verurteilung, Einfluß auf Wahrheitsbeweis 190; — Freisprechung, Einfluß auf Wahrheitsbeweis 190.
Rechtsnachteil 158, 163.
Rechtspflege, Delikt gegen die — 164 ff.
Rechtssache, in derselben — zwei Parteien beraten 356.
Rechtsverkehr 267.
Rechtswidrig 53, 242, 246, 249, 253, 263, 267, 289, 303, 304, 305, 346, 353, 355.
Rechtswidriger Vermögensvorteil 263.
Redakteur, verantwortlicher 1 20, 21.
Regeln, Uebertretung von — des Zweikampfs 207; — der Baukunst verletzen 330.
Register, Vernichtung 133; Fälschung 271—273, 348, 349, 351.

Reinlichkeit, öffentliche 366_{10}.
Reisegepäck, Diebstahl an 243_{4}.
Reiten, schnelles 366_{2}; — über Aecker 368_{9}.
Religionsdiener 130 a; Beleidigung eines — 196, 338.
Religionsgesellschaft, Beteuerungsformel einer — 155_{1}; Beschimpfen von — 166.
Religionsvergehen 166 ff.
Rentenkasse, unerlaubte Errichtung 360_{9}.
Reparaturen, Unterlassung von — 367_{13-15}.
Retorsion und Kompensation von Beleidigungen 199; — von Körperverletzungen 233.
Reue, tätige 46_{2}; — des Teilnehmers 49 a; — bei Verbindung und Verabredung zur Tötung 49 b, — bei Meineid usw. 158; — bei fahrlässigem Falscheid 163; — bei der Brandstiftung 310.
Richter, Bestechung — 334; Rechtsbeugung — 336.
Roh, 223 b.
Rohrpostanlagen, Schutz von — 318 a.
Rückfall, Diebstahl im — 244, 245; Raub im — 250_{5}; Hehlerei im — 261; Betrug im — 264, — eines gefährlichen Gewohnheitsverbrechers 20 a, 42 e.
Rücktritt vom Versuch 46; — von einer Verabredung 49 a, b; 163 II; 158; vom Zweikampf 204; von Brandstiftung 310; s. auch „Reue“
Rückwirkende Kraft der Strafgesetze 2 F.
Rügen von Vorgesetzten 193.
Ruhe, Störung der — 360_{12}, 366_{10}.
Ruhen der Verjährung 69.
Ruhestörender Lärm 360_{11}.

S

Sachbeschädigung 303 ff.
Sachen, Gewalttätigkeiten gegen — 125; Plündern, Vernichten, Zerstören von — 125; amtlich verschlossene — 136; gepfändete — 137; Wegnahme fremder beweglicher — 242, 249; Diebstahl an zum Reisegepäck gehörigen — 243_{4}; Zueignung fremder beweglicher — 246; Zueignung anvertrauter — 246; von unbedeutendem Wert — 247; gestohlene —

an sich bringen 259; versicherte — in Brand setzen 265; Wegnahme einer gepfändeten — 289; Beschädigung von — 303; Zerstörung von heiligen, religiösen öffentlichen — 304, von — durch explodierende Stoffe — 311; mit gefährlichen Stoffen vermischte — 324; in amtlicher Eigenschaft empfangene — unterschlagen 350, 351; umstürzende — 366_8; feuerfangende — 368_{5-7}.
Sachhehlerei 259—262; — im Rückfall 260
Sachverständiger, unwahre Entschuldigung des — 138, falsches Gutachten des — 155_2, 157, 158.
Sachwucher 302 e.
Sammlung von Wahlzetteln 108; öffentliche — als Objekt der Sachbeschädigung 304.
Sammlungsgegenstände, öffentliche — beschädigen 304.
Sand graben 370_2.
Schadensersatz 188, 231.
Schadenszufügung 272, 273.
Schädigung fremden Vermögens bei der Erpressung 253; — durch Betrug 263, Untreue 266.
Schamgefühl verletzende Abbildungen usw. 184 a.
Schändung 176—178
Scheidung der Ehe 172.
Scheunen betreten mit feuerfangenden Sachen 368_5.
Schiedsrichter, Bestechung von — 334; Rechtsbeugung durch — 336.
Schießbedarf, Sammeln von — 360_2.
Schießen 367_8, 368_7.
Schießgewehr, Drohung mit — 117.
Schiff, Verordnung zur Verhütung von Zusammenstößen von — 145; Diebstahl in bewohnten — 243_7; Konterbande 297; Zerstörung von — 305; Brandstiftung 306_2; Versicherungsbetrug 265.
Schiffahrt, Beeinträchtigung der Sicherheit 315, 316.
Schiffer 145, 297.
Schiffsdienste, auswärtige 234.
Schiffsmann 297, 298.
Schlageisen, unbefugt legen 367_8.
Schlägerei 227, 367_{10}.
Schlüssel, falsche, Diebstahl mittels — $243_{3,4}$; unbefugte Anfertigung von falschen — 369_1.

Schöffe, unwahre Entschuldigung des — 138; Bestechung von — 334.
Schöffendienst, Unfähigkeit 31.
Schonung, unbefugtes Betreten 368_9.
Schonzeit, Wildern 292, Fischen 293.
Schornstein, Unterlassung der Reinigung 368_4.
Schriften, Unbrauchbarmachung von — 41; zum Ungehorsam 110; zur Begehung strafbarer Handlungen 111; unzüchtige — 184; das Schamgefühl verletzende — 184 a; beleidigende — 186, 187 200
Schuld 50, 59; zum Zorn gereizt werden ohne eigene — 213; Verhältnis der — zu Vorsatz und Fahrlässigkeit 42 b, 330 a.
Schulden, erdichtete, aufstellen 239_2 KO.
Schuldnerbegünstigung KO. 242.
Schuldscheine Minderjähriger 301.
Schuldverschreibungen 145 a, 149.
Schule, Unzucht in der Nähe von — 361_6 b.
Schüler, unzüchtige Handlungen mit — 174_1.
Schußwaffen, unbefugtes Feilhalten von — 367_9.
Schutzprinzip 3 Vorbemerkung.
Schutzwehre, Zerstörung von — 321, 325, 326.
Schwangere, Hilfe an — versagen 170 c; Abtreibung 218, aus medizinischen, sozialen, ethischen, eugenischen Gründen, 218 F; Ankündigung von Mitteln 219.
Schwere Körperverletzung 224.
Schwören s. Eid und Meineid.
Seelische Mißhandlung 223 b.
Seestraßenordnung 145.
Sehvermögen, Verlust des — 224.
Sekundanten, Zweikampf ohne — 208; Straflosigkeit der — 209.
Selbstbefreiung 120.
Selbstgeschoß 367_8.
Selbstverstümmelung 142.
Seuche, Absperrungsmaßregeln gegen — 328.
Sicherheit, eidliche 162; öffentliche — $366_{2-5,\ 7-10}$.
Sicherung, Maßregeln der — und Besserung 42 a—n F; Rückwirkung 2 a, Begünstigung 257 a, im Amte 346, 347; unzulässige Vollstreckung 345; Verjährung der Anordnungsbefugnis 67, der Voll-

streckung 70—72; neben Gesamtstrafe 76.
Sicherungsgewährung einem Gläubiger im Konkurs KO. 241.
Sicherungsverwahrung 42 e.
Siechtum durch Körperverletzung 224.
Siegel, Ablösung von 136; zum Zwecke eines Münzverbrechens 151, 364; Einziehung von — 152, 360.
Signale, falsche 315; Not- und Lotsen — 145.
Sinkenlassen eines versicherten Schiffes 265.
Sittlichkeit, Verbrechen und Vergehen wider die — 173 bis 184; —verbrecher bei 20 a.
Sklaverei, in — bringen 234.
Sodomie 175 b.
Sonntag, Stören des — 366_1.
Spiel, sich dem — hingeben 361_5; s. auch Glücksspiel.
Sprache, Verlust der — 224.
Sprengstoffe, Zerstörung durch — 311; Aufbewahrung von — 367_5.
Staat, feindliche Handlungen gegen befreundete — 102 bis 104; Verlust von -sbürgerlichen Rechten 34_4; Verbrechen und Vergehen in Beziehung auf die Ausübung -sbürgerlicher Rechte 105—109, 339; — regierung 128; — gewalt, Widerstand dagegen 110—122; — gefährdung durch Geistliche 130 a; — verleumdung 131; — einrichtungen verächtlich machen 131.
Stall betreten mit Licht 368_5.
Steine, werfen mit — 366_7; — graben 370.
Stempel zum Zwecke eines Münzverbrechens 151; Fälschung von — 275, 276; verwendete — verkaufen 364; Anfertigung von — 360_{4-6}.
Stempelwertzeichen, Fälschung von — 275.
Sterbekassen, unbefugte Errichtung von — 360_9.
Steuer, unberechtigte Erhebung von — 353.
Stiche zum Zwecke eines Münzverbrechens 151, 361_{4-6}.
Stifter von geheimen usw. Verbindungen 128, 129.
Stimmenkauf 109, KO. 243.
Stimmenrecht, Verlust 34.
Stimmverhinderung 106, 107, 339.
Stimmzettel 108.

Störung des Friedens 126, 168; — des Gottesdienstes 167, 339; — der Zeugungs- oder Gebärfähigkeit 226 b.
Strafantrag s. Antrag.
Strafbare Handlung: Die Anfangsworte der §§ 51, 52, 53, 54; ferner 59; Ueberschrift über 73, 164; mit Strafe bedrohte Handlung 42 b, 48, 49, 330 a; Aufforderung zu — 111; als Gegenstand übler Nachrede 190, 191; mittels einer — erlangt 259.
Strafe, gesetzliche 2 F; — Arten 13—42; Zusammentreffen von — 73 ff. — über Strafzumessung s. auch Vorbem. vor 13.
Strafermäßigung bei Meineid 157, 158.
Strafmakel 13 71 ff.
Straftat, 49 a; 145 d; 211.
Strafumwandlung 21, 27 b, 29.
Strafunmündigkeit 13 F.
Strafverfahren 69, 191.
Strafverfolgung 5; Verjährung der — 66, 67, 69, 171.
Strafvollstreckung 13, 15—18, 22; Verjährung der — 70—72; widerrechtliche — 345, 346.
Strandenlassen von versichertem Schiff 265.
Straße, Diebstahl auf einer — 243_4; Raub auf einer — 250_3; Beschädigung von — 305; Ordnungswidrigkeiten $366_{2-5,\ 8-10}$, 367_{12}.
Straßenraub 250_3.

T

Tag, Berechnung 19.
Tatbestand, gesetzlicher 59.
Täterstrafe 20 a; 181 a.
Tätige Reue s. Reue.
Tätlichkeit, Hinderung der Religionsausübung durch — 167.
Tat 3, 4, 5, 20 a.
Tatsachen, erdichtete, entstellte 131, unwahre — als Entschuldigung 138; Vorspiegelung falscher — behaupten usw. 187, 189; behauptete, verbreitete — 190, 192; beleidigende — verbreiten 186; rechtlch erhebliche — falsch beurkunden 271, im Amt 348.

Tatumstand 59.
Taubstummheit 58.
Täuschung zwecks Auswanderung 143, 144; — einer Dienststelle 145 d; — zwecks Eheschließung 170; — beim Betrug 263, 264 a; Gebrauchmachen zwecks — 267, 273, 277.
Teilbeträge 28.
Teilnahme 47—50; Antrag 63, 64; — am schweren Hausfriedensbruch 124; — am Landfriedensbruch 125; an geheimen Verbindungen 128; — an staatsfeindlichen, wehrfeindlichen Verbindungen 129; an Diebstahl 243_6; — an Begünstigung 257; am Glücksspiel 284 a; — bei Freiheitsberaubung im Amt — 341.
Telegraphen, — anlage 317, 318; — anstalt 355; — beamte 355; — freimarken 275; — gebühren 276; — geheimnis 355; — wertzeichen 276, 360_4, 364.
Territorialgrundsatz 3 F.
Tiere, Unzucht mit — 175 b; fehlende Aufsicht über Tiere 366_5; gefährliche — 367_{11}.
Tierquälerei 5.
Titel, Verlust der — 33, 34_3; unbefugte Annahme von — 360_8.
Tod als Folge von Unzucht 178; von Aussetzung 221; von KV. 226; von Schlägerei 227; von Vergiftung 229; von Freiheitsberaubung 239; von Raub 251; von Brandstiftung 307_1, 309; von Ueberschwemmung 312, 314; von Vergiftung 229, 324, 326
Todesstrafe 13.
Tödliche Waffen beim Zweikampf 201.
Torfmoor, Anzünden von — 308—310a, 325.
Totschlag 212; — unter mildernden Umständen 213.
Tötung, vorsätzliche 211, 212; — fahrlässige 222; Verbindung oder Verabredung zur — 49 b; — im Zweikampf 206, 207; — 211—229; — auf Verlangen 216; — eines unehelichen Kindes 217; — der Leibesfrucht 218.
Transportdiebstahl 243_4.
Trauung vorspiegeln zwecks Beischlaf 179.
Treupflichtverletzung 266.

Trinker, Gewohnheitstrinker, Unterbringung 42 c; ferner 361_5.
Trinkerheilanstalt 42 c; 42 f.
Trunkenheit 42 c; 330 a.

U

Ueberfall, Körperverletzung mittels hinterlistigen Ueberfalls 223 a.
Ueberlassen unzüchtiger Schriften an Kinder 184_2; — von Schriften, die das Schamgefühl verletzen 184 a.
Ueberlegung 211 a F.
Ueberschreiten der Notwehr 53; übermäßiges — des üblichen Zinsfußes 302 a. 360_{12}; — des Wertes der Gegenleistung 302 e.
Ueberschwemmung, Bedrohung mit — 254; vorsätzliche — 312, 313; fahrlässige — 314.
Uebertretung: Begriff 1; — im Ausland 6; Versuch der — 43; Beihilfe bei — 49; Verjährung von — 67, 70; vorsätzliche — von Kampfesregeln 207; — im allgemeinen 360 ff.
Uebervorteilung Minderjähriger 301, 302.
Ueble Nachrede 186.
Umschlossener Raum 243.
Umstände, mildernde, s. Mildernde Umstände.
Umwandlung der Strafe s. Strafumwandlung.
Unbescholtenheit 182.
Unbestimmte Verurteilung Vorbemerkung vor 20 a.
Unbrauchbarmachung von Schriften usw. 41, 42.
Uneheliches Kind, Tötung 217.
Unerfahrenheit, Ausbeutung der — 301, 302, 302 a, 302 b, 302 c.
Unfähigkeit zur Bekleidung öffentlicher Aemter 31, $34_{2,3}$, 35; Fristberechnung 36; — Zeuge zu sein 161.
Unfruchtbarmachung 42 k; 224.
Unfug, beschimpfender, 103 a, 135, 166, 168; grober — 360_{11}.

Ungehorsam, Aufforderungen zum — gegen Gesetze 110; gegen Vorgesetzte 112, 335; diplomatischer — 353 a.
Unglücksfall, Hilfeleistung 330 c.
Uniform, unbefugtes Tragen usw. 132 a. 360_8; Handel mit — 370_3
Unkenntlichmachung eines Grenzmerkmales 274_2.
Unkenntnis von Tatumständen 59.
Unordnung, Erregung von — zur Störung des Gottesdienstes 167.
Unrat, Werfen mit — 366_7.
Unrecht, Bereicherung zu — 253.
Unschuldige, Verfolgung von — 344.
Unsittlicher Erwerb 181 a; Raub von Kindern zu — Zwecken 235.
Unterbrechung der Verjährung 68, 72; — der Schwangerschaft 218 F.
Unterbringung 42 b—42 i; — in Arbeitshäusern 42 d, 362.
Unterdrückung des Personenstandes 169; — von Urkunden 133 274; — von Briefen und Paketen 354; — von Depeschen 355.
Unterhaltspflicht 170 b.
Unterlassungsverbrechen echte — 116, 121, 123, 139, 315, 316, 318, 318 a, 330 c, 347, 357.
Unternehmen Fälle: 105, 114, 122, 159, 357, 360_5.
Untersagung der Berufsausübung 42 e, 145 c.
Unterschieben von Kindern 169.
Unterschlagung 246, — gegen Angehörige 247; — aus Not 248 a; Begünstigung bei der — 258; — im Amt 350, 351; Mundraub 370_5.
Untersuchung, Eröffnung der — 191; Zwangsmittel bei — 343; — gegen Unschuldige 344.
Untersuchungshaft, Anrechnung der — 60.
Untreue 266; — des Sachwalters 356.
Unwahre Tatsachen 138, 187.
Unzüchtige Abbildungen und Schriften s. Schriften und Abbildungen.
Unzurechnungsfähigkeit s. Zurechnungsfähigkeit.
Urkunden, Vernichtung und Unterdrückung von — 133, 274, durch Beamte 348; — fälschung 267.

Urteile, Widerstand gegen — der Gerichte 113; tadelnde — über wissenschaftliche Leistungen usw. 193; — von Beamten 193; Bekanntmachung von — 165. 200; s. auch Bekanntmachung, unbestimmte — Vorbemerkung vor 20 a.

V.

Vagabunden 361₃.
Verabredung zur Tötung 49 b.
Verächtlichmachen von Staatseinrichtungen usw. 131; — durch Verleumdung 187, 189.
Verachtung, Bezeigung von — zwecks Anreizung zum Zweikampf 210.
Veränderung des Personenstandes 169; — von verrufenem Geld 146; — an einer Telegraphenanlage 317.
Verantwortlicher Redakteur, Bestrafung des — **1,** 20. 21.
Veräußerung von Familienhabe 170 a.
Verbindung zu Tötungen 49 b; geheime 128; staatsfeindliche — 129.
Verborgenhalten, sich — 298; — von Waffen 367₉.
Verbrauchsregelung StrVO. **11.**
Verbrechen 1.
Verbreiten von Schriften, Abbildungen, Darstellungen 110, 111, 184, 186. 187; — von Schriftstücken durch Geistliche 130 a; — von falschem Geld 147; — von unwahren Tatsachen wider besseres Wissen 131, 186—191, 200.
Verbreiter 1, 21.
Verbüßung von Strafen bei Rückfall 244, 245.
Verdächtigung bei einer Behörde oder eines Beamten wegen strafbarer Handlung 164.
Vereitelung der Zwangsvollstreckung 288.
Verfallserklärung 335.
Verfälschen von Urkunden 267; im Amt 348; — von Rechnungen usw. zwecks Amtsunterschlagung 351.
Verfasser 1, 21.
Verfolgung Unschuldiger 344; — strafbarer Handlungen unterlassen 346; — Verjährung 66—69; — bei Beleidigungen 194.

Verführung 182.
Vergehen 1.
Vergiftung 229; — von Brunnen 324—326.
Vergütung, übermäßige 352.
Verhaftung unberechtigt vornehmen 341.
Verhältnisse, persönliche Einfluß auf die Strafbarkeit 50
Verheimlichen mittels strafbarer Handlungen erlangter Sachen 259; — von Vermögensstücken KO. 288. 239_1; — von Handelsbüchern KO. 239_4, 240_3, 242_1.
Verjährung der Strafverfolgung 66—69; — der Strafvollstreckung 70—72; Unterbrechung der — 68 72; Ruhen der — 69; — der Geldstrafe 71; — bei Pressevergehen **1** 22.
Verkaufen unzüchtiger Schriften 184_2; — von vergifteten Gegenständen 324.
Verkehr, öffentlicher 123; — -bringen von Inhaberpapieren 145 a; — von Abtreibungsmitteln 219; Herbeiführung unzüchtigen — 184_4.
Verkürzung von Leistungsempfängen 353.
Verlangen, Tötung auf — 216.
Verlassen in hilfloser Lage 221.
Verleger, Bestrafung **1** 21.
Verleitung zur Auswanderung 144; — zum Meineid 159; — zum Falscheid 160; — zur Eheschließung 170; — zur Unzucht 176_3; — zum außerehelichen Beischlaf 179; — zu Straftaten 49 a.
Verletzung inländischer Hoheitszeichen 135; — der Dingpflicht 138; — des Personenstandes 169; — des Schamgefühls 184 a; — des Berufsgeheimnisses 300; von Absperrungsmaßregeln 327; — der Regeln der Baukunst 330; — der Amtsverschwiegenheit 353 a; — des Telegraphen- und Fernsprechgeheimnisses 355.
Verleumdung 187.
Verlobte s. Angehörige.
Verlust der bekleideten öffentlichen Aemter 31, 33; vorübergehender — 34_3, 36; — der Ehrenrechte s. Ehrenrechte.
Verminderte Zurechnungsfähigkeit 51.

Vermittlung zur Unzucht 180, 181.
Vermögensschädigung durch Irrtumserregung 263.
Vermögensstücke s. Verheimlichen.
Vermögensvorteil 272, 273, 302 a, 302 e, 349; KO. 242_2; rechtswidriger — 253, 263; wucherischer — 302 b, 302 c.
Vernichten von Urkunden usw. 133, 274_1, 280, 348; — von Sachen 137; — von Grenzsteinen 274_2, 280; — von Handelsbüchern 239_4, 240_2.
Veröffentlichung des Strafurteils 165, 200, 285.
Verordnungen, Auffordern zum Ungehorsam gegen — 110; öffentlich angeschlagene — beschädigen 134; Uebertretung von — bezüglich des Schiffsverkehrs 145; Uebertretung von straßenpolizeilichen — 366_{10}.
Verpfändung der Ehre 302, 302 b.
Verpflichtung Minderjähriger 301; ehrenwörtliche — Minderjähriger 302.
Verrichtungen, gottesdienstliche — stören 167.
Verringern von Metallstücken 150.
Verrücken von Grenzsteinen 274_2.
Versammlung, Sprengung von — 107 a; religiöse — 130 a, 166, 167.
Verschaffen von falschem Geld 147; — von Mittel oder Werkzeug zur Abtreibung 218.
Verschleiern wucherischer Vermögensvorteile 302 b.
Verschluß, amtlichen — aufheben 136.
Verschwägerte, Beischlaf zwischen — 173; s. auch Angehörige.
Versicherte Sache in Brand setzen oder stranden machen 265.
Versicherung unter Berufung auf bereits früher geleisteten Eid 155_2; falsche — an Eides Statt 156, 163; — auf Diensteid 155_3; Aufforderung, Verleitung zu einer falschen eidesstattlichen — 159, 160; gegen Feuersgefahr 165.
Versicherungsanstalten, unbefugte Errichtung von — 360_9.
Versicherungsbetrug 265.
Versprechen, eidliches 162.

Verstorbene, Verleumdung von 189.
Verstrickung, Sachen der — entziehen 137.
Versuch 43—46.
Versuchsstrafe 44 und 44 F.
Verteidiger, Geheimnisbruch durch — 300.
Verteilung unzüchtiger Schriften 184.
Vertragsbruch, strafbarer 266.
Vertreter, Strafantrag 65.
Veranstalten von öffentlich angeschlagenen Bekanntmachungen usw. 134.
Veruntreuung 246; s. auch Untreue.
Verurteilung s. rechtskräftige, unbestimmte —; Bekanntmachungsbefugnis bei — 200, 165.
Verwahrungsmittel, Ablösung von — 243_4.
Verwaltung, Hinderung von Maßregeln der — 129.
Verwaltungsbehörde, Widerstand gegen — 113.
Verwandte 52; Beischlaf zwischen — 173; KV. bei — 223; Diebstahl usw. 247; Notentwendung 248 a; Notbetrug 264 a; Pfandkehrung 289; s. auch Angehörige.
Verweilen in fremden Wohnungen usw. 123.
Verwirkte Strafe 27 b, 29 IV, 44 III, 74 I, III, 75 II, 77 II
Volksempfinden, gesundes 2 F, 240, 253; Hilfeleistungspflicht bei — 330 c
Volkswohl 263, 266.
Vollmachtsmißbrauch 266.
Vollstreckungsbeamte, Widerstand gegen — 113.
Vollstreckungsbruch 136.
Vollstreckungsvereitelung 288.
Vorbeifahren, Hindern am — 366_3.
Vorbereitungshandlung zu Münzverbrechen. 151.
Vorgesetzte, Antrag des — bei Beleidigung, KV. Untergebener 196, 232; Rügen des — 193; Verleitung zu Straftaten durch — 357.
Vorläufige Entlassung 23—26.
Vormund, Unfähigkeit zum — 34_6; Antragsberechtigung des — 65, 182; Kuppelei 181_2; Diebstahl 247; Betrug 263.
Vorräte in Brand setzen 308.
Vorsatz allgemein 59.

Vorsätzliche Uebertretung von Kampfesregeln 207.
Vorschubleisten der Unzucht 180, 181_1.
Vorspiegelung falscher Tatsachen 144 263; — einer Trauung 179.
Vorstand, Strafbarkeit des — einer AG. usw KO 244.
Vorsteher von geheimen usw. Verbindungen 128; — von staatsfeindlichen Verbindungen 129.
Vortäuschung einer Straftat 145 d
Vorteil 49 a, 164. 257, 258, 259. 332, 333, 334, 352. KO. 243.

W

Waffen, Mannschaften mit — versehen 127; tödliche — bei Zweikampf 201; bei KV 223 a; -tragen beim Diebstahl 243_5; — bei sich führen beim Raub 250_1, — ansammeln 360_2; verbotene — 367_9; Schlägerei mit — 367_{10}.
Wahlen, Verlust der Rechte aus — 33, 34_4; -hinderung 105—107. 339; -fälschung 108; -bestechung 109.
Wahrheitsbeweis bei Beleidigungen 186, 190. 192.
Wahrnehmung berechtigter Interessen 193.
Wald, Gefährdung durch Feuer 310 a
Waldeigentümer, Widerstand gegen — 117.
Waren, kreditierte — verschleudern KO. 240; entzündliche — unvorsichtig aufbewahren 367_6; Empfehlungskarten 360_6.
Warnungszeichen 368_9.
Wasser, -bauten -leitungen beschädigen 321, 325, 326; -behälter vergiften 324 bis 326; -stand 274_2; Diebstahl auf einer -straße 243_4; Raub auf einer -straße 250_3; -straßenordnung 366_{8-10}.
Wechsel Minderjähriger 301, 302 b.
Wechselseitige Beleidigung 198.
Weg, Auflauf auf — 116; Diebstahl auf — 243_4; Raub auf — 250 a; Beschädigung 321. 325, 326; Abpflügen usw. $370_{1, 2}$; Verkehr $366_{3, 5, 9, 10}$; 367_{12}; 368_9.
Wegnahme fremder beweglicher Sachen 242, 249; — einer Leiche 168; — von Grenzsteinen 274_2; — einer gepfändeten Sache 289.
Wehrpflichtentziehung 140 — Auswanderung 140 a, 140 b.

Weinberg 368_1.
Weltrechtsprinzip 3 F
Werfen von Steinen 366_7.
Werkzeug, gefährliches — 117 223 a. 367_{10}; falsches — bei Diebstahl 243_3; — zur Abtreibung 218.
Wertpapiere, Verschleudern von kreditierten — KO. 240_2.
Wertzeichen, Wiederverwendung von — 276.
Widernatürliche Unzucht 175
Widerruf der vorläufigen Entlassung 24—26; — einer eidesstattlichen Versicherung 163.
Widerstand gegen die Staatsgewalt 110—122; insbes. — gegen Vollstreckungsbeamte 113; bei Auflauf 116, — gegen Forstbeamte usw 117
Wilderei 292—296 a.
Willenloser Zustand 176 Nr. 2, 177.
Wirtschaftliche Verhältnisse bei Strafbemessung 28.
Wissen wider besseres — 164, 184
Wissenschaftliche Leistungen, Kritik von — 193.
Wissentlich 48 II 49 273, 330 b, 346 (164, 187).
Wohnung, Eindringen in — 123, 124; — durch Beamte 342.
Wucher 302 a, b, c, d, e.
Würden, Verlust — der 33; Unfähigkeit zur Erlangung von — 34_3.

Z

Zahlungseinstellung s. Bankrott.
Zahlungsunfähigkeit KO 241.
Zahlungsversprechen Minderjähriger 301.
Zeichen der Autorität 103 a, 135
Zeitliche Geltung der Strafgesetze 2.
Zeitung, Zeitschrift Beleidigung in — 200; verantwortlicher Redakteur 1 20 f
Zerstörung von Sachen 303 311; — von res sacrae, religiosae, publicae 304; — von Bauwerken 305; — von Wasserbauten usw 321, s. auch Vernichtung, Beschädigung und Urkunden.
Zessionar 302, 302 c.

Zeuge, Unfähigkeit als Urkundszeuge 34_5; als — und Sachverständiger 161; falsche Entschuldigung des — 138; beim Zweikampf 209; Meineid des — 154.
Zeugenmeineid 154; Milderungsgründe bei — 157.
Zeugnis 281; falsches — mit einem Eide bekräftigen 154; falsches — berichtigen 158.
Zeugungsfähigkeit, Verlust — 224; Zerstörung 226 b.
Zinsfuß, übermäßiges Ueberschreiten des üblichen — 302 a 360_{12}.
Zinsscheine, Fälschen von — 149; unbefugte Anfertigung von — 360_6.
Zöglinge, unzüchtige Handlungen mit — 174; Kuppelei 181_2.
Zollgesetzübertretungen von Kindern 361_9.
Zorn, Milderungsgrund beim Totschlag 213.
Zuchthausstrafe 1. 14. 15 ff.; Rechtsverwirkungen bei — 31; Aberkennung der bürgerlichen Ehrenrechte bei — 32; Umwandlung der — 44; Verjährung 70 $_{1-3}$; Wahl zwischen — und Festung 20 und 20 F.
Zuchtmittel 13 7
Zueignung einer fremden beweglichen Sache 246; — von Munition 291.
Zueignungsabsicht 242, 249.
Zuhälterei 181 a.
Zulässigkeit von Polizeiaufsicht s. Polizeiaufsicht.
Zumessung der Strafe s. Strafe
Zurechnungsfähigkeit 51, 42 b, 330 c
Zureiten 366_2.
Zurückbehaltungsrecht, Verletzung eines — 289.
Zurücknahme des Strafantrags 64, 104, 123, 194, 232, 247 248 a, 263, 264 a, 303 370.
Zusammenrottung 115, 122, 124, 125.
Zusammenstoßen von Schiffen 145.
Zusammentreffen mehrerer strafbarer Handlungen 73 bis 79; Idealkonkurrenz 73; Realkonkurrenz 74.
Zusatzstrafe 78.
Zweikampf 201 f; Herausforderung zum — 201; Annahme eines — 201; Strafe des — 205; Tötung im — 206; — ohne Sekundanten 208; — mit Schlägern 210 a.

FSC
www.fsc.org
MIX
Papier | Fördert
gute Waldnutzung
FSC® C083411

Kolibri 360 GmbH
Ferdinand-Jühlke-Straße 7
99095 Erfurt, Deutschland
produktsicherheit@kolibri360.de